LES PAPES
ET LA FRANCE

## OUVRAGES DU MÊME AUTEUR

*La vie ouvrière à Lille sous le second Empire,* Bloud et Gay, 1965 ; Monfort, 1978.
*Les chansons en patois à Lille sous le second Empire,* Arras, 1966.
*Lille et les Lillois,* Bloud et Gay, 1967.
*Dictionnaire de la III$^e$ République,* Larousse, 1968.
*Le prêtre français,* Bloud et Gay, 1969.
*Flandre, Artois, Picardie,* Arthaud, 1970.
*Juifs et catholiques français,* Fayard, 1970.
*Histoire de l'Eglise catholique,* Desclée, 1972 ; 2$^e$ éd., 1978.
*Lille, dix siècles d'histoire,* Actica, 1972 ; Stock, 1979.
*Une année sainte pour notre temps,* Chalet, 1973.
*Dictionnaire des prénoms et des saints,* Larousse, 1974-1976.
*L'Eglise de France face aux crises révolutionnaires,* Chalet, 1974.
*La vie quotidienne dans le Nord au XIX$^e$ siècle,* Hachette, 1976.
*1848... Les pauvres, l'Evangile et la révolution,* Desclée, 1977.
*Pierre Pierrard interroge le grand rabbin Kaplan,* Centurion, 1977.
*Histoire des diocèses de Cambrai et Lille,* Beauchesne, 1978.
*Histoire du Nord,* Hachette, 1978.
*L'Eglise contemporaine,* dans *Histoire de l'Eglise par elle-même,* dirigée par Jacques Loew et Michel Meslin, Fayard, 1978.
*L'Église de France. Lettre au P. Bruckberger,* Cerf, 1979.
*Le goût de la vérité. Notes d'un historien chrétien,* Desclée, 1980.
*Le Nord d'hier et de demain,* J.P. Delarge, 1980.

Pierre Pierrard

# LES PAPES ET LA FRANCE

*Vingt siècles d'histoire commune*

Fayard

© Librairie Arthème Fayard, 1981.

# Avant-propos

Traditionnellement, on attribue à la France le titre de « fille aînée de l'Eglise », Clovis ayant été le premier roi barbare qui, par son baptême, embrassa le christianisme d'obédience romaine, non arien (506). En fait, ce titre a été fortifié par les liens solides et privilégiés qui se sont formés, au cours des siècles, entre le Saint-Siège et la France, nation catholique tôt rassemblée autour de son roi et qui, par son poids démographique et politique, par son rayonnement culturel et spirituel, joua longtemps un rôle de « colonne de l'Eglise », pour reprendre une expression de Léon XIII dans une Encyclique au titre révélateur : Nobilissima Gallorum gens (8 février 1884).

C'est la dynastie franque des Carolingiens qui, au VIIIe siècle, fonde véritablement l'Etat pontifical, dont elle devient la protectrice officielle. C'est sur la France capétienne que les papes des XIe, XIIe, XIIIe siècles prennent appui pour tirer l'Eglise des ornières de la féodalité et pour mener les croisades en Orient. Sans doute, le gallicanisme, qui théorise l'indépendance du roi de France à l'égard de la juridiction du pape et qui s'affirme sous Philippe le Bel (1285-1314), va-t-il provoquer des tensions entre la papauté et le « roi très chrétien » ou amener celui-ci à prendre celle-là sous son aile, au temps d'Avignon et du grand schisme d'Occident (XIVe-XV[e] siècle). Mais le gallicanisme, qui s'exaspère sous Louis XIV, durant la révolution et l'empire, finit par être submergé par « la dévotion au pape » qui, au XIXe et au XXe siècle, fera de la France la nation la plus « ultramontaine » de l'Eglise universelle, une nation riche en œuvres, en initiatives et en hommes, une nation que les papes contemporains considèrent comme leur plus solide appui.

C'est probablement durant la période qui s'écoule entre la condamnation, par Pie XI, de l'Action française (1926), et la mort de Pie XII (1958) que le catholicisme français atteint sa pleine maturité, par la conjonction de deux phénomènes : la libération d'un laïcat puis d'un clergé qui, délivrés des nostalgies paralysantes du passé, se donnent à une action temporelle diversifiée et responsable tout en réservant « la primauté au spirituel » ; l'importance exceptionnelle des communications entre Rome et l'Eglise de France, celle-ci « dépendant étroitement pour l'orientation et le développement de son activité des impulsions ou des interdictions venues de Rome » (R. Rémond).

Les tendances autocratiques de Pie XII, durant les dernières années de son pontificat, puis les bouleversements récents de la civilisation occidentale — bouleversements que le concile Vatican II prit en compte —, ont pu sembler distendre les liens unissant la France et la papauté. Mais, le double fait que, en rendant d'abord visite à sa « fille aînée », avant toutes les nations occidentales, Jean-Paul II a magnifié, en 1980, la vocation particulière de la France, et que la France a fait à l'évêque de Rome un accueil filial, montre que cette distension n'est que passagère et qu'elle ne rompt pas le fil de la longue histoire d'une fidélité réciproque.

Le présent ouvrage voudrait être beaucoup plus que le mémorial de quinze siècles de relations privilégiées entre la papauté et la France : un témoignage sur le rôle majeur joué par l'Eglise gallicane dans l'histoire de l'Eglise romaine.

PREMIÈRE PARTIE

# Des origines à la canonisation de Saint Louis (1297)

# I.

## La papauté et l'enracinement du christianisme en Gaule

La France ni la papauté ne sont sorties toutes faites, telles que nous les connaissons, des brumes de l'Histoire. L'une et l'autre, comme des personnes vivantes, ont franchi lentement les étapes qui vont de la naissance à l'âge adulte.

### Naissance et croissance de la France

Le territoire de la France est l'un des plus anciennement occupés de l'Europe ; cependant, ce n'est qu'au milieu du V$^e$ siècle avant notre ère, à l'époque du second âge de fer, que le pays qui va s'appeler la Gaule entre timidement dans l'histoire : les Celtes, populations venues de l'est, s'y installent alors.

Déjà bien peuplée, la Gaule est divisée en d'innombrables cités et celles-ci en *pagi* ; elle présente cependant une certaine unité culturelle. Tout naturellement, cette terre privilégiée aiguise les appétits des Romains : en quelques années, entre 58 et 51 av. J.-C., malgré les résistances locales mais en profitant des divisions qui affaiblissent ses adversaires, César se rend maître de la Gaule, laquelle est découpée en quatre provinces — Narbonnaise, Aquitaine, Celtique ou Lyonnaise, Belgique —, qui sont elles-mêmes constituées de cités organisées sur le modèle romain. En fait, le vainqueur se montrant très souple, les statuts politiques sont variés en Gaule : à côté de peuples libres, de peuples fédérés et de peuples stipendiaires — soumis à l'impôt — prospèrent, dans le sud du pays notamment, des colonies romaines et latines qui deviennent des centres d'active romanisation : Narbonne, Arles, Orange, Fréjus, Nîmes, Avignon, Toulouse et surtout Lyon (Lugdunum) dont l'empereur Auguste fait la capitale des trois provinces de la « Gaule chevelue » : Aquitaine, Celtique, Belgique. C'est à Lyon aussi qu'il réunit, en 12 après J.-C., une assemblée réunissant les représentants de cinquante peuples gaulois. Multipliant les contacts personnels, Auguste vient quatre fois en Gaule : il y crée de nombreux et prospères centres urbains, foyers d'un art très évolué et d'une expansion économique favorisée par la mise en ordre du recensement et de la cadastration, par l'aménagement du réseau routier et la mise en place d'une législation favorable aux corporations.

L'empereur Claude († 54 après J.-C.), qui est né à Lyon, poursuit l'œuvre d'Auguste. Vespasien († 79) et Domitien († 96), pour deux siècles, mettent la Gaule à l'abri des invasions par la création du puissant *limes* germano-rhétique. Si bien qu'au II$^e$ siècle, sous les Antonins, la Gaule romaine connaît une grande prospérité.

C'est précisément au II$^e$ siècle que le christianisme, religion orientale, apparaît en Gaule, à peu près simultanément dans les grandes villes commerçantes et cosmopolites en relation avec l'Orient grec : Marseille, Arles, Lyon où s'organise le plus ancien évêché du pays. C'est l'Eglise lyonnaise qui, en 177, fournit à l'Eglise de Gaule ses premiers martyrs — Pothin, Sanctus, Attale, Blandine... — dont l'héroïsme nous est connu par l'émouvante *Lettre aux Eglises d'Asie* rédigée par les survivants de la persécution déclenchée par Marc-Aurèle.

Si l'on est peu renseigné sur la croissance et l'organisation du christianisme en Gaule au II$^e$ et au III$^e$ siècle, on sait par contre qu'en 314 — alors, il est vrai, que l'empire devient officiellement chrétien — une première assemblée d'évêques se tient à Arles. Une liste conciliaire pour l'année 346 porte le nom d'une cinquantaine d'évêques gallo-romains. Un siècle plus tard, on dénombre une centaine de sièges épiscopaux : la plupart coïncident avec une « cité gallo-romaine » et ont tendance à se regrouper en provinces ecclésiastiques.

### Naissance et croissance de la papauté

S'il est de foi, pour un catholique, que le Christ a confié son Eglise à Pierre et à ses successeurs, les évêques de Rome, l'historien constate, lui, que « jusqu'à la fin du I$^{er}$ siècle au moins, les documents qui établissent l'existence de l'évêque de Rome, plus encore ceux qui éclairent son activité, sont très rares. C'est dans l'ombre et dépourvue de tout éclat que naît la plus somptueuse et la plus respectable des institutions de l'Occident... La papauté sort de l'obscurité, prend forme, se laisse découvrir au cours d'un lent cheminement qui s'accomplit à partir du III$^e$ siècle » (Marcel Pacaut).

Cependant, si le pouvoir disciplinaire de l'évêque de Rome, comme juridiction d'appel, ne s'impose que tardivement, sa primauté d'honneur est rapidement acquise dans l'Eglise ; elle s'accompagne d'une autorité particulière en matière doctrinale. Cela tient à deux phénomènes : en Orient, à la nécessité de trouver un soutien, une sécurité au milieu des querelles théologiques qui déchirent les Eglises et les chrétiens ; en Occident, et plus particulièrement en Gaule, où l'élément judéo-chrétien a été submergé très tôt par l'élément gréco-romain, à l'attirance et au rayonnement de la capitale de l'empire, où siège celui que, peu à peu, on va s'habituer à appeler le Pape, le Père.

### Saint Irénée

Or c'est à un évêque de Lyon, le grec Irénée (v. 130 — v. 202) qu'il est donné d'authentifier solennellement, et en théologien reconnu, l'autorité particulière de l'évêque de Rome dans l'Eglise.

Quand il prend possession du siège de Lyon, Irénée — qui,

originaire de Smyrne, a probablement bénéficié dans sa jeunesse de l'enseignement de saint Polycarpe, disciple lui-même de l'apôtre Jean — a conscience que l'Eglise est menacée, dans sa substance même, par les fascinantes doctrines gnostiques. La gnose, en effet, corrompt l'idée juive de la transcendance divine ; sa mysticité imprécise mais tentante et son pessimisme fondamental menacent de détourner l'espérance chrétienne vers une délivrance proche du *nirvana*. En exaspérant l'ascèse ou, au contraire, les désirs de la chair, la gnose s'oppose à la morale évangélique faite de douceur et d'équilibre. Le christianisme, fondé sur l'Evangile et sur une tradition, est d'autant plus menacé qu'un prêtre phrygien de Cybèle converti au christianisme, Montan, prétend que la prééminence dans l'Eglise appartient non aux évêques mais aux prophètes, en raison de l'imminence de la parousie.

Face à ces doctrines effervescentes Irénée se dresse : dans son grand ouvrage *Adversus haereses (Contre les hérésies)*, écrit aux environs de 180, il se révèle comme le premier grand théologien de l'histoire de l'Eglise, comme la voix du corps ecclésial : il sait où est la source du christianisme ; il distingue, à travers les marécages de l'histoire, le courant évangélique. Aux brumes gnostiques il oppose la règle de la foi chrétienne telle que, issue des Ecritures, elle est parvenue aux fidèles par tradition apostolique. Irénée récapitule tout dans le Christ : l'histoire des hommes et l'homme lui-même. A ses yeux, l'unité est la condition même de la vie de l'Eglise, une Eglise qui n'est pas une juxtaposition de confréries dont chacune, isolément, prétendrait entrer plus profondément dans le mystère de Dieu, mais une communauté humaine en marche vers un Dieu ressuscité : *Ubi Ecclesia, ibi Spiritus* = *Où est l'Eglise, là est l'Esprit*.

Il y a plus important : aux chefs de sectes, Irénée oppose l'autorité collégiale et institutionnelle des évêques, autorité issue des apôtres et dont l'Eglise de Rome est dépositaire. Il écrit : « C'est avec l'Eglise de Rome, à cause de son autorité particulière que doit être d'accord toute l'Eglise, c'est-à-dire tous les fidèles qui sont dans l'univers, et c'est de fait en elle que les fidèles de tous les pays ont conservé la tradition apostolique. » Texte capital, écrit en Gaule, et qui prend toute sa valeur quand on sait que, étant prêtre à Lyon, au moment de la grande persécution de 177, Irénée avait été envoyé à Rome porteur de lettres pour le pape Eleuthère. Il est vrai qu'Irénée, autour de l'an 190, entretiendra une polémique avec le pape Victor à propos de la date de la fête de Pâques, dissuadant le pontife de l'imposer par voie autoritaire. Ce qui permet de dire que si l'évêque de Rome, à la fin du $II^e$ siècle, est déjà regardé comme le garant et le gardien de l'unité de la foi, il s'en faut qu'il exerce une juridiction réelle sur les autres évêques.

Quand, après l'avènement de Constantin (306), l'empire devient chrétien, l'autorité juridictionnelle du « Pape » est d'autant plus limitée que l'Empereur se saisit lui-même des graves problèmes religieux et s'en remet, dans les cas difficiles, au concile général, qu'il convoque. La chute de l'empire en Occident, en 476, sous les coups des « Barbares », libéra la papauté de cette sujétion.

## Un arbitrage épisodique

Au cours des $IV^e$ et $V^e$ siècles, l'influence doctrinale du siège romain s'exerce en diverses circonstances dans les Eglises de Gaule dont le pôle est alors la vieille cité gallo-romaine d'Arles, qui est plus à l'abri des Barbares que Lyon, et où s'établit une « primatie » de fait : contestée par les autres cités de la Narbonnaise, Vienne notamment, cette primatie se prolongera jusqu'au $VI^e$ siècle. La coutume s'établira que les évêques de Rome, à peine élus, en avertiront d'abord leur collègue d'Arles.

Aussi est-ce au pape Etienne que, en 251, saint Cyprien de Carthage s'adresse, le priant de faire déposer par l'épiscopat gaulois l'évêque d'Arles, Marcianus, lequel, dans l'affaire des *lapsi*[1], s'est fixé sur des positions rigoristes, opposées aux mesures plus humaines et de réconciliation prises en

---

1. Les *lapsi* étaient des chrétiens qui, au temps des persécutions, avaient renié ou fait semblant de renier leur foi.

concert par Carthage et Rome et acceptées par l'ensemble des Eglises.

Circonstance plus solennelle : en 314, l'empereur Constantin organise à Arles un concile où se rendent une quarantaine d'évêques de Gaule et d'ailleurs, à qui est octroyé le privilège d'emprunter la poste impériale, avec deux clercs et trois serviteurs. Le pape Sylvestre ne sera pas présent au concile, encore qu'il délègue à Arles deux prêtres et deux diacres. D'ailleurs, les décisions des Pères du concile au sujet du schisme donatiste en Afrique sont communiquées à l'évêque de Rome qui, ayant autorité sur la plupart des diocèses de l'Occident, est respectueusement prié de les faire connaître aux autres Eglises. D'autres conciles importants se tiendront à Arles au cours du siècle qui suivra.

Et voici que, Constantin étant mort (337), l'empire glisse lentement vers sa fin. La papauté prend alors ses distances avec lui. Et l'on assiste à cet événement : le pape Damase (366-384) présentant l'Eglise romaine comme le seul « siège apostolique », et qualifiant les autres évêques de « fils » et non plus de « frères ». Mieux : Damase inaugure la tradition des décrétales, ces réponses écrites données, d'un ton souverain, aux consultations adressées par des évêques. L'une de ces décrétales, désignée sous le titre *Ad Gallos* (374), fait référence au fait que les évêques de Gaule ont explicitement « invoqué l'autorité du siège apostolique ».

Il serait fastidieux, et d'un intérêt limité, de signaler toutes les interventions, le plus souvent sous forme d'arbitrages, de l'évêque de Rome auprès des Eglises de Gaule. Ce qu'il faut souligner, c'est que ces interventions se font plus précises et s'étendent de plus en plus au domaine juridictionnel sous le pontificat marquant de Léon Ier le Grand (440-461), pontife qui n'hésite pas à frapper de dures mesures le saint évêque d'Arles, Hilaire († 449), dont les succès apostoliques ont provoqué des jalousies. Il en est de même sous le pontificat d'Hilaire Ier (461-468), qui confirme ou annule plusieurs élections d'évêques de la Narbonnaise ; c'est à Hilaire que l'évêque Léonce d'Arles (462-491) déclare : « L'Eglise romaine est la mère de toutes les Eglises. » Déclaration sans ombres et capitale, qu'on retrouve sous la plume de l'évêque poète de Vienne, saint Avit († 519) qui, apprenant que le pape Symmaque est en danger face aux prétentions du puissant roi des Ostrogoths, Théodoric, installé à Ravenne, pousse ce cri d'alarme, au nom des évêques de Gaule : « Chez les autres évêques, si quelque chose chancelle, on peut le redresser ; mais si le pape de Rome est mis en contestation, ce n'est plus un évêque, c'est l'institution épiscopale qui est ébranlée. » Dans un autre document, Avit ajoute : « Dans les affaires qui touchent à l'état de l'Eglise, nous devons recourir à l'évêque très grand de l'Eglise romaine comme les membres se rattachent à la tête. »

## Césaire d'Arles (470-543)

A une époque où, sauf un petit territoire autour d'Arles, toute la Gaule romaine est entre les mains des Barbares — Francs, Burgondes, Wisigoths —, le pape Symmaque (498-514) tente de donner un lustre nouveau à la primatie d'Arles en concédant à l'archevêque-primat le pouvoir de trancher les questions de foi qui pourraient surgir tant en Gaule qu'en Espagne. Il fait ainsi du métropolitain d'Arles, qu'il honore du sacré pallium — insigne que seuls possèdent les évêques d'Ostie et de Ravenne —, et du privilège de porter la dalmatique des diacres romains, le délégué permanent de la papauté dans les pays transalpins.

Or, de 502 à 542, le siège d'Arles est occupé par un très grand évêque, Césaire, qui, en convoquant en Provence de nombreux conciles provinciaux, contribue à fixer plusieurs points de discipline ecclésiastique et monastique. Le concile d'Orange de 529 est particulièrement important car y est condamné le semi-pélagianisme de Fauste de Riez et y sont examinées les doctrines augustiniennes en matière de grâce et de prédestination. A l'issue du concile, Césaire sollicite la ratification du pape Boniface II : celui-ci la lui accorde d'autant plus volontiers que les canons d'Orange ont formulé sur la grâce les principes mêmes de saint Augustin.

## La conversion de Clovis

Césaire d'Arles meurt, le 27 août 543, alors que les Francs viennent de refaire presque totalement l'unité de la Gaule en s'emparant de la Burgondie (534) et en achetant la Provence (536). En fait, cet « achèvement politique ne signifie pas un progrès religieux ; il coïncide au contraire avec un déclin dans tous les domaines. L'époque des grands moines et des grands évêques semble close pour un temps » (J. R. Palanque). La décadence mérovingienne commence.

Il n'empêche que le baptême de Clovis dans l'obédience romaine, qui est celle de son épouse Clotilde, à la Noël 506, est un événement capital, où s'amorce la lente conversion des Francs au christianisme, Clovis étant le premier roi barbare à ne pas embrasser la foi arienne. Les évêques de la Gaule méridionale ne s'y trompent pas. Soumis aux Wisigoths et aux Burgondes ariens, ils le considèrent comme le nouveau Constantin, un Constantin mal dégrossi il est vrai, et encore pétri de paganisme, mais qui a fondé une monarchie de droit divin.

Paradoxalement, le baptême de Clovis contribue aussi à desserrer les liens traditionnels qui unissent à Rome les Eglises de Gaule. En brisant l'unité politique qui a servi de cadre à l'organisation de la société chrétienne, la chute de l'empire en Occident a modifié la portée du pouvoir central de Rome. La conversion de Clovis à la foi catholique aggrave cette situation car le roi des Francs prend une telle influence sur l'épiscopat que l'on voit s'affirmer une souveraineté nationale et que l'action de Rome en Gaule devient épisodique et faible.

2.

# Les Francs à l'origine de l'État pontifical (VIII<sup>e</sup>-X<sup>e</sup> siècle)

Lointains descendants du mystérieux Mérovée, qui conféra un charisme héréditaire à sa dynastie, ne devant en fait la possession du trône qu'à la force et, considérant ce trône comme un bien patrimonial, les rois mérovingiens — Clovis et ses successeurs — détiennent un pouvoir absolu de type germanique, qu'ils exercent par des *bans* (ordres) auxquels nul ne peut désobéir, qu'il soit clerc ou laïc.

*L'Eglise franque et la royauté mérovingienne*
*(VI<sup>e</sup>-VIII<sup>e</sup> siècle)*

Etant catholique, le roi mérovingien se considère comme l'héritier de l'empereur, c'est-à-dire comme le lieutenant de Dieu. Selon une conception ministérielle de la royauté qui commence à se dessiner, le roi est un véritable ministre de l'Eglise : les décrets qu'il prend ont force de loi au même titre que les mesures prises par l'Eglise, laquelle veille à ce qu'ils soient observés. Ce pouvoir, qui s'étend au choix des évêques et des fonctionnaires royaux, n'a pas de limite : brutalités et meurtres renversent les barrières qui pourraient s'y opposer.

Le despotisme royal n'a qu'un frein : l'Eglise, c'est-à-dire en fait l'épiscopat dont le prestige, très ancien, s'est fortifié au cours des invasions germaniques et qui fournit au roi ses conseillers et les cadres de son gouvernement. Mais si certains de ces évêques — Léger, Eloi, Prétextat... — sont des saints, d'autres, fort nombreux, ne sont que des serviteurs du prince, alignant leur vie sur celle des autres « grands », qui est pleine d'ambitions, d'intrigues, voire de scandales.

A cette décadence morale d'une partie de l'épiscopat franc et à la disparition, après 626, de l'institution des conciles nationaux sont liés l'anarchie et les maux du VIIe siècle : simonie, ignorance du clergé, ruine de la culture gallo-romaine...

Dans de telles conditions, les relations entre l'Eglise franque et la papauté sont nécessairement distendues, encore que les moines de Colomban et ceux de Benoît de Nursie, « romains » exemplaires, maintiennent des liens moraux avec le pape. Durant le pontificat exceptionnel de saint Grégoire Ier le Grand (590-604), un patricien que le peuple et le clergé romains, affolés par l'état misérable de l'Italie, ont élu dans l'enthousiasme, la situation évolue. Menacée au nord et au sud par les duchés lombards, humiliée par l'orgueil de Byzance et par l'indignité de trop de ses collaborateurs, la papauté semble alors moribonde. Pasteur responsable, se considérant comme « le consul de Dieu », Grégoire réagit et, reprenant le fil des habitudes, il noue des relations avec les monarques occidentaux, soit pour traiter avec eux de questions ecclésiastiques et religieuses, soit pour leur apporter ses lumières en matière doctrinale. C'est ainsi qu'il est amené à prendre position face aux violences des rois mérovingiens d'Austrasie et de Neustrie et, en même temps, à souligner la situation exceptionnelle de la monarchie franque au centre de l'Occident, arien ou païen.

Avec la reine d'Austrasie, Brunehaut, qui périra, en 613, sous les coups de Clotaire II, fils de Frédégonde, Grégoire Ier établit des liens privilégiés, qui s'expliquent par l'attitude bienveillante de la reine à l'égard de la religion. Le pape s'autorise même des bonnes dispositions de la reine pour lui rappeler fréquemment les devoirs qui lui incombent, en premier lieu la lutte contre les mœurs païennes, qui restent vivaces chez les Francs chrétiens, et contre la simonie des clercs :

« Votre sollicitude, lui écrit-il en juillet 599, ne doit pas se borner à procurer le bonheur matériel du peuple qui vous est confié, mais à chercher à lui assurer le bien spirituel, afin de donner à votre royauté temporelle un glorieux couronnement. »

Mais si la papauté a cru pouvoir compter un temps sur la monarchie mérovingienne, la décadence de celle-ci, après la mort de Dagobert (638), distend de nouveau les liens existants entre les Francs et la papauté, une papauté qui, d'ailleurs, ne retrouve pas le lustre du temps de Grégoire le Grand.

## Charles « le marteau » († 741) et saint Boniface († 768)

Au début du VIII$^e$ siècle, la situation de l'Eglise en Occident est, en effet, tout simplement tragique : l'Afrique et la plus grande partie de l'Espagne sont tombées aux mains de l'Islam ; l'Italie, abandonnée par Byzance, se réduit comme une peau de chagrin : le sud est occupé par les Sarrazins, le nord par les Lombards. L'énorme Germanie est toujours païenne. Quant à la Gaule franque elle n'a plus à sa tête que des fantoches — les « rois fainéants » — qui abandonnent le pouvoir à leurs maires du palais.

Le salut vient de la Grande-Bretagne où, grâce à Grégoire le Grand, vit une chrétienté fervente et très « romaine » de cœur. C'est en effet à un moine anglo-saxon, Wynfrith — qui prend le nom latin de Boniface — qu'il est donné de renouveler la sève chrétienne dans le continent. Convaincu que la soumission au Saint-Siège est la condition même de l'unité de la foi, saint Boniface fait plusieurs fois le voyage de Rome : ordonné évêque par le pape Grégoire II, en 722, puis nommé archevêque et « légat du Saint-Siège » pour la Germanie, il prête à la papauté un serment de fidélité dont les termes sont ceux dont usent les évêques de la province ecclésiastique de Rome. Dans l'œuvre de la conversion de la Germanie au christianisme Boniface reçoit l'aide et la protection efficaces de celui qui est le fossoyeur de la dynastie mérovingienne et le véritable fondateur de la dynastie carolingienne : Charles Martel (685-741).

Fils du maire du palais d'Austrasie, Pépin d'Herstal, Charles, à partir de 721, est le seul maître du royaume réunifié des Francs, le jeune roi Thierry IV, désigné par lui, n'étant plus rien. Profitant de l'invasion arabe, Charles fait coup double : en battant à Poitiers, en 732, les forces d'Abd al-Rahman ibn 'Abd Allah, il apparaît au monde occidental comme le sauveur de la chrétienté, acquérant un droit spécial à la reconnaissance du Saint-Siège ; dans le même temps, et non sans abus et excès de toutes sortes, dont les gens d'Eglise ont eux-mêmes à souffrir, il restaure l'autorité franque dans toute la Gaule.

Dès l'annonce de la mort de Charles Martel (22 octobre 741) se manifestent les forces centrifuges : partout éclatent des révoltes. Alors, renforçant leur autorité à l'abri de la royauté fictive du dernier mérovingien Childéric III (743-751), les deux fils de Charles, Carloman et Pépin le Bref, brisent toutes les résistances. En 747, Carloman ayant abdiqué pour entrer en religion, Pépin devient le seul maître du *regnum Francorum*.

Fort de l'appui de la papauté, et aussi de celui de Carloman et de Pépin, saint Boniface se voue à la restauration de l'Eglise franque : cette restauration est esquissée dans une série de conciles (742-745) qui rétablissent la discipline et obtiennent du roi la restitution d'une partie des biens ecclésiastiques spoliés. Mieux : en 747, les évêques francs réunis à Soissons adressent au pape Zacharie la profession de leur soumission personnelle et l'affirmation de la nécessaire unité de l'Eglise.

*Pépin, roi des Francs et protecteur de la papauté*

L'année 751, qui voit l'exarchat de Ravenne disparaître et Pépin le Bref ceindre la couronne des rois francs, est capitale dans l'histoire de l'Eglise de France, singulièrement en ce qui concerne ses relations avec le Saint-Siège.

Pépin ayant relégué dans un couvent le dernier mérovin-

*Les Francs à l'origine de l'Etat pontifical* 23

gien, et estimant que, chef des Francs en fait, il est en droit de porter le titre de roi, envoie à Rome Burchard, évêque de Würzbourg, et Fulrad, son propre chapelain, pour obtenir du pape Zacharie l'adhésion du chef de l'Eglise universelle au changement de dynastie (750). Zacharie ayant acquiescé, Pépin est élu roi selon l'usage des Francs, élevé sur le pavois au cours du Champ de Mars (751), oint de la main de l'évêque Boniface et consacré par les évêques, en vertu de l'autorité et selon le commandement du pape. Cette cérémonie capitale a lieu probablement à Soissons, en décembre 751. Bien entendu, le fondateur de la dynastie pépinide ou carolingienne se doit de prouver sa reconnaissance à la papauté : l'occasion lui en est tout de suite offerte par la disparition, sous les coups des Lombards, de l'exarchat de Ravenne : elle livre les « domaines de Saint-Pierre » à leurs convoitises.

Car il existe un « patrimoine » pontifical, qui s'est constitué peu à peu, pratiquement depuis le pontificat de Grégoire le Grand (590-604) : celui-ci, en raison de l'affaiblissement de la puissance byzantine en Italie, avait été amené à se saisir de l'administration civile de la ville et du duché de Rome. En outre, depuis Pélage I$^{er}$ (556-561), la papauté entretient un trésor qui est alimenté par les propriétés de l'Eglise romaine situées principalement dans le Latium, en Sabine et en Campanie.

Or voici que les Lombards, installés depuis deux siècles en Italie, et qui sont fraîchement convertis au catholicisme, visent à soumettre à leur autorité la péninsule entière. Ravenne étant tombée aux mains de leur nouveau roi Aistulf, c'est le « patrimoine de Saint-Pierre » — indispensable pour le pape, soucieux de son indépendance — qui est directement menacé.

Le successeur du pape Zacharie, Etienne II (752-757), patiente plusieurs mois, comptant sur une intervention de l'empereur byzantin Constantin V. Celui-ci ne bougeant pas, le pape va imprimer à la politique du siège apostolique une orientation capitale et décisive.

Des négociations secrètes menées avec la cour franque aboutissent à l'envoi, auprès du pape, de deux personnages importants : l'évêque de Metz, Chrodegang, et le duc Augier. Escorté par eux et par des membres de sa curie, Etienne quitte Rome le 14 octobre 753. De passage à Pavie, il ne peut obtenir d'Aistulf la restitution au basileus de l'exarchat de Ravenne. Alors, en dépit de la saison et des efforts du roi lombard pour retarder sa marche, le cortège pontifical franchit les Alpes et s'arrête au monastère Saint-Maurice d'Agaume où rejoignent Etienne II deux envoyés de Pépin : l'abbé Fulrad et le duc Rothard, qui ont pour mission de conduire le pape auprès du souverain.

Le 25 décembre 753, Pépin quitte Thionville pour la villa royale de Ponthion — près de l'actuelle Vitry-le-François — en suivant la voie romaine qui passe par Toul : de cette ville il envoie son fils Charles (le futur Charlemagne) au-devant du pontife romain que le jeune prince joint à Langres, le 1$^{er}$ janvier 754. Le 6 janvier — jour de l'Epiphanie — le pape fait son entrée à Ponthion : Pépin est venu à sa rencontre ; dès qu'il aperçoit le pontife, il met pied à terre avec tous les siens, se prosterne jusqu'au sol sous la bénédiction du pape et, ajoute le chroniqueur, « comme un écuyer, marchant quelque temps à la hauteur de la selle d'Etienne », il conduit son hôte illustre au palais.

Au cours des conversations qui ont pour cadre Ponthion puis Quierzy-sur-Oise, près de Laon, Pépin s'engage à défendre, contre les méfaits des Lombards, et par les armes s'il le faut, « la république des Romains », c'est-à-dire le patrimoine de l'Eglise romaine. Alors, dans le cadre historique de l'abbaye de Saint-Denis, Etienne II, un jour d'avril 754, renouvelle sur la famille royale — Pépin et ses deux fils Carloman et Charles — le sacre conféré précédemment par Boniface, faisant obligation aux grands, sous peine d'interdit et d'excommunication, de ne jamais choisir leur roi en dehors de la famille pépinide. Mieux : le pape institue Pépin et ses fils « patrices des Romains », les désignant solennellement et officiellement comme les défenseurs de la papauté et des droits de l'Eglise.

Quelques semaines plus tard, à Quierzy-sur-Oise puis à Berny-Rivière, les chefs francs adhèrent au pacte conclu par leur roi. Celui-ci commence par envoyer des ambassadeurs à

Aistulf pour conclure la paix, à la condition que le Lombard restituera ses conquêtes à l'Eglise romaine. Peine perdue.

Une campagne en Italie est alors décidée. On est au printemps de l'année 755 : l'armée franque, encadrant Etienne II qui va regagner Rome, pénètre dans la péninsule, bouscule les Lombards au Pas de Suse et assiège Aistulf dans Pavie. Le roi lombard, vaincu, capitule, mais Pépin se contente de lui faire signer et jurer un acte par lequel il s'engage à restituer Ravenne et les diverses cités conquises. Mais, à peine délivré de l'armée franque, Aistulf oublie ses engagements ; pire : en janvier 756, il met le siège devant Rome. Heureusement pour Etienne II, le 55ᵉ jour du siège une ambassade peut prendre furtivement la mer et porter à Pépin des lettres du pape appelant au secours.

Nouvelle expédition franque en Italie, en avril 756. Second siège victorieux de Pavie. Second traité de paix, en juin. Cette fois Aistulf doit s'exécuter. Avant de repasser les Alpes, Pépin fait donation écrite à saint Pierre de l'exarchat de Ravenne, de la Pentapole et des villes pontificales de l'Emilie. Fulrad est chargé de déposer sur l'autel de la confession de saint Pierre les clefs des vingt-deux cités conquises sur les Lombards et aussi l'acte de donation de Pépin. Ainsi, au nom de saint Pierre, mais avec toutes les prérogatives concrètes de la suzeraineté, Etienne II devient officiellement chef d'Etat, ce que seront aussi ces successeurs, souverains du duché de Rome et de l'exarchat de Ravenne. De son côté, « au nom de saint Pierre, le pape s'engage envers les Francs et leur promet la victoire dans des guerres qui ne seront plus, comme celles des Mérovingiens, des guerres de pillages, mais des guerres de foi » (E. Delaruelle).

## Charlemagne et ses successeurs

Avant de disparaître, le 24 septembre 768, Pépin le Bref a partagé son royaume entre ses deux fils Carloman et Charles. Carloman étant mort dès 771, Charles, qui restera dans l'histoire avec le qualificatif de « grand » — Charlemagne —, passe outre les droits des deux fils de son frère, et se fait proclamer unique souverain.

Peu après (1$^{er}$ février 772), un nouveau pape, Adrien I$^{er}$ (772-795), est élu. Tout de suite, il est aux prises avec les mêmes difficultés que son prédécesseur Etienne II. Didier, roi des Lombards, menaçant l'Etat pontifical, une ambassade romaine rencontre Charles à Thionville ; mais le roi des Francs, engagé contre les Saxons, négocie d'abord avec Didier. Ce dernier se montrant récalcitrant, le roi des Francs, à l'automne de l'an 773, se rend en Italie, s'empare de Pavie mais aussi de la couronne de fer des Lombards. Didier finira ses jours à l'abbaye de Corbie, non sans avoir, à Rome même, le 6 avril 774, promis solennellement de donner les trois quarts de l'Italie au pape.

Cependant les années passent et la promesse reste inappliquée : il faut attendre l'année 787 pour que, au cours d'un second séjour en Italie et à Rome, Charles accorde au pape plusieurs villes de la Tuscie lombarde.

Huit ans plus tard, en décembre 795, Léon III succède à Adrien I$^{er}$. Le nouveau pape, immédiatement, jure fidélité au roi franc, « patrice des Romains », qui reçoit en même temps l'étendard de Rome et les clés de la « confession de saint Pierre ». Mais voici qu'en avril 799 Léon, menacé par une révolution interne, doit se réfugier auprès de Charlemagne, à Paderborn ; le roi franc constitue alors une escorte d'évêques et de comtes qui accompagnent le pape jusqu'à Rome où lui-même arrive en novembre 800. Charles préside un synode qui reconnaît Léon III innocent des crimes dont ses ennemis le chargent. Deux jours plus tard, au cours de la nuit de Noël de l'an 800, Charles est couronné empereur par l'évêque de Rome. L'empire est donc reconstitué en Occident : face au puissant empire byzantin, la caution du pape lui donne du poids.

Cependant, le protectorat franc continue à s'exercer sur l'Etat pontifical. Le pape est sans doute considéré comme pleinement souverain dans ses Etats, mais il doit notifier son élection à la cour franque, renouveler avec elle à chaque élection le pacte fondamental d'amitié, laisser ses sujets prêter

*Les Francs à l'origine de l'Etat pontifical*

serment de fidélité à l'empereur. Le tribunal du palais impérial est la suprême instance à laquelle peuvent s'adresser ceux qui se jugent victimes d'un déni de justice. Et puis, deux *missi,* l'un désigné par le pape, l'autre par l'empereur, demeurent à Rome en permanence et fournissent au souverain un rapport annuel.

La décadence de l'empire, amorcée sous le règne du fils et successeur de Charlemagne, Louis Ier le Pieux (814-840), qui est presque constamment aux prises avec ses fils, rivaux implacables, renforce le pouvoir pontifical. C'est ainsi qu'en 834 on voit le pape Grégoire IV, sous prétexte de réconcilier Louis et ses fils, se rendre en France en tant qu'arbitre et juge.

Bientôt l'empire d'Occident se disloque. En 840, Louis le Pieux étant mort, son plus jeune fils, Charles le Chauve, s'allie à son demi-frère Louis le Germanique et l'emporte, à Fontenoy-en-Puisaye, sur Lothaire et Pépin II : le 14 février 842, les serments de Strasbourg confirment l'alliance de Charles et de Louis. En 843, le traité de Verdun divise l'empire en trois lots : pour sa part, Charles II le Chauve (840-877) reçoit la *Francia occidentalis,* la France, qui naît officiellement alors.

## L'emprise féodale

L'autorité du roi de France est, d'emblée, contrecarrée par les jeunes principautés territoriales tombées aux mains de grandes familles et devenues, en fait, presque indépendantes. Le système féodal, qui s'enracine alors, aura rapidement raison de l'autorité des Carolingiens : Louis II le Bègue (877-879), Louis III et Carloman (879-882), Carloman seul (882-884), Charles III le Gros (884-887). Dès 888 la dynastie carolingienne doit compter, au plus haut niveau, avec l'ambitieuse famille des comtes de Paris, descendants de Robert le Fort, un grand féodal qu'on peut considérer comme le fondateur de la dynastie capétienne. Deux représentants de cette dynastie, Eudes (888-898) et Robert Ier le Pieux (922-923), sont d'abord rois en alternance avec les derniers Carolingiens, en attendant de triompher définitivement en la personne de

Hugues Ier Capet, roi de France de 996 à 1031. Elu par les grands, à la mode franque, Hugues prend soin d'associer de son vivant son fils aîné à son pouvoir. Ainsi est amorcée une exceptionnelle continuité de descendance qui fera de la royauté française, sous les Capétiens directs (987-1328), les Valois (1328-1584) puis les Bourbons (1589-1792), la plus solide et la plus puissante de l'Europe.

Au cours des IXe et Xe siècles l'Eglise franque, comme toutes les Eglises occidentales, comme l'Eglise romaine elle-même, tend à se confondre avec la société féodale, avec ses hommes et ses biens. La simonie, qui est le trafic des charges ecclésiastiques, s'aggrave du nicolaïsme, qui est le concubinage des clercs. Dans ces conditions, l'influence de la papauté, elle-même décadente, devient presque nulle, et ses relations avec l'Eglise franque sont considérablement réduites.

Cependant, dans les profondeurs de l'Eglise, se manifeste un besoin de culture dont témoigne l'action d'un pape auvergnat, Sylvestre II (999-1003), un savant qui, étant écolâtre à Reims, s'était taillé une réputation universelle d'érudit. Malheureusement, sa mémoire sera entachée d'absurdes légendes, ses connaissances astronomiques le faisant passer pour un sorcier ; de plus, on associera Sylvestre, pape de l'an 1000, aux légendes tardives attachées à une époque dite de « terreur ».

Dans le même temps, comme il arrive souvent aux époques où les dignitaires de l'Eglise font scandale, la vie religieuse s'enrichit de surgeons nouveaux. Le plus vigoureux est celui qui naît, le 2 septembre 909, dans un vallon de Bourgogne, à Cluny : le monastère bénédictin qui s'établit là va devenir l'abbaye mère d'un ordre prospère qui, en 1109, comptera 1 154 maisons, dont 883 en France. L'influence de l'ordre clunisien sur la civilisation occidentale est telle qu'en parlant de Cluny on a pu employer des termes dithyrambiques : « nouvelle Rome », « capitale spirituelle de l'Europe », « centre réel de l'Eglise... ».

En fait, la Rome papale n'y perd pas, car les fondateurs de Cluny, comme tous les réformateurs monastiques de l'époque, revendiquent, contre les féodaux et les évêques, la *libertas romana* (la liberté romaine). Ce qui veut dire que, bénéficiant du privilège de l'exemption, les clunisiens déclarent dépendre directement de la papauté. On comprend dès lors pourquoi les moines d'Occident vont véhiculer une véritable « dévotion » au pape, et aussi pourquoi l'influence clunisienne sera décisive dans la réforme que la papauté, au milieu du XI$^e$ siècle, met en œuvre dans l'Eglise affaiblie par les contraintes féodales.

3.

# *Gesta Dei per Francos (XI<sup>e</sup>-XIII<sup>e</sup> siècle)*

Au sortir de la longue période féodale, l'histoire de la royauté française et celle de la papauté sont, une fois encore, concomitantes. Au XIe siècle, tandis que la papauté se dégage de son marasme et de ses dépendances annihilantes, les Capétiens confirment leur pouvoir et leur prestige au point que, comme au temps des premiers Carolingiens, c'est en France que Rome cherche une médiation, voire un refuge, contre les prétentions de l'empereur germanique. Mieux : les Français deviennent les soldats du pape.

*Affranchissement de la papauté. Montée de la royauté capétienne*

C'est du pontificat de l'Alsacien Brunon, Léon IX (1048-1054), qui fut un temps évêque de Toul, que date l'ébranlement décisif par lequel le chef même de l'Eglise prend la direction d'une réforme profonde d'une société chrétienne corrompue par les habitudes féodales. Secondé par deux grands moines, le cardinal Humbert, un Lorrain, et le clunisien Hildebrand, le futur Grégoire VII, Léon IX voyage beaucoup, affirmant partout le pouvoir suprême de Rome en matière spirituelle et demandant des comptes aux dignitaires ecclésiastiques simoniaques ou fornicateurs, tel Manassès, archevêque de Reims qui, excommunié, devra finalement s'enfuir auprès du roi de Germanie, excommunié comme lui.

La réforme se poursuit sous Etienne IX (1057-1058), Nicolas II (1059-1061), Alexandre II (1051-1073) et surtout avec Grégoire VII (1073-1085) au point que l'adjectif « grégorien » est resté attaché au mouvement réformateur du XIe siècle. Avec des à-coups dus à la médiocrité de certains papes et surtout aux pressions de l'empereur, qui prétend redevenir le maître de Rome et du clergé — c'est la Querelle des Investitures (1075-1122) puis la Lutte du Sacerdoce et de l'empire (1157-1250) —, la réforme grégorienne poursuivra son travail d'assainissement.

De son côté, la monarchie capétienne, véritablement fondée avec Hugues Ier Capet, sort des ornières féodales et prend son essor. L'élément essentiel de cette ascension est, en dehors du fait héréditaire inauguré par Hugues Capet en faveur de son fils Robert II le Pieux (996-1031), le fait du sacre, véritable sacrement qui marque le roi d'un caractère divin, matérialisé par l'huile sainte. Mieux — et sans ce rappel on ne comprendrait rien au gallicanisme —, par l'onction sainte le roi de France, ayant charge d'âme, participe réellement du ministère sacerdotal. Cette onction fait de lui un dignitaire de l'Eglise, un « prélat ecclésiastique », comme le déclarera plus tard l'archevêque de Reims à Charles VII ; mieux : le sacre fait du « roi très chrétien » un roi thaumaturge. Le sacre, et aussi la continuité dynastique, qui permet aux Capétiens de se situer au-dessus et en dehors du système féodal, les amènent à se considérer comme les héritiers de Charlemagne, comme les seuls souverains avec lesquels, en Europe, les empereurs germaniques acceptent de traiter sur un pied de complète égalité.

Les Capétiens, à partir du règne de Louis VI le Gros (1108-1137), mettent en place des institutions de plus en plus spécialisées et centralisées — le Conseil du roi, le Parlement, la Chambre des Comptes — qui vont permettre au roi de France d'étendre sa souveraineté à l'ensemble du royaume et de donner progressivement à ce royaume une existence en tant qu'Etat.

## Les Capétiens et la papauté

On comprend dès lors pourquoi l'appui de l'Eglise romaine n'a pas été ménagé à une dynastie dont les titulaires sont investis, en quelque sorte par Dieu, d'une mission suprême de justice et du maintien de l'ordre chrétien dans le respect des droits de l'Eglise : lors de leur sacre, ne s'engagent-ils pas à poursuivre l'hérésie ? Le pape sait bien, d'ailleurs, qu'il n'est pas en Occident un royaume plus beau, plus riche, mieux situé, plus peuplé que le royaume de France, royaume où la culture « moderne » — celle qui accompagne le renouveau de l'économie et le réveil des villes — s'exprime en tant de chefs-d'œuvre romans ou gothiques et en universités qui, celle de Paris notamment, deviennent des foyers internationaux. C'est un Français, Bernard de Clairvaux (1090-1153), fondateur de l'ordre pionnier des Cisterciens, qui domine son siècle, ne craignant pas de faire la leçon aux rois et aux papes. Car Bernard est un serviteur de la réforme grégorienne, cette réforme dont le royaume de France a lui aussi besoin, car les Capétiens ne donnent pas nécessairement le bon exemple, et la simonie a laissé en France bien des racines.

Trois fois, au moins, le pape intervient durement dans une affaire matrimoniale où le roi est en cause : remariage incestueux de Robert II le Pieux (996-1031) avec sa cousine Berthe, beaucoup plus jeune que la reine répudiée Rosala ; rupture de Philippe II Auguste (1179-1223) avec la Danoise Isambour et remariage avec Agnès de Méran ; surtout, interminable procès contre Philippe Ier (1060-1108). Ce gros homme sensuel et cupide, qui vend ses évêchés au plus offrant et que Grégoire VII accusera de brigandage, scandalise tout l'Occident, en 1092, en répudiant son épouse Berta de Hollande au profit de la voluptueuse Bertrade de Montfort, comtesse d'Anjou, elle-même en rupture de mariage. Excommuniés trois fois publiquement — le royaume étant mis périodiquement en interdit — les époux adultères ne se soumettent qu'en 1104, au moins de bouche, en présence du légat du pape Pascal II.

Car les papes réformateurs, en France et ailleurs, recourent volontiers au système des légations pour veiller à l'application des réformes. Certains légats ont laissé des traces durables : Pierre Damien (1063) et Géraud d'Ostie (1072), représentants d'Alexandre II ; surtout, Hugues de Romans, légat permanent de 1073 à 1101. Evêque de Die en 1073, Hugues est nommé par Grégoire VII archevêque de Lyon et aussi, afin de renforcer son autorité en France, primat des Gaules lyonnaises [2], ce qui place sous sa juridiction les métropolitains de Tours, de Rouen et de Sens — dont dépend alors Paris. Urbain II créera deux autres primaties, qui permettront à la papauté de contrôler plus efficacement l'épiscopat français : la primatie de Belgique, conférée à l'archevêque de Reims (1089) ; la primatie de Narbonnaise, conférée à l'archevêque de Narbonne (1097).

*Papes français et papes en France*

L'influence de la royauté française dans l'histoire de l'Eglise, aux $XII^e$-$XIII^e$ siècles, se marque de multiples façons. D'abord par le passage, sur le siège pontifical, de six Français. Le premier, le plus remarquable, est Urbain II (1088-1099), un moine clunisien né à Châtillon-sur-Marne : il avait été l'un des trois hommes d'Eglise que Grégoire VII avait désignés comme étant capables de lui succéder. C'est dire qu'Urbain II est un pur « grégorien », un adversaire acharné de la simonie ; ses initiatives — création du diocèse d'Arras, désignation d'évêques... — illustrent sa conviction que l'Eglise romaine est la mère et la maîtresse de toutes les Eglises. Français, il est plus libre dans son action que les papes allemands ou italiens qui sont constamment aux prises avec les intrigues impériales ou romaines. Et puis, Urbain trouve un renfort dans ce qu'on a appelé la « théorie chartraine », élaborée par l'évêque canoniste Yves de Chartres : tout en réprouvant l'investiture laïque, Yves reconnaît aux pouvoirs temporels un droit de regard sur

---

2. La primatie lyonnaise a été instituée en 1079.

les biens ecclésiastiques. Cette théorie de la double investiture, qui a pour but d'adoucir le rigorisme grégorien, a aussi pour effet d'équilibrer les rapports des deux pouvoirs et de mettre fin à des luttes épuisantes ; elle trouvera une application majeure dans le concordat de Worms (1122) qui clôt la Querelle des Investitures et qui est signé par l'empereur Henri V et le pape Calixte II (1119-1124), lui aussi Français d'origine.

Quatre autres papes français ont occupé le siège romain dans un court espace de temps — 24 ans —, à une époque où, grâce à saint Louis IX (1226-1270), à son fils Philippe III le Hardi (1270-1285) et à son frère Charles d'Anjou, roi de Sicile (1266-1285), l'influence française est prépondérante en Europe. Urbain IV (1261-1264), né Jacques Pantaléon, est le fils d'un savetier de Troyes ; cet ancien patriarche de Jérusalem instituera la fête du Saint-Sacrement. Clément IV — Gui Foulques — (1265-1268), né à Saint-Gilles sur le Rhône, est entré dans le clergé après la mort de sa femme, qui lui a donné deux filles. Le pontificat du bienheureux Innocent V — un dominicain né Pierre de Tarentaise — ne dure que quelques mois (21 janvier-22 juin 1276). Martin IV (1281-1285), né Simon de Brion, subira les terribles Vêpres siciliennes (30 mars 1282), au cours desquelles les rêves de conquête de Charles d'Anjou disparaissent dans le sang de milliers de Français surpris sans défense par les Aragonais. Ces quatre papes, s'ils donnent l'exemple du zèle réformateur, sont en fait les serviteurs des intérêts français en Europe, en Italie notamment.

Plusieurs fois, la France reçoit la visite de papes qui sont désireux d'y trouver un refuge sûr ou qui ont le souci d'y préparer, avec l'appui du roi capétien, les mesures doctrinales, disciplinaires ou politiques qu'ils jugent nécessaires au bien de l'Eglise.

Urbain II inaugure cette longue série de déplacements : le long voyage qu'il fait en France (août 1095-juillet 1096) culmine avec le concile de Clermont et l'appel à la croisade. Son successeur Pascal II (1099-1118), profitant de la réconciliation du roi Philippe Ier avec l'Eglise (1104), et désireux d'opposer un front franco-romain aux prétentions de l'empereur Henri V, arrive à Lyon en janvier 1107 ; de là, il gagne Dijon puis la vallée de la Loire où, le 8 mars, il procède à la dédicace de la Charité-sur-Loire. Le voici à Chartres, où il rencontre l'évêque Yves, puis à l'abbaye de Saint-Denis où Philippe Ier et son fils, le futur Louis VI, s'agenouillent devant le pontife qui les relève et les fait asseoir en face de lui « comme les fils très dévoués des apôtres » ; après quoi, s'entretenant familièrement avec eux, le pape les supplie de prêter assistance à saint Pierre et à son vicaire menacés par l'empereur Henri.

De Saint-Denis, Pascal II, qu'accompagnent plusieurs prélats français, l'abbé de Saint-Denis et aussi le jeune moine Suger, se rend à Châlons-sur-Marne, où les ambassadeurs de l'empereur se montrent intraitables puis à Troyes où, le 23 mai, le pape ouvre un concile où triomphe la « théorie chartraine ». De retour en Italie, Pascal devra affronter durement l'empereur Henri V.

Tellement, que c'est dans des conditions tragiques qu'un de ses meilleurs collaborateurs, Jean de Gaète, lui succède, le 24 janvier 1118, sous le nom de Gélase II. A peine est-il élu qu'Henri V pénètre dans Rome et y installe un antipape, Grégoire VIII, obligeant Gélase à fuir sa capitale et, par Pise, Gênes, Marseille, à gagner Maguelonne, où il est salué par Suger, au nom de Louis VI qui l'attend à Vézelay. Le pape se dirige donc vers le nord, par Montpellier, Avignon, Le Puy, Lyon, Mâcon ; mais il meurt, à Cluny, le 29 janvier 1119.

Aussitôt, et afin d'empêcher Grégoire VIII de s'imposer, le clergé et le peuple de Rome proclament pape Gui de Bourgogne, l'archevêque de Vienne (France), qui est couronné aussitôt dans sa cathédrale, et prend le nom de Calixte II (1119-1124). S'appuyant sur la France pour négocier une paix honorable avec l'empereur, le nouveau pape parcourt le Midi, tenant un concile à Toulouse ; puis, par le Poitou et la Touraine, il gagne Etampes où, en octobre 1119, il rencontre le roi Louis VI. A la suite de cette entrevue, il envoie à Henri V une ambassade composée de personnages illustres : l'abbé de Cluny et l'évêque de Châlons, Guillaume de Champeaux († 1121), le grand dialecticien de l'école réaliste et le fondateur, à Paris, de l'école dite de Saint-Victor, que fréquenta Abélard. L'ambassade, qui touche l'empereur à Strasbourg, parvient à le faire fléchir ; si bien que Calixte II, après avoir, en compagnie de Louis VI, tenu un grand concile à Reims (20 octobre), peut rencontrer l'empereur le 22, à Mouzon, dans de bonnes conditions. Le 3 juin 1120, le pape rentre à Rome, tandis que Grégoire VIII est enfermé dans un couvent. On sait que Calixte II aura la joie de signer, avec Henri V, le concordat de Worms.

Lambert d'Ostie, qui lui succède le 21 décembre 1124 sous le nom d'Honorius II, connaît un pontificat relativement paisible, trop paisible pour saint Bernard qui reproche au pape de ne maintenir la paix avec le roi de France qu'au prix de concessions. Mais à peine Honorius a-t-il rendu l'âme, le 14 février 1130, que les factions romaines — les puissantes familles Pierloni et Frangipani — se disputent le pouvoir pontifical ; une double élection a lieu : à Innocent II (1130-1143) est opposé Anaclet II, qui force son adversaire à fuir en France : c'est « le schisme d'Anaclet », qui va durer huit ans.

Aussitôt, le roi de France Louis VI convoque à Etampes un concile qui décidera quel est le pape légitime : l'intervention décisive et réclamée de saint Bernard fait pencher les évêques de France, et aussi le roi, du côté d'Innocent II, que Suger va trouver à Cluny. De Cluny, le pape se dirige vers Clermont où, au cours d'un concile, il jette l'anathème sur Anaclet (18 novembre 1130) ; à Saint-Benoît-sur-Loire, Louis VI et sa famille viennent s'incliner « devant la majesté du chef de l'Eglise » (Suger). Reconnu par l'Angleterre — où saint Bernard emporte l'adhésion d'Henri I$^{er}$ — et par l'empereur Lothaire III, Innocent II séjourne encore plusieurs mois en France, célébrant la fête de Pâques de 1131 à Saint-Denis, rencontrant Henri I$^{er}$ d'Angleterre à Rouen, allant rendre visite à Bernard de Clairvaux et tenant à Reims, en présence des ambassadeurs de toute l'Europe, un grand concile. Le dimanche 25 octobre le pape sacre, à Reims, le futur Louis VII. La cause d'Anaclet est définitivement perdue ; et c'est accompagné de saint Bernard, qui reçoit partout un accueil délirant, qu'Innocent II est accueilli par les Romains le 30 avril 1133.

Dix ans plus tard, au lendemain de la mort d'Innocent II (24 septembre 1143), éclate une nouvelle révolution romaine, fomentée cette fois encore par l'aristocratie locale. Les courts pontificats de Célestin II (1143-1144) et de Lucius II (1144-1145) se passent dans le désordre. Aussi, quand le 15 février 1145 Bernard Pignatelli — un ancien moine de Clairvaux — est élu pape sous le nom d'Eugène III (1145-1153), on craint le pire : en effet, la ville de Rome tombe aux mains de Brescia, un agitateur doublé d'un réformateur mystique qui oblige Eugène III à passer à Viterbe puis en France où l'appellent, d'ailleurs, les préparatifs de la seconde croisade et où il va vivre dans l'ombre de son maître spirituel, saint Bernard, son ancien abbé, sans qui rien de décisif ne se fait en Europe. Bernard, qui reçoit en effet la visite d'Eugène III à Clairvaux, lui adressera le livre *De la Considération,* où il l'adjure de faire de Rome un autre Cîteaux. Mais ce n'est qu'en décembre 1152, quelques semaines avant de mourir, qu'Eugène III se réconcilie avec les Romains.

### *Alexandre III en France*

Après le court pontificat d'Anastase IV (1153-1154), celui de l'Anglais Adrien IV (1154-1159) voit se rouvrir, pour un siècle (1157-1250), cette fois sous le nom de Lutte du sacerdoce et de l'empire, le dur conflit qui oppose le pape et l'empereur. Conflit d'autant plus inexpiable que deux personnalités exceptionnelles s'affrontent : l'une est Frédéric Ier Barberousse († 1190), empereur germanique en 1152 ; l'autre est un Siennois, Rolando Bandinelli : chancelier de l'Eglise romaine, canoniste et théologien de haute réputation, connu pour la fermeté de son caractère, il est pape de 1159 à 1181 sous le nom d'Alexandre III.

Tout de suite, l'autorité d'Alexandre III est contestée. Frédéric Barberousse reconnaît en effet comme « son » pape le cardinal Octavien, Victor IV. La Hongrie, l'Aragon, la Castille puis l'Angleterre, l'Ecosse, l'Irlande, la France ont beau adhérer à l'obédience d'Alexandre III, la situation de ce dernier est intenable en Italie. Après la prise de Milan par Barberousse, le pape quitte Rome ; en mars 1162, il débarque à

Maguelone où il revêt la chape rouge et les insignes pontificaux. De là, monté sur une haquenée blanche, Alexandre se rend à Montpellier où il reçoit les hommages des grands du pays. Cependant le roi Louis VII, mécontent des égards qu'Alexandre III prodigue au roi d'Angleterre Henri II Plantagenêt — l'adversaire de Thomas Becket — et peu désireux de livrer la guerre à l'empereur, ne se presse pas d'accueillir le pape. Une entrevue entre ce dernier et le roi de France a bien lieu, le 10 août 1162, à Sauvigny, près de Moulins : elle ne rompt pas la glace.

La mort de Victor IV, en 1164, provoque l'émiettement du parti impérial, malgré l'élection d'un successeur, l'antipape Pascal III (1164-1168), que remplacera Calixte III (1168-1178). Aussi l'autorité d'Alexandre III grandit-elle, en France notamment. Après avoir célébré les fêtes de Pâques de 1163 à Paris, le pape qui a conféré la rose d'or au roi de France, décide de se fixer avec la curie à Sens, ville du domaine capétien. C'est de Sens que pendant près de deux ans (30 septembre 1163-7 avril 1165), Alexandre va diriger l'Eglise ; c'est là qu'il reçoit les évêques de l'Occident ; là que Thomas Becket vient lui expliquer la situation de l'Eglise anglaise et la gravité de son conflit avec Henri II. Et c'est à douze lieues de Sens, à l'abbaye cistercienne de Pontigny, que le pontife se retire en attendant des jours meilleurs. Quant à Louis VII, homme d'ailleurs profondément religieux, sa méfiance tombée, il entretient avec le pape une correspondance confiante où le Capétien est représenté comme « l'unique défenseur de l'Eglise après Dieu... », en quelque sorte son « bailli ».

Une situation momentanément meilleure en Italie incite Alexandre III à quitter Sens, en avril 1165 ; par Paris, où il fait ses adieux au roi de France, Bourges, où Thomas Becket prend congé de lui, Le Puy, Montpellier, où il séjourne encore deux mois, et Maguelone, le pape se dirige vers Rome, où il est reçu en grande pompe le 23 novembre.

Mais la Lutte du sacerdoce et de l'empire n'en est qu'à ses débuts. Elle ne se terminera que sous Innocent IV (1243-1254), pape dont l'adversaire est un subtil Hohenstaufen, Frédéric II, roi de Sicile depuis 1197, empereur depuis 1220.

C'est au cours du concile œcuménique tenu en 1245 en la cathédrale Saint-Jean de Lyon, que le pape excommuniera et déposera l'empereur. Pourquoi Lyon, où Grégoire X en 1274 tiendra un second concile œcuménique ? Parce que cette antique métropole, où Innocent IV, menacé en Italie, s'est installé dès le 2 décembre 1244, est proche du royaume capétien dont le souverain — en l'occurrence saint Louis — peut le protéger contre une agression éventuelle.

Ainsi donc, en ce milieu du XIIIe siècle, le centre de gravité de la chrétienté occidentale se déplace de l'Italie vers la France.

*France, soldat de Dieu*

La papauté ne se contente pas de demander à la France une aide morale contre ses ennemis : elle n'hésite pas à mobiliser, pour ses intérêts temporels et pour les besoins spirituels de l'Eglise, les forces militaires d'une nation qui, en plein essor démographique — la France est le pays le plus peuplé d'Europe — dispose d'un potentiel humain, politique et militaire qui la rend capable d'expansion et de colonisation.

L'une des préoccupations majeures des papes du XIe siècle, outre leur lutte contre les prétentions impériales, est l'expulsion, par les guerriers chrétiens et singulièrement par les Francs, des musulmans maîtres de certains territoires européens (Espagne, Sicile) et de la Terre sainte (Jérusalem). Pour encourager ces expéditions lointaines, le pape accorde à ceux qui y participent d'importants privilèges temporels et spirituels.

C'est ainsi que le Normand Robert Guiscard, prince français qui s'intitule « duc de Pouille et de Calabre par la grâce de Dieu et de saint Pierre », entreprend, en 1060, avec la bénédiction du pape, la conquête de la Sicile musulmane. Trois ans plus tard, son frère Roger remporte sur les Sarrasins, près de Cerami, une victoire décisive : il adresse une partie des trophées à Alexandre II qui, par retour, lui expédie avec son absolution pour les combattants — des combattants sans pitié — l'étendard de saint Pierre dans les plis duquel des Normands achèveront la conquête de l'île, une île dont les papes du XIIIe siècle voudront faire une terre angevine, c'est-à-dire française.

En Espagne, les Français ne sont pas étrangers aux débuts de la *Reconquista*, « croisade » qui consiste à chasser les Maures de la péninsule et dont les participants bénéficient d'une indulgence plénière octroyée par Alexandre II. En 1063, à la suite de l'assassinat, par un musulman, du roi d'Aragon Ramire II, une petite armée de chevaliers français, bourguignons et normands franchit les Pyrénées : arborant le gonfanon pontifical, elle contribue à la reprise — célébrée par toute la chrétienté — de la ville de Barbastro (1065).

Ces interventions en Sicile et en Espagne démontrent à la papauté — et aussi aux Byzantins constamment affrontés à l'Islam — la possibilité d'employer des chevaliers occidentaux en Orient. En 1074, Grégoire VII semble avoir exprimé le désir de prendre lui-même la tête d'une telle croisade : projet sans conclusion immédiate mais qui habitue les esprits à l'idée d'une reconquête chrétienne dirigée par Rome, de l'établissement en Orient d'un royaume de Dieu dont le pape serait le souverain : évolution capitale de la mentalité occidentale, jusque-là étrangère à l'alliance de l'Eglise et des armes. Il faut dire que les puissantes cités marchandes italiennes, elles, ont déjà jeté, en Orient, les jalons d'un empire commercial qu'une « reconquête » ne pourrait que fortifier.

Or voici que le danger, pour Byzance, se précise : en 1071, les Turcs seldjoukides écrasent, à Mantzikert, le basileus Romain IV Diogène, se rendant maîtres de presque toute l'Asie mineure ; en 1080, ils occupent Jérusalem, ville arabe. Aussi le basileus Alexis Ier Comnène amorce-t-il avec le pape français Urbain II des négociations qui aboutiront à la première croisade.

En venant en France, en août 1095, Urbain II a sans doute en vue la tenue d'un grand concile, mais, de son séjour, l'histoire a surtout retenu un épisode : l'appel aux croisés. Venant de Valence, par Lyon et Cluny — où il a consacré le maître-autel de la gigantesque basilique (25 octobre) — Urbain II est à Clermont le 14 novembre ; il y demeure jusqu'au 2 décembre, y tenant un concile au cours duquel il fait adopter deux canons étendant la Paix de Dieu à toute l'Eglise et accordant l'indulgence plénière à tous ceux qui accepteraient de partir pour Jérusalem. Le 27 novembre, aux clercs et aux chevaliers réunis sur la place du Champ-Herm, le pape adresse une harangue dont les termes sont mal connus ; mais, très certainement, elle constitua, pour les auditeurs, une incitation décisive à coudre une croix sur leur épaule droite. Le pape qui, décidément, se substitue à l'empereur dans la protection extérieure de la chrétienté, prévoit la constitution d'une seule armée qui serait commandée, non pas par le roi de France Philippe I$^{er}$ — alors excommunié — mais par l'évêque du Puy, Adhémar de Monteil, nommé légat pontifical. Pour en faciliter le recrutement il accorde aux « croisés » la remise des pénitences destinées à la rémission de leurs péchés ; de plus, des mesures sont prises concernant la protection de leurs biens, qui sont placés sous la tutelle de l'évêque du lieu.

En fait se constitueront quatre armées alimentées par la féodalité occidentale, et notamment par la chevalerie française ; elles seront précédées par une croisade populaire conduite par un moine picard, Pierre l'Ermite : cohue ardente et misérable qui se fera décimer par les Turcs, en Asie mineure (octobre 1096).

L'armée des Français du Nord, commandée par Hugues de Vermandois, frère du roi de France, est grossie des Flamands de Robert II, comte de Flandre, et des Normands de Robert II Courteheuse. L'armée de Lotharingie est dirigée par le duc de Basse-Lorraine, Godefroy de Bouillon ; celle des Français du Midi a été rassemblée par le comte de Toulouse Raimond de Saint-Gilles ; celle des Normands de Sicile par Bohémond de Tarente. Empruntant des itinéraires différents, ces armées se rejoignent à Constantinople : de là elles se dirigent vers Jérusalem, par l'Asie mineure — où les Turcs sont battus, à Dorylée — et la Syrie où les croisés jettent les bases de principautés latines (Edesse, Antioche, Tripoli et aussi Chypre). Le 15 juillet 1099, Jérusalem tombe aux mains des croisés épuisés. Godefroy de Bouillon refuse le titre de roi de Jérusalem —

que son frère Baudouin de Boulogne prendra après sa mort, en 1100 — n'acceptant que celui d'Avoué du Saint-Sépulcre ; cela afin de réserver les droits éminents de l'Eglise sur l'Etat latin en voie de formation. En fait, cet Etat n'existera jamais, le roi de Jérusalem n'étant investi que d'une autorité morale sur l'espèce de confédération lâche formée par les quatre principautés créées par les croisés.

Très rapidement d'ailleurs, l'acquit de la première croisade est menacé par les Turcs. Si certaines principautés tiennent longtemps (Tripoli jusqu'en 1289, Chypre jusqu'en 1484), Jérusalem est reprise par Saladin dès le 2 octobre 1187. Si bien que, au cours des XIIe et XIIIe siècles, la croisade sera une institution permanente, qui comportera quelques « saints passages » plus remarquables qu'on a pris l'habitude de numéroter : c'est ainsi que l'on compte sept « croisades » entre 1146 et 1270.

Ce qu'il faut souligner, c'est le rôle joué dans l'histoire des croisades par les « Francs », un mot qui est resté longtemps en Orient synonyme de croisés, même de chrétiens : en 1188, un chroniqueur musulman fouettera le zèle de ses coreligionnaires en citant l'exemple des « Francs qui font le sacrifice de leurs biens pour la défense de leur foi et le salut de leur âme ».

Encore qu'il ne faille pas tomber dans une « mythologie » de la croisade que le XIXe siècle français et ultramontain a embellie sans retenue. Si la seconde croisade (1146-1187), prêchée à Vézelay et à Spire par saint Bernard, et conduite par le roi de France Louis VII et par l'empereur Conrad III, se caractérise, en gros, comme la première, par des motivations essentiellement religieuses, la troisième (1188-1192) est surtout marquée par la rivalité de Philippe-Auguste et de Richard Cœur de Lion. Que dire de la quatrième, voulue par Innocent III[3], et qui est détournée par les barons français sur Constantinople où, après un effroyable siège et un sac éhonté, ils fondent un Empire latin (1204-1261) dont le premier titulaire est le comte de Flandre Baudouin IX. Cet empire est

---

3. Innocent III fut aussi à l'origine de l'horrible « croisade » contre les Albigeois (1209).

flanqué d'Etats francs — Thessalonique, Morée, Athènes — qui assurent le maintien des intérêts occidentaux dans des régions dont les habitants apprennent à haïr les « latins ».

La cinquième croisade (1213-1219), prêchée elle aussi par Innocent III et dirigée par le roi de Jérusalem Jean de Brienne, s'enferre en Egypte, où elle subit un désastre. Quant à la sixième croisade (1228-1244), elle présente le paradoxe d'être conduite par un excommunié, l'empereur Frédéric II : il libère bien Jérusalem en 1229, mais, dès 1244, la ville sainte redevient musulmane.

### Saint Louis, cette « fontaine de justice »

La perte de Jérusalem a achevé de désorganiser la chrétienté d'outre-mer ; il semble même que celle-ci soit près de sa fin lorsque Louis IX (saint Louis), en décembre 1244, encouragé par le pape Grégoire IX, fait vœu de prendre la croix.

Avec le Capétien Louis IX (1226-1270) — cette « fontaine de justice » comme le désigne son siècle — l'esprit de la première croisade va revivre dans toute sa pureté. Comme le lui ont appris ses amis et maîtres spirituels les Dominicains, diffuseurs de l'idéal de « la sainte prédication », le saint roi considère la croisade comme une conquête qui exige discipline et abnégation, comme un pèlerinage, qui assure le salut, comme une conversion, qui exige du roi et de ses chevaliers l'austérité et la simplicité de vie ; et aussi comme une opération missionnaire auprès des « infidèles ». « Il est curieux de penser qu'avant de disparaître à jamais, ce désir d'une reconquête de la Terre sainte par les armes aura refleuri dans son " droit sens " en la personne d'un croisé mystique dont l'absolue loyauté devait frapper d'admiration ses ennemis eux-mêmes, et pour qui le vœu de croisade représentait avant tout le sacrifice de soi-même » (Régine Pernoud).

Sachant que la clé de Jérusalem est au Caire, c'est en Egypte que saint Louis conduit la septième croisade (1248-1250) ; elle échoue : le roi est fait prisonnier par les Mamelouks qui ne le relâchent qu'au prix d'une forte rançon. Le saint roi séjourne alors quatre ans en Terre sainte (1250-1254), ses frères étant chargés de susciter en Europe une nouvelle croisade ; mais les princes chrétiens se récusent ou trouvent des prétextes pour ne pas partir. Si bien que Louis IX étant rentré en France, la situation se dégrade en Orient : en 1268 Antioche tombe aux mains des Mamelouks, ainsi que les ports francs du sud : Jaffa, Arsouf, Césarée.

La nouvelle de ces désastres détermine Louis IX à reprendre la croix, le 24 mars 1267. S'il oriente la huitième croisade vers Tunis, c'est qu'on le persuade que le hafide qui y règne, Al Mostaneir, musulman fervent et tolérant, est prêt à se convertir à la foi chrétienne. Hélas ! victime de la peste, le roi de France meurt aux portes de Tunis, le 25 août 1270 ; son frère Charles d'Anjou s'empresse alors de signer la paix de Tunis, qui est très avantageuse pour son royaume de Sicile, pilier de l'influence des papes en Italie.

La papauté reconnaîtra bientôt ce qu'elle doit à saint Louis puisque, dès le 11 avril 1297, Boniface VIII canonisera solennellement le grand-père de Philippe le Bel. Certes, cette canonisation, qui intervient au moment où le pape pratique un rapprochement avec le roi de France, peut sembler politiquement opportune ; elle n'en est pas moins l'aboutissement d'une longue enquête au cours de laquelle ont été entendus Charles, le frère du saint roi, Philippe III son fils, de nombreux évêques et des chevaliers, jusqu'au maître queux de la cour, tous témoins de la sainteté de « Monseigneur saint Loys », qui fut l'arbitre le plus écouté en France et en Europe.

DEUXIÈME PARTIE

# La montée du gallicanisme
## XIVᵉ-XVIᵉ siècle

# 4.

# *Philippe le Bel. L'État français face à la monarchie pontificale*

Dans la seconde moitié du XIII⁰ siècle les relations entre la papauté et la France, tout en restant priviligiées, ont tendance à se durcir. Cela tient à un double mouvement qui doit nécessairement aboutir à des frictions, voire à des heurts : mouvement de renforcement de la monarchie pontificale ; mouvement de renforcement de la monarchie capétienne laquelle est, du fait du sacre, revêtue d'un caractère religieux.

C'est alors qu'apparaît véritablement ce que le XIX⁰ siècle (Littré) a désigné d'un mot abstrait : le gallicanisme, qui est caractérisé par « l'accord du roi de France et de son clergé pour gouverner l'Eglise de France en contrôlant et en refrénant l'ingérence du Saint-Siège et en prétendant s'appuyer sur des droits anciennement acquis » (V. Martin). A quoi il faut ajouter la volonté délibérée de ne pas rompre avec l'Eglise romaine : le gallicanisme pourra aller très loin dans la voie qui mène au schisme ; il n'ira jamais jusqu'au bout, parce que ni le roi Très chrétien ni « la Fille aînée de l'Eglise » ne le veulent. Le gallicanisme, qui est une soupape de sûreté, n'est pas l'anglicanisme, lequel est, à l'origine, le fait d'une Eglise nationale qui rompt tous liens avec Rome.

## Le renforcement de la monarchie pontificale

Depuis Grégoire VII († 1085) le pontife romain, assisté parfois d'un concile, est le législateur unique dans l'Eglise : cette situation tient au fait que le clergé, bouleversé par l'interminable Querelle des Investitures, se tourne de plus en plus vers la papauté ; celle-ci répond à ses sollicitations par des décrétales qui concernent les sujets les plus variés, mais plus particulièrement la défense, face au pouvoir civil, des droits des évêques ; il est vrai qu'en contrepartie ceux-ci sont davantage contrôlés par le pape.

Si bien que, législateur suprême, le pontife romain est aussi juge, docteur et administrateur : d'où la nécessité pour lui de fortifier une administration curiale qui va se spécialiser de plus en plus.

Le pape qui définit avec le plus de précision et aussi de superbe les droits suprêmes du Saint-Siège fut Innocent III (1198-1216), pasteur zélé doublé d'un canoniste de grande renommée. Mais si son but, comme celui de ses grands prédécesseurs, est la réforme de l'Eglise — curie, clergé, monastères — et la reconstitution de son unité face aux hérésies et aux schismes, le moteur de sa pensée et de son action est la primauté romaine qui est, selon lui, d'origine divine, et qui se double de la plénitude du pouvoir (*plenitudo potestatis*) qui a été conférée à Pierre par le Christ. Cette plénitude, selon Innocent III, comporte avant tout la subordination au Saint-Siège de toutes les Eglises, mais elle s'étend aussi aux Etats et aux souverains.

Et tandis que la fondation de l'Empire latin de Constantinople et l'évangélisation des Pays Baltes et de la Prusse déplacent vers l'est les limites de la chrétienté, Innocent III s'efforce de grouper, sous l'autorité du Saint-Siège, tous les Etats d'Occident.

## Renforcement de la monarchie capétienne

Or les souverains des jeunes nations — Angleterre, Castille, Navarre, Portugal, Hongrie, France... — ne sont guère disposés à tolérer l'ingérence du Saint-Siège dans leurs Etats. Ils entendent commander leur secteur comme ils le veulent et ne laisser personne juger de leurs actes politiques dont l'objectif, ils en sont convaincus, est d'aider les hommes à faire leur salut. Le droit romain et le droit Justinien, qu'on redécouvre alors, et qu'on se met à enseigner dans toutes les universités, apportent des arguments en faveur de cette position en affirmant que tout ce qui plaît au prince a valeur de loi.

Ce phénomène est particulièrement sensible dans la France capétienne.

Les légistes français — Beaumanoir, Nogaret, Flote... — découvrent dans le droit romain une discipline autonome, laïque, indépendante de la théologie considérée jusque-là comme la reine des sciences. A leurs yeux, l'Eglise et l'Etat, s'ils doivent se prêter un mutuel secours, ont chacun un domaine propre : le temporel et le spirituel sont séparés, autonomes ; chacun d'eux est dirigé, gouverné par un pouvoir régi par des lois spécifiques et jouissant d'une très large liberté d'action. Ce courant de pensée se renforcera de l'enseignement de saint Thomas d'Aquin aux yeux de qui l'indépendance des pouvoirs laïcs exercés dans le royaume procède d'une hiérarchie des compétences fondée sur l'analyse des finalités profondes.

A l'orée du XIII$^e$ siècle cette doctrine, que la royauté capétienne fait sienne, trouve application. En 1203, Philippe II Auguste, souverain extrêmement jaloux des prérogatives royales, sollicité par Innocent III de faire la paix avec le roi d'Angleterre, dénie au pape le pouvoir d'intervenir dans les relations internationales, et passe outre. Et s'il protège l'Eglise de France contre les féodaux, il exige d'elle argent et soldats, n'admettant pas que son pouvoir puisse être contrebalancé par celui du Saint-Siège.

Son petit-fils, le saint roi Louis IX, se montre lui aussi le très ferme protecteur des libertés de l'Eglise gallicane. Il ne peut souffrir en particulier que le pape, dans le besoin, lève, par l'organe de ses collecteurs, des impôts sur le temporel des églises de France, allant jusqu'à menacer de censurer les récalcitrants et jusqu'à demander aux prélats français des soldats pour combattre Frédéric II. Et Louis IX de le dire, et fermement : le 2 mai 1247, son représentant, Ferry Pâté, maréchal de France, se présente devant Innocent IV, qui réside alors à Lyon, et lui expose les griefs du roi. Le pape n'ayant donné que de vagues assurances, une seconde ambassade, en juin, se réfère à un mémoire où le roi se dit scandalisé des pratiques abusives du pape en France : levée d'impôts et de troupes et collations faites à ses compatriotes italiens avec des bénéfices ecclésiastiques français. Et saint Louis de souligner vigoureusement le caractère national de l'Eglise de France : pour lui, l'Eglise de Rome est la première des Eglises au sein de l'Eglise universelle, non la maîtresse de celle-ci.

*Philippe le Bel et Boniface VIII*

En réalité, la curie romaine ménage la royauté française. Le conflit éclatera entre elles le jour où un pape, passant outre au compromis tacite, s'avisera, au nom de sa suprématie, de vouloir vraiment gouverner les affaires politiques, bénéficiales ou financières de l'Eglise de France. Ce pape sera Boniface VIII (1294-1303) qui, pour son malheur, va trouver en face de lui le Capétien le moins décidé à se laisser faire, Philippe IV le Bel (1285-1314).

Depuis la mort du Français Martin IV (1292), les milieux italiens et romains font tout pour que les Français n'accèdent plus au souverain pontificat. Après les vingt-sept mois de vacance qui ont suivi la mort de Nicolas IV (1292) et le très court pontificat du saint ermite Célestin V (1294) — vieillard égaré dans un monde qui n'était pas le sien — c'est le cardinal Benoît Caetani, celui-là même qui a acculé Célestin V à la démission, qui est élu pape : il devient Boniface VIII. Ce canoniste sexagénaire, de santé précaire, et par là irritable, est enclin aux violences verbales. On le sait, comme tous ses prédécesseurs, très attaché à la croisade ; mais la croisade passe par la paix entre les princes chrétiens, donc par une attitude compréhensive envers le plus « chrétien » d'entre eux : le Capétien.

Or, depuis dix ans, le roi capétien est Philippe IV le Bel — le beau —, personnage énigmatique, terriblement froid, capable de déterminations implacables ; avec cela, secret au point qu'on l'accusera de duplicité. Au fond, ce timide hautain craint toujours d'être pris au dépourvu.

Etre « sacré », donc hors du commun, Philippe le Bel considère qu'il n'a de comptes à rendre qu'à Dieu ; durant tout son règne, il va se montrer un fanatique du dogme de l'autorité suprême des rois de France, une autorité qui implique une mission, reprise de celle de son grand-père saint Louis — pour qui Philippe IV a une admiration sans bornes — : défendre l'Eglise, au besoin contre le pape.

Pour bien comprendre l'attitude de Philippe le Bel, prince extrêmement pieux et mortifié, à l'égard de Boniface VIII, il faut se rappeler qu'à ses yeux Caetani est un pape indigne, son élection, intervenue après la démission forcée de Célestin V, ayant été entachée d'illégitimité. La lutte que mènera le Capétien contre Boniface sera motivée par cette conviction, aussi bien que par les empiètements romains en France.

Dans la pratique, le long conflit qui va opposer Philippe le Bel et Boniface VIII porte sur un triple enjeu : la collation en France de bénéfices par le Saint-Siège ; le préjudice que les juridictions ecclésiastiques portent au roi et aux autres justiciers laïcs ; enfin, la décime, qui est un impôt levé par la papauté sur les temporels ecclésiastiques pour couvrir les frais d'une nouvelle croisade.

Or il se trouve que, pour payer son intervention militaire contre les Anglais en Guyenne, Philippe IV a besoin d'argent. Profitant de la longue vacance du Saint-Siège (avril 1292-juillet 1294), il obtient de son clergé la décime pour deux années. En janvier 1296, il y ajoute un impôt du cinquantième, qui provoque d'ailleurs des protestations, celles notamment des cisterciens, qui en appellent au nouveau pape. Boniface VIII n'hésite pas : par la décrétale *Clericis laïcos* du 24 février 1296, il menace d'excommunication tout souverain qui exigerait du clergé des taxes quelconques et aussi tout clerc qui paierait ou promettrait de payer ces taxes.

Philippe IV, qui est visé, et aux yeux de qui le clergé n'est qu'un corps au sein de la communauté du royaume, envoie à Rome une ambassade dont les membres, des ecclésiastiques, sont chargés de présenter au pape les inconvénients de telles mesures. Dans le même temps (17 août), le roi prend une ordonnance qui interdit toute sortie d'or et d'argent sans son autorisation spéciale : tout cela sous peine de confiscation des biens du délinquant et au profit du fisc royal ; une seconde ordonnance interdit à tout étranger le séjour dans le royaume. La fiscalité pontificale se trouve ainsi menacée dans ses sources.

Réplique de l'impétueux Boniface : la bulle *Ineffabilis amor*, du 20 septembre 1296. Document hautain, menaçant, mais tout en hardiesses verbales, encore que, en s'élevant au niveau des principes — c'est lui le guide et le juge de la chrétienté — il appelle une réplique doctrinale. En effet, les légistes du conseil du roi — Flote, Mornay, Aycelin — se mettent à développer, en des réflexions d'école ou des écrits, les théories régalistes les plus claires : l'Eglise est dans l'Etat, les clercs dans la nation ; les clés qui furent confiées à Pierre par Jésus étaient celles du royaume des cieux, non des royaumes terrestres. Pour la première fois, les gens du roi opposent au droit divin, dont se réclame le pape, un droit naturel qui se définit selon des fonctions sociales bien distinctes.

Ne se sentant pas suivi par le clergé de France, et les Romains supportant mal l'autoritarisme de Caetani, Boniface VIII fait machine arrière. Trois bulles successives : *De temporum spatiis, Romana mater Ecclesia* (7 février 1297) et *Etsi de Statu* (31 juillet) abrogent en fait la décrétale *Clericis laïcos*. Dès le 3 avril l'épiscopat français a voté l'octroi au roi de deux décimes. Le 10 août, en signe de réconciliation, Boniface VIII canonise Louis IX, aïeul du roi de France.

Les conseillers de Philippe le Bel vont désormais développer une politique qui doit, à la longue, aboutir à discréditer le pape. Alors que Pierre Flote oppose aux droits de l'Eglise les droits de l'Etat, Guillaume de Nogaret, plus subtilement, affecte d'opposer à un pape indigne un roi de France soucieux du bien de l'Eglise. De toute manière, le conflit entre le roi et le pape, inévitablement, doit renaître : il n'y a pas place en France pour deux souverains.

*Le conflit se rallume*

C'est au Languedoc que le conflit se rallume. En 1295, Boniface VIII, sans consulter le roi, avait érigé Pamiers en évêché, son premier titulaire étant l'abbé de Saint-Antonin, Bernard Saisset. Or celui-ci, très intempérant de langage, et se sachant écouté dans ce pays cathare où « la croisade » française et l'inquisition ont laissé des souvenirs brûlants, se met à critiquer ouvertement le roi et ses conseillers et les Français en général. Pis : il aurait promis la souveraineté du Languedoc au comte de Foix. Dénoncé au roi, Saisset est arrêté : il comparaît devant Philippe IV à Senlis ; le 24 octobre 1301 il est inculpé de trahison et aussi de simonie et d'hérésie. Cet acte grave est évidemment contraire à toutes les règles canoniques qui garantissent aux évêques l'immunité corporelle.

Boniface VIII, sans attendre les explications des ambassadeurs du roi, réagit violemment : il est vrai que le temps joue en sa défaveur, toutes sortes de mauvais bruits — hérésie, sorcellerie — courant contre lui qui, aux yeux d'un grand nombre, reste le « bourreau » de Célestin V. En France, l'épiscopat — qui a gardé un mauvais souvenir d'une légation de Caetani en 1290 — prête une oreille favorable à ces médisances et calomnies.

Quoi qu'il en soit, par la bulle *Auscultα fili* (5 décembre 1301), le pape ordonne au roi de France de retirer ses « mains cupides » de la personne de Bernard Saisset. Chassé du royaume, celui-ci se réfugie à Rome.

Il y a plus grave : le pape convoque, à Rome, pour un concile, les représentants, prélats et docteurs, de l'Eglise de France ; le roi pourra y venir ou s'y faire représenter. Jamais la théocratie pontificale n'est allée aussi loin dans ses prétentions ; jamais la royauté française n'a été aussi humiliée, d'autant plus que le pape retire au roi la décime. La contre-offensive royale — inévitable — sera violente, sous des apparences d'abord modérées.

Pierre Flote, recourant à un artifice cher à la scolastique, ramène *Ausculta fili* à six propositions (c'est la pièce *Scire te volumus*), qui sont soumises à l'université de Paris : les propos du pape sont présentés de telle manière qu'ils apparaissent aux docteurs, et aussi à l'opinion, comme injurieux et inacceptables ; Boniface VIII n'est plus qu'un tyran qui veut placer le royaume de France sous la souveraineté du Saint-Siège. Une campagne menée par Flote, Nogaret et Pierre Dubois désigne Caetani comme un homme avide, orgueilleux et hérétique ; quant au roi, il est présenté comme le défenseur de l'Eglise.

Réunis en la cathédrale Notre-Dame, à Paris, le 10 avril 1302, les trois ordres des Etats généraux, après avoir entendu le roi (« ... c'est de Dieu seul que nous tenons notre royaume ») décident l'envoi au Sacré-Collège de lettres de protestation. Si la lettre du clergé est une longue palinodie, celles du Tiers et de la noblesse dénoncent les « folles entreprises de Boniface » qu'il s'agit de « châtier en telle manière que l'état de la chrétienté soit et demeure en son bon point et bon état ». Ces lettres sont remises au pape et aux cardinaux, alors à Anagni, par une ambassade française : celle-ci, le 3 juillet 1302, assiste à un consistoire au cours duquel Boniface VIII désigne Pierre Flote, cet « homme plein d'acide et de fiel », comme « le diable ou le possédé du diable ». Puis le pape somme Philippe le Bel — que Boniface se dit prêt à déposer « comme on congédie un valet » — de revenir à résipiscence.

Le pape semble d'abord triompher puisque le concile convoqué par lui pour la Toussaint 1302 a bien lieu, encore que la moitié seulement des évêques français soient présents. Le principal fruit de ce concile, théoriquement voué aux affaires intérieures du royaume de France, c'est la bulle *Unam Sanctam*, publiée au Latran le 16 novembre 1302 : le pape y formule, d'une manière particulièrement explicite, la théocratie pontificale, se posant en maître de la « Jérusalem terrestre », c'est-à-dire de la société chrétienne, et affirmant que « les deux glaives sont au pouvoir de l'Eglise : le spirituel et le temporel, celui-ci devant être tiré pour l'Eglise, celui-là par l'Eglise ».

Flote ayant été tué à Courtrai, le 11 juillet 1302, au cours d'une défaite particulièrement sensible à l'orgueil français, l'opinion dans l'entourage du roi est à la modération. En présence du cardinal Lemoine, légat du pape, est promulguée une grande ordonnance réformatrice où est proclamée, entre autres, l'immunité du clergé : cette mesure, bien accueillie, va mettre les clercs du côté du roi au cours de l'ultime offensive de ce dernier.

## L'offensive suprême

Cette offensive est menée de main de maître par Guillaume de Nogaret qui, depuis huit ans au conseil du roi, est au fait de tous les dossiers. Il ne s'agit plus de défendre le royaume contre le pape ; il s'agit maintenant de se débarrasser d'un pontife tenu pour hérétique et hérésiarque. Or, dans le même temps, à la cour pontificale, où le parti des Colonna relève la tête, on complote presque ouvertement contre Boniface qui, tombant dans le piège de Nogaret, excommunie le roi de France (13 avril 1303). Alors, prenant Boniface de vitesse, Nogaret convoque, pour le 13 juin, une assemblée extraordinaire au Louvre : il y accuse solennellement Boniface VIII d'être non seulement un « faux pape », mais un « séducteur » de l'Eglise, un hérésiarque qu'il est urgent de faire condamner par un concile général. Prenant la parole, Philippe en appelle, pour lui et ses fidèles, du pape au concile. Dans son ensemble l'assemblée, où dominent évêques et abbés, adhère au jugement du roi ; il suffira d'une vaste campagne de propagande pour enlever l'adhésion du royaume.

Ici se situe l'expédition de Nogaret à Anagni, un roc fortifié situé à une cinquantaine de kilomètres au sud-est de Rome. La chaleur écrasante ayant dispersé la cour pontificale, le vieux pontife, en vacances, n'a autour de lui que quelques cardinaux qui, avec le neveu du pape, François, seront les seuls témoins de ce qu'il est convenu d'appeler « l'attentat » du 8 septembre 1303 : l'assaut du palais par Nogaret et par la bande qu'il conduit sous la bannière fleurdelisée et le gonfalon de saint Pierre ; la chambre du pape forcée ; Nogaret citant Boniface à comparaître devant le concile. A aucun moment, Nogaret ne songe à assassiner le pontife ; seul Sciarra Colonna, qui convoite la papauté pour sa famille, a parlé de le tuer. En fait, personne ne touche à la personne du pape.

D'ailleurs Nogaret, Colonna et leur bande sont chassés par les habitants d'Anagni. Mais Boniface VIII, qui n'est plus qu'un vieillard brisé, rentre à Rome où il meurt dès le 11 octobre. Le 22, le cardinal dominicain Nicolas Boccasini est élu pape et prend le nom de Benoît XI. Cette élection ne doit rien à la France. Ce qui permet à Benoît XI — qui ne condamne qu'assez faiblement les auteurs de la journée d'Anagni — de ramener le calme, et d'esquiver le procès de Boniface VIII en levant toutes les mesures d'exception prises par celui-ci à l'encontre du roi et du royaume de France.

Benoît XI meurt dès le 7 juillet 1304 et c'est un Français, Bertrand de Got, qui, le 18, devient Clément V. Philippe le Bel s'acharnant à poursuivre la condamnation de Boniface VIII, Clément, en 1311, obtiendra que le roi se désiste, moyennant la proclamation solennelle de son innocence et l'absolution publique de Nogaret.

Le roi de France sort donc vainqueur de son long conflit avec la papauté. Car ce à quoi la papauté devra renoncer désormais, c'est à toute supériorité temporelle sur le roi de France, à tout droit de s'immiscer dans le gouvernement du royaume Très chrétien.

# 5.
# *Avignon, capitale de la Chrétienté*

Clément V (1305-1314) inaugure la nouvelle série — la plus longue, mais aussi la dernière —, des papes français. Ces pontifes résident à Avignon, une enclave de ce royaume de France dont ils seront plus ou moins dépendants et qui, durant près d'un siècle va exercer une influence prédominante dans la chrétienté, une chrétienté ravagée par les troubles, les guerres, les épidémies et, bientôt, par le grand schisme d'Occident.

## Clément V dans l'ombre de Philippe le Bel

Bertrand de Got, archevêque de Bordeaux, devenu le pape Clément V, sera un sujet fidèle de Philippe IV ; il avait fait cause commune avec l'épiscopat français contre Boniface VIII ; mais, vassal également du roi d'Angleterre, duc d'Aquitaine, il fut aussi le négociateur idéal pour aplanir les différends qui opposaient le roi de France et Edouard Ier.

Canoniste réputé, très lettré, le nouveau pape est impressionnable ; probablement atteint d'un cancer des intestins, c'est un taciturne, et s'il ne manque pas d'énergie loin du roi de France, en sa présence il est hors d'état de soutenir la lutte, encore que la thèse de sa servilité absolue à l'égard du Capétien soit aujourd'hui contestée. Débonnaire, Clément V a des complaisances excessives pour ses proches — cinq membres de sa famille reçoivent la pourpre cardinalice — et pour les prélats français ; à la cour pontificale il laisse le désordre et la cupidité s'installer ; lui-même veille si jalousement sur son trésor — plus d'un million de florins — qu'un poète de l'époque lui jettera : « Tu n'as amis fors la pécune. »

En fait, Clément V, s'il se fait couronner à Lyon, le 14 novembre 1305, en présence de Philippe le Bel, songe d'abord à gagner Rome. Mais comme le roi insiste pour obtenir qu'on reprenne le procès de Boniface VIII, le pape convient qu'on en parlera lors d'une prochaine entrevue : d'où, pour lui, la nécessité de remettre son départ pour l'Italie.

Dès lors, la cour pontificale se fait itinérante dans le midi de la France ; une longue maladie retient le pape près d'une année (mai 1306-mars 1307) dans le Bordelais qu'il quitte pour rencontrer Philippe IV à Poitiers (avril 1307) : mais pape et roi ne peuvent se mettre d'accord sur l'affaire Boniface VIII. C'est que, déjà, une nouvelle affaire, celle des Templiers, rejette l'autre dans l'ombre.

Devenu une puissance financière, l'ordre du Temple avait rendu d'immenses services à la chrétienté durant les croisades ; les croisades étant pratiquement terminées la papauté songe à le fusionner avec l'ordre des Hospitaliers de Saint-Jean de Jérusalem. Mais le Temple souffre d'une réputation de relâchement que les racontars de Templiers sortis de l'ordre ne font que fortifier. Dans l'opinion, le nom de « Templier » devient un quolibet : sodomie, ivrognerie, idolâtrie sont les moindres vices attribués à ces moines-soldats.

Philippe le Bel est porté à écouter favorablement les témoignages hostiles au Temple : parce que cet ordre, qui ne dépend que du Saint-Siège, est un corps étranger au royaume ; parce que, depuis la déchéance de Boniface VIII, le Capétien se considère comme le défenseur des intérêts supérieurs de la chrétienté ; et aussi parce que, veuf austère et chrétien fervent, Philippe est scandalisé par ce qu'on lui raconte du Temple. Averti, Clément V fait ouvrir une enquête, mais ses atermoiements décident le roi à intervenir directement comme bras séculier de l'Inquisition.

Le 13 octobre 1307, le roi et Nogaret — celui-ci a reçu la garde du sceau royal — font arrêter en masse les Templiers. Dûment torturés, presque tous, y compris le grand maître Jacques de Molay, avouent ce qu'on veut : scandale énorme, qui va emporter le Temple, que personne ne songe à défendre.

Mais apprenant que le roi va remettre ses prisonniers aux légats pontificaux, Molay a le courage tardif de révoquer ses aveux : beaucoup de ses frères l'imitent. Philippe le Bel est pris à revers, d'autant plus que l'université de Paris, consultée, déclare, le 25 mars 1308, que si le roi a le droit d'arrêter l'hérétique, il ne peut le juger. Alors Philippe, se présentant comme le défenseur de la foi face à un pape qui pratique sans retenue le népotisme, en appelle à son royaume par l'intermédiaire d'une assemblée des trois ordres qui se tient à Tours, le 15 mai 1308, et qui souscrit à ce que désire le roi : la disparition physique des Templiers.

Quelques jours plus tard, le 26 mai, Philippe IV met Clément V, qu'il rencontre à Poitiers, face à un dilemme : ou abattre l'ordre ou se faire son complice. Le pape étant peu convaincu de la culpabilité des religieux, Philippe, par lettres patentes du 27 juin, remet à l'Eglise la personne des Templiers français. Si le pape en effet reçoit l'abjuration de nombreux religieux, c'est à un concile qu'il veut soumettre le dossier de l'ordre : car, après tout, les fautes avouées sont des fautes d'hommes, non celles de l'ordre entier.

Tous ces événements, le fait surtout que Clément V ne veut pas laisser le roi maître de la situation, expliquent qu'en accord avec les cardinaux, le pape décide de fixer sa résidence dans le Comtat-Venaissin. Le Comtat constitue un ensemble féodal (une soixantaine de châteaux et de villages), situé sur la rive gauche du Rhône, dans l'ancien royaume d'Arles, lequel avait été cédé à la papauté, en 1229, par Raymond VII comte de Toulouse ; Grégoire X n'en avait pris possession qu'en 1274.

## La papauté dans le Comtat

Mais au lieu de s'installer à Carpentras, Cavaillon ou Vaison, Clément s'établit à la lisière occidentale et à l'extérieur du Comtat, à Avignon, ville qui appartient alors à la dynastie angevine de Sicile-Provence. La protection du roi de Sicile — Charles II le Boiteux, un Capétien, cousin de Philippe IV —, le fait qu'Avignon est depuis peu un centre universitaire et sa situation de ville-pont sur le Rhône et de ville-carrefour expliquent le choix du pontife. Il faut ajouter aux atouts d'Avignon comme capitale : un climat chaud sans être excessif, le rocher des Doms, acropole qui commande le pont Saint-Bénézet et d'où on peut soutenir un siège, la riche campagne de la rive gauche capable de nourrir une nombreuse population et aussi les douces collines des environs où le pape peut établir une résidence d'été.

Pour être juste, il faut dire que Clément V, qui espère revenir un jour à Rome, ne fait que de courts séjours en Avignon, où il descend au couvent des Dominicains. Sa grande préoccupation est le concile : celui-ci se tient dans la cathédrale de Vienne (Dauphiné), du 16 octobre 1311 au 6 mai 1312. Pressé d'en finir et n'ayant aucune envie de voir resurgir le spectre du procès de Boniface VIII, le pape, que Philippe IV rejoint à Vienne le 20 mars, annonce solennellement, le 3 avril, la suppression de l'ordre du Temple, puis se hâte de clore le concile.

Restent les Templiers, dont Clément V se désintéresse : or, depuis sept ans, le grand maître Molay ne mise, pour disculper ses frères, que sur un entretien avec le pape. Celui-ci abandonne leur cause à trois cardinaux qui, le 19 mars 1314, devant la cathédrale Notre-Dame de Paris, condamnent Molay et ses compagnons — les dignitaires survivants — à la prison à vie. Alors, le vieux maître du Temple, face à la foule parisienne qui entoure le podium dressé au milieu du parvis, hurle l'innocence de l'ordre, son crime à lui n'étant que de l'avoir trahi pour sauver sa vie. Le précepteur de Normandie, Geoffroy de Charnay, fait écho au grand maître.

Le conseil royal déclare Molay et Charnay relaps : tournés

vers Notre-Dame et en appelant à la justice de Dieu, ils meurent sur le bûcher dressé à la pointe de la cité de Paris. Une mort qui scelle l'alliance de Clément V et de Philippe le Bel, alliance dont le Capétien tire, évidemment, le principal profit.

Clément V ne survit guère à Jacques de Molay qui, dit la tradition, l'aurait cité devant le Tribunal de Dieu. Velléitaire, malade et d'ailleurs dans l'impossibilité de rejoindre Rome, où guelfes et gibelins s'entre-tuent, il s'est installé en 1313 au château de Monteux près de Carpentras, qu'un de ses neveux a acheté : au printemps 1314, se sentant plus mal, le pape s'est décidé à aller demander la guérison à sa Gascogne natale ; mais il meurt, à peine le Rhône franchi, à Roquemaure, le 6 avril.

Les cardinaux, d'abord réunis en conclave à Carpentras, puis, sur les instances du roi de France, à Lyon, ne se mettent d'accord que le 7 août 1316 sur un candidat de 71 ans, Jacques Duèse, de Cahors, qui devient Jean XXII. Depuis le 29 novembre 1314, date de la mort de Philippe le Bel, la couronne avait changé deux fois de tête : le 5 juin 1316, Philippe V le Long avait succédé à son frère Louis X le Hutin.

## *Avignon, capitale provisoire de la chrétienté*
## *Jean XXII (1316-1334)*

En tant que centre de la chrétienté, Avignon apparaît alors beaucoup mieux située que Rome. Depuis la perte de l'Afrique et de l'Asie au profit de l'islam, depuis le passage de Byzance et des terres slaves au schisme, la Ville éternelle se trouve en effet rejetée à la périphérie du monde sur lequel elle prétend régner. Avignon, au contraire, est comme le centre géométrique d'une Europe chrétienne qui bascule vers le nord et vers l'ouest, essentiellement vers la France.

Or la France, en ce XIV$^e$ siècle, n'est pas seulement le pays le plus peuplé et le plus puissant de l'Occident, mais il en est aussi le plus chrétien. Avec ses 127 diocèses groupés en quinze provinces ecclésiastiques, le royaume de France est celui d'où le Saint-Siège tire la plus grande partie de ses revenus. Aussi les Français — qui vont fournir sept papes d'affilée — apparaissent-ils comme singulièrement privilégiés au temps de la papauté d'Avignon, pour qui la distribution des bénéfices est l'une des préoccupations essentielles.

Sous le pontificat de Jean XXII, qui se réserve la collation de la plupart des bénéfices majeurs et mineurs de la chrétienté, 16 238 interventions pontificales sur 30 223 ont trait à la France. On voit les papes français faire d'énormes avances d'argent — 592 000 florins entre 1345 et 1350 — aux rois de France alors que de graves crises monétaires sont provoquées par les malheurs de la guerre de Cent Ans ; ils leur permettent même de jouir de certains impôts — décimes, annates — prélevés sur les bénéfices ecclésiastiques. De 1316 à 1378, les fournées de cardinaux comportent une majorité disproportionnée de Français : 113 sur 134. Sur ces 113 cardinaux, qui mènent des existences princières, les trois quarts sont du Midi, ce Midi dont sont originaires la plupart des papes avignonnais.

Cependant ceux-ci ne tombent pas, à l'égard de la France, dans le servilisme. L'amitié qui lie Jean XXII à Philippe V le Long, par exemple, se traduit essentiellement par une paternité spirituelle. On peut même affirmer qu'au cours de ce XIV$^e$ siècle, marqué par le désordre et la ruine, le contraste est grand entre la situation tragique du royaume et le calme puissant qui règne en Avignon, cité qui apparaît comme la véritable capitale culturelle et spirituelle de la France, cela d'autant plus que la nouvelle dynastie royale — les Valois — est une dynastie féodale qui s'entend surtout à la guerre : la bravoure d'un Philippe VI (1328-1350) et d'un Jean le Bon (1350-1364) ne peut faire oublier qu'ils n'entendent rien aux affaires. Aussi est-ce sans difficultés que la juridiction de la cour d'Avignon s'exerce en France, souverainement même : il est loin le temps où les grands Capétiens directs s'opposaient constamment aux interventions papales.

Jean XXII est un septuagénaire quand, en 1314, il succède à Clément V ; mais une santé exceptionnelle va lui permettre de se maintenir dix-huit ans à la tête de l'Eglise. Travailleur acharné, de mœurs simples, peu dépensier pour lui-même, ce petit vieillard est possédé d'une volonté de fer, ce qui ne l'empêche pas, en astucieux Cahorsin, de percer vite les desseins des politiques.

Le pontificat de Jean XXII est capital dans l'histoire de l'Eglise. Juriste, canoniste comme le furent tous les papes d'Avignon, Jean XXII, comme eux, mais plus qu'eux, fait faire au pouvoir pontifical des progrès considérables. Ses talents d'administrateur apparaissent surtout dans la manière dont il concentre entre ses mains tous les rouages de l'administration de l'Eglise. Fini le nomadisme de la cour pontificale qui, en se sédentarisant à Avignon, devient une puissante curie dont les services administratifs, financiers, judiciaires s'enflent au point qu'à 500 ecclésiastiques il faut ajouter un millier de fonctionnaires laïcs et leurs familles : au total près de 3 000 personnes, d'origine essentiellement occitane.

Jean XXII accentue la centralisation pontificale en se réservant la nomination des bénéficiers, c'est-à-dire des clercs qui gèrent des offices ecclésiastiques dans toute la chrétienté ; par voie de conséquence, il développe une fiscalité considérable, les impôts perçus sur ces bénéficiers constituant la moitié de l'ensemble des revenus de la Chambre apostolique, ce rouage essentiel de la Curie.

De telles pratiques, dans une Eglise riche et puissante, ne manquent pas de scandaliser certaines âmes et d'abord les Franciscains de la province de Provence, amants de la pauvreté absolue, qu'on dénomme les *Spirituels*. Le long conflit qui oppose Jean XXII à ces religieux, attirés par des spéculations apocalyptiques et anarchisantes, s'aggrave quand, en 1322, l'ordre franciscain presque en entier est gagné à l'indignation au point que l'empereur Louis de Bavière, que Jean XXII ne veut pas reconnaître, lui oppose, en 1328, un franciscain italien, Nicolas V.

Si le schisme est éphémère, la société laïque, elle, est de plus en plus sensible à une religiosité affective, par opposition à la vision rebutante d'une Eglise centralisée et monarchique et d'une formidable hiérarchie d'administrateurs dirigée par des juristes peu soucieux d'une révision en profondeur des besoins d'une société bouleversée.

Plus réaliste, l'historien convient qu'« au XIV° siècle, il n'était possible, même à une puissance d'ordre essentiellement spirituel, de dominer le monde qu'à la condition d'asseoir ses moyens d'action sur la propriété territoriale et la fortune mobilière » (G. Mollat).

Quoi qu'il en soit, Avignon prospère sous Jean XXII. Le pape élit domicile au palais épiscopal, qu'il connaît bien, puisqu'il a été évêque d'Avignon ; mais, homme simple, il se contente de faire réparer et fortifier sa résidence. Car, dans l'esprit du pape, Avignon n'est qu'une demeure provisoire, même si une anarchie endémique règne à Rome. Jean XXII, qui espère pouvoir y rentrer, envoie dans la Ville éternelle une expédition militaire ; mais la victoire des Gibelins en la personne de Louis de Bavière — qui dépose le pape d'Avignon — met fin à ses espoirs. Du moins espère-t-il s'établir à Bologne, où on lui aménage une résidence ; mais Bologne se soulève à son tour. C'est donc à Avignon que Jean XXII meurt, le 4 décembre 1334.

Avignon qui ne cesse de se développer et qui prend vraiment allure de capitale cosmopolite de l'Occident. Y accourent des marchands et des changeurs juifs — ils sont un millier en 1340 — et aussi les agents des grandes compagnies commerciales italiennes, les Peruzzi, les Bardi, les Médicis. Il faut y ajouter les ambassadeurs permanents ou temporaires des souverains du monde entier et des Eglises nationales. L'université d'Avignon attire les étudiants et les professeurs du monde entier, surtout les canonistes et les civilistes. La riche bibliothèque pontificale est le point de rencontre d'un groupe de clercs amateurs de belles lettres, dont Pétrarque (1304-1374). Aussi, de résidence encore provisoire, sous Jean XXII, Avignon tend-elle à devenir la résidence normale des papes.

*Les grandes années d'Avignon (1334-1352)*

A Jean XXII le Sacré-Collège donne comme successeur un cistercien austère, Jacques Fournier, natif du comté de Foix ;

cet ancien inquisiteur, dont les Albigeois ont gardé mauvais souvenir, prend le nom de Benoît XII (1334-1342). Adversaire du népotisme, ce moine d'origine modeste applique aux grands problèmes politiques et administratifs que Jean XXII a abordés avec ampleur, une étroitesse de vues qui, jointe à une certaine dureté de cœur, lui forge une impopularité dont Pétrarque s'est fait l'écho, présentant le pape comme l'objet de la dérision d'une cour licencieuse.

Curieusement, c'est ce pontife rigoriste et qui, plus qu'un autre, aurait dû désirer le retour du Saint-Siège à Rome, qui entreprend la construction d'un palais pontifical capable d'abriter une administration de plus en plus importante. En fait, ce premier « palais », édifié autour de la cour de l'ancienne résidence épiscopale, tient plus du monastère et de la forteresse — le pape redoute un coup de main de Louis de Bavière — que de la résidence de luxe. Mais enfin sa construction, sur le rocher des Doms, illustre la pérennité de la présence des papes à Avignon.

A Benoît XII, mort le 25 avril 1342, succède Pierre Roger, un bénédictin originaire du Limousin, qui a fait une carrière épiscopale — Arras, Sens, Rouen — avant de recevoir le chapeau cardinalice. Devenu Clément VI (1342-1352), Pierre Roger apparaît comme l'antithèse de son prédécesseur : amène, poli, cultivé — il est l'ami de Pétrarque —, souple, grand seigneur, il a vraiment allure royale. S'il ne peut ni ne veut retourner à Rome, où le parti populaire s'est donné un chef charismatique en la personne de Cola di Rienzo, il accepte, pour plaire aux Romains, de proclamer l'année 1350 année jubilaire, le jubilé devant attirer une foule de pèlerins à Rome : parmi eux, sainte Brigitte de Suède qui reste dans la Ville éternelle pour y attendre le retour du Pasteur suprême.

Curieusement, le jubilé coïncide avec l'apogée de l'Avignon pontificale. La vie active et brillante qui s'y développe, et que Clément VI encourage de mille façons, exige un palais autrement magnifique que celui de Benoît XII. Alors, Clément fait coup double : en 1348, pour 80 000 florins il achète à Jeanne de Naples — qui a besoin d'argent — la ville d'Avignon ; et à l'intérieur du palais forteresse de Benoît XII il fait construire un nouveau palais dont les vastes salles et la grande chapelle émerveillent les visiteurs ; les meilleurs architectes français, Pierre Poisson, Jean de Loubières, ainsi que les grands fresquistes italiens, Simone Martini, Matteo Giovanetti, y déploient leur talent. Quant aux offices somptueux qui vont se dérouler ici, ils entraînent la venue de chanteurs et de musiciens originaires des Pays-Bas.

Malgré la grande peste de 1348 — qui fait des dizaines de milliers de victimes et provoque, contre les juifs, faussement accusés de maléfices, la colère de la foule — la population avignonnaise dépasse rapidement les 30 000 habitants. Avignon devient même l'une des dix plus grandes villes de l'Occident, ce dont témoigne la construction, à partir de 1349, d'une nouvelle enceinte qui porte le périmètre de la ville de 3 000 à 4 300 m et sa superficie de 40 à 151 hectares. Le grand commerce de l'argent et des biens de consommation y connaît un essor considérable, entraînant avec eux tous les excès : le vol, la spéculation, l'usure, la prostitution.

Si bien qu'il y a deux façons de voir l'Avignon de Clément VI. La première, sombre et apocalyptique, est celle de Pétrarque, qui est aussi celle de sainte Brigitte de Suède et de sainte Catherine de Sienne : « Voici l'impie Babylone, l'enfer des vivants, la sentine des vices, l'égout de la terre. On n'y trouve ni foi, ni charité, ni religion, ni pudeur, rien de vrai, rien de saint... Quelle honte de la voir devenir la capitale du monde elle qui devrait tenir le dernier rang ! »

Et puis il y a la vision riante d'Alphonse Daudet dans « la mule du pape » des *Lettres de mon moulin* : « Qui n'a pas vu Avignon du temps des papes, n'a rien vu. Pour la gaieté, la vie, l'animation, le train des fêtes, jamais une ville pareille. C'étaient, du matin au soir des processions, des pèlerinages, les rues jonchées de fleurs, tapissées de hautes lices, des arrivages de cardinaux par le Rhône, bannières au vent, galères pavoisées, les soldats du pape qui chantaient du latin sur les places, les crécelles des frères quêteurs ; puis, du haut en bas des maisons qui se pressaient en bourdonnant autour du grand palais papal comme des abeilles autour de leur ruche, c'était encore le tic-tac des métiers à dentelles, le va-et-vient des navettes tissant l'or des chasubles, les petits marteaux des ciseleurs de burettes, les tables d'harmonie qu'on ajustait chez les luthiers, les cantiques des ourdisseuses ; par là-dessus le bruit des cloches, et toujours quelques tambourins qu'on entendait ronfler, là-bas, du côté du pont. Car chez nous, quand le peuple est content, il faut qu'il danse, il faut qu'il danse ; et comme en ce temps-là les rues de la ville étaient trop étroites pour la farandole, fifres et tambourins se postaient sur le pont d'Avignon, au vent frais du Rhône, et jour et nuit l'on y dansait, l'on y dansait... Ah ! l'heureux temps ! l'heureuse ville ! Des hallebardes qui ne coupaient pas ; des prisons d'Etat où l'on mettait le vin à rafraîchir. Jamais de disette ; jamais de guerre... Voilà comment les papes du Comtat savaient gouverner leur peuple ; voilà pourquoi leur peuple les a tant regrettés !... »

En fait, les deux descriptions sont vraies en même temps, car l'Avignon de l'apogée, l'Avignon de Clément VI enserra dans ses murs le meilleur et le pire. Si elle est alors une ville de lucre et de stupre, elle est aussi une ville de sainteté et de piété. A côté de cardinaux qui ne sont que des princes mondains, il y en a d'autres comme le bienheureux Pierre de Luxembourg († 1387), que les Avignonnais choisiront comme patron.

## La nostalgie de Rome

Le 16 décembre 1352, les cardinaux, douillettement installés au palais d'Avignon, élisent pape — le bon pape Clément étant mort — un vieillard falot, maladif et excessivement impressionnable : Etienne Aubert, grand pénitencier, d'origine limousine comme son prédécesseur. Mais, à l'étonnement général, le nouveau pape, Innocent VI, ne s'en laisse pas compter et met sur pied, immédiatement, un programme réformateur qui s'applique particulièrement aux clercs et aux religieux. Son autre souci est de rétablir son autorité sur ses provinces italiennes : son légat en Italie, le cardinal Albornoz, s'y emploie avec succès. Mais l'arbitrage de l'interminable guerre franco-anglaise — la guerre de Cent Ans — retient le pape à Avignon où il connaît des difficultés inconnues jusquelà ; car la paix de Brétigny (8 mai 1360) lâche sur le Comtat — où sont accumulées des richesses inouïes — des bandes de mercenaires désœuvrés. Deux fois, l'une de ces bandes, conduite par Arnaud de Cervole, bat les murs d'Avignon que sauve *in extremis* une lourde rançon. Ce danger incite le pape à faire édifier autour de la ville une muraille crénelée percée de portes fortifiées.

Innocent VI mort (12 septembre 1362), le Sacré-Collège lui donne comme successeur l'abbé de Saint-Victor de Marseille, Guillaume de Grimoard, originaire du Gévaudan, qui devient Urbain V (1362-1370). Ce pape, dont la réputation de sainteté [4] a influencé le conclave, restera moine sur le trône pontifical, ne quittant jamais la bure monacale. A la fois très austère et très savant, intransigeant sur la discipline mais doux dans le commerce quotidien, ce pontife populaire sera le protecteur éclairé des universités françaises, où il entretiendra à ses frais jusqu'à 1 400 étudiants.

Mais Urbain V échoue dans son dessein d'amener les princes chrétiens — et notamment le Valois Jean le Bon — à repartir en croisade. Cet échec, le saint pape l'attribue à la faiblesse de l'autorité de la papauté sur la chrétienté, une autorité que, selon lui, il ne pourra rétablir qu'à partir de Rome, la seule véritable capitale du monde chrétien. Aussi le 30 avril 1367, malgré la répugnance des cardinaux dont un certain nombre demeurent sur place pour assurer une continuité dans l'administration, Urbain V quitte Avignon. Le 5 mai il est à Marseille d'où il embarque pour l'Italie ; le 16 octobre il entre à Rome et s'installe au Vatican, le Latran étant inhabitable. Mais la guerre ayant repris entre la France et l'Angleterre — cette reprise anéantit ses rêves orientaux — Urbain décide de regagner Avignon où il lui sera plus facile de négocier avec Charles V et Edouard III. Il rentre, en effet, à Avignon, le 27 septembre 1370 : il y meurt moins de trois mois plus tard, le 19 décembre.

---

4. Son culte a été confirmé en 1870.

## Avignon, capitale de la Chrétienté

Le cardinal Pierre Roger de Beaufort, qui est élu pape, le 5 janvier 1371, prend le nom de Grégoire XI. Né quarante-deux ans auparavant à Rosiers-d'Egletons (Limousin), ce neveu de Clément VI a longtemps séjourné en Italie où il a fait — à Pérouse — de bonnes études canoniques. De santé précaire, ce jeune pape aux traits émaciés peut être considéré comme le premier pape humaniste, son oncle Clément VI ayant été le premier pape mécène. Lui aussi est convaincu que, pour recouvrer son autorité à une époque où l'esprit d'insubordination monte dans l'Eglise — Wyclif remue alors l'Europe par ses prédications retentissantes — la papauté doit se réinstaller à Rome.

Mais, d'une part, Grégoire XI manque d'argent, les constructions avignonnaises et les campagnes italiennes d'Albornoz ayant vidé le trésor pontifical ; d'autre part, ni la cour de France, ni les cardinaux — qui sont presque tous français —, ni les proches du pape ne tiennent au transfert définitif du Saint-Siège à Rome. Malgré l'avis général, Grégoire XI, le 13 septembre 1376, quitte Avignon, qu'il ne reverra plus. Par Marseille, Gênes, Pise, Lucques, Florence, Sienne, il se dirige vers Rome : il fait son entrée dans la ville en liesse le 17 janvier 1377. Mais sa santé ayant été fortement ébranlée par les émotions du voyage et par la rigueur du climat romain, Grégoire expire, au Vatican, dans la nuit du 26 au 27 mars 1378.

# 6.

## *Le temps du désordre et de la peur*
## *Le grand schisme d'Occident*

Si Grégoire XI, de retour à Rome en 1377, avait eu un long pontificat, il eût pu adapter de nouveau la papauté et la curie au climat politique de l'Italie ; il eût pu ouvrir le Sacré-Collège, formé aux trois quarts de Français, aux autres nations et particulièrement aux Italiens. Mais le dernier pape d'Avignon meurt trop vite.

### *Le schisme*

Les Romains, eux, ne conçoivent pas que le pape ne soit pas un Romain, au moins un Italien ; les cardinaux français, plusieurs fois assaillis par la foule, s'en convainquent très vite. La pression des Romains s'exerce surtout quand les cardinaux entrent en conclave, au Vatican, le 7 avril ; dès le 8 au matin, ils élisent l'archevêque de Bari, Bartolomeo Prignano, qui prend le nom d'Urbain VI. Ce Napolitain petit, gras, manifeste tout de suite une grande intempérance de langage, se montrant d'une dureté inouïe à l'endroit des cardinaux — dont il stigmatise le luxe — et particulièrement à l'égard des cardinaux français : le plus directement visé est le riche et ambitieux cardinal de La Grange, homme de confiance du roi de France Charles V.

Si bien que la résidence de La Grange, au Transtévère,

devient le foyer de conciliabules qui vont déboucher dans la dissidence. En juin, seuls les cardinaux italiens — dont beaucoup d'ailleurs l'abandonneront — entourent encore Urbain ; les autres, rassemblés à Anagni, déclament contre le « tyran Bartolomeo » qualifié d'« antéchrist » et de « démon ». Le 2 août, les anti-urbanistes brûlent leurs vaisseaux en publiant un récit, fort partial, de l'élection du 8 avril — entachée selon eux d'invalidité par pression extérieure — et en sommant Urbain d'abdiquer. Si le roi de France, évidemment consulté, se montre circonspect, son frère, le puissant lieutenant-général du Languedoc, Louis Ier d'Anjou — qui sera comte de Provence et roi de Sicile —, encourage ouvertement les conspirateurs, invoquant sans vergogne le « veuvage de l'Eglise ».

Affolé, Urbain VI, le 18 septembre, nomme 29 cardinaux, dont 20 Italiens. Trop tard : le 20, les électeurs, réunis à Fondi, élisent pape à l'unanimité — sauf les Italiens, qui s'abstiennent — le cardinal Robert de Genève, qui prend le nom de Clément VII.

*La France face au grand schisme*

Après tout, la chrétienté aurait pu, dans sa totalité, reconnaître le pape Clément. Ce Robert de Genève, bel homme à la voix sonore, à l'esprit délié, qui est allié aux principales familles de l'Europe, qui est le petit cousin du roi de France, le frère du comte de Genève et le fils de la comtesse de Bourgogne, aurait pu facilement s'imposer, même à l'Italie. Mais il y a dans sa vie une tache indélébile : le commandement, en 1377, lors de la reconquête des Patrimoines, d'une bande de routiers qui avait mis la ville de Césène, alors rebelle à la papauté, à feu et à sang. Pour les Italiens, pour les Romains particulièrement, Clément VII reste le « boucher de Césène ».

Le schisme est dès lors inévitable, surtout à partir du moment où le roi de France jette dans la balance son prestige, qui est immense. En effet, alors que l'Empereur, la Flandre, l'Angleterre, l'Italie se portent tout de suite dans le camp d'Urbain VI, Charles V, ayant consulté, le 16 novembre, à

## Le temps du désordre et de la peur

Vincennes, un petit groupe de théologiens, rend une ordonnance invitant toutes les Églises à reconnaître Clément pour « souverain pasteur de l'Eglise de Dieu ». L'université de Paris est plus divisée : mais la pression de Charles V est telle que ce corps prestigieux et autonome — qui va passer progressivement au service du roi et des théories gallicanes — s'incline. Quant aux minorités nationales « urbanistes » — les Anglais, les Allemands, les Italiens —, ils quittent les rives de la Seine.

Fort de ce formidable appui, l'ambitieux Clément VII se fait plus « français » qu'il n'eût fallu : non seulement il ne passe aucune occasion de louer « Charles le roi Très chrétien » mais il nomme en France un légat permanent, autorise le roi à lever un impôt sur son clergé et fait pleuvoir ses faveurs sur l'Eglise de France ; mieux : il orne sa bulle de plomb de trois fleurs de lys. Afin de pouvoir se débarrasser d'Urbain VI par la force, Clément promet à Louis d'Anjou le chimérique royaume d'Adria, mais presque aussitôt, le 30 avril 1379, les routiers bretons et gascons qui sont au service de Clément sont écrasés à Marino, près de Rome.

A cette nouvelle, Clément VII quitte Fondi pour Naples où il est accueilli aux cris de : « A bas l'antéchrist ! » Alors le « pape français » s'embarque pour Marseille : le 20 juin, il est à Avignon où ce grand seigneur ami du faste, ce mécène généreux va se sentir tout à fait à l'aise, au milieu de Français amateurs de vie facile, et à l'image de celui dont il a pris le nom, Clément VI, le plus mondain des papes d'Avignon. Et les rives du Rhône vont de nouveau retentir des éclats des fêtes et des réceptions grandioses.

Mais, à la différence des précédents papes d'Avignon, Clément VII ne va gouverner qu'une partie de l'Eglise. Car si le camp des Clémentins regroupe la France avec ses alliés et clients — le Portugal, l'Aragon, la Navarre, la Savoie, l'Ecosse et, plus tardivement, la Castille —, le camp des Urbanistes rassemble tous les adversaires du Valois : l'Empereur et la plupart des princes allemands, l'Angleterre, la Hongrie, qui elle-même entraîne la Pologne...

Persuadé que le rapport des forces est de son côté et que

les Romains ne supporteront pas longtemps le revêche Urbain VI — antithèse vivante du brillant Avignonnais — Clément VII ne songe qu'à reconquérir Rome, voire l'Italie. Grâce à une fiscalité impitoyable dont la France, qui vient de connaître trente années terribles de guerre, fait les frais, il subventionne sans compter l'expédition que va mener en Italie, à partir de 1382, Louis d'Anjou. Devenu, en 1380, à la mort de son frère Charles V, le régent de fait du royaume de France, ce prince ambitieux est adopté par la reine Jeanne I<sup>re</sup> de Naples. Celle-ci, qui est passée chez les Clémentins, est déclarée « hérétique » par Urbain VI, dont le candidat au trône de Naples est Charles de Durazzo, lequel entre à Naples presque sans coup férir.

Réduit à la contre-offensive, Louis, que Clément VII a proclamé roi de Naples, va s'enliser dans l'Italie du Sud : il meurt d'ailleurs, à Bari, le 20 septembre 1384. Clément VII aura beau lancer sur ses traces l'héritier de ses droits, Louis II d'Anjou († 1417) : celui-ci passera sa vie à disputer la Provence puis Naples aux Durazzo ; pas un instant il ne sera en position de déloger Urbain VI. D'ailleurs, le pape de Rome meurt, au Vatican, le 15 octobre 1389.

Certains s'imaginent alors que le schisme va s'éteindre. Mais lorsque Clément VII apprend la mort de son adversaire, les quatorze cardinaux romains sont déjà en conclave ; dès le 2 novembre, ils se mettent d'accord sur la personne du jeune, beau, affable, mais faible Pietro Tomacelli, qui devient Boniface IX.

Tablant sur « l'âge tendre » du nouveau roi de France, Charles VI, et aussi sur la soif d'union de la chrétienté, Boniface prend contact avec la cour de France, proposant même un chapeau de cardinal à Clément VII, s'il abdiquait. Mais la folie du jeune roi empêche la poursuite des négociations. Cependant, l'université de Paris, mise sous le boisseau sous Charles V, sort de son engourdissement et, à la suite d'une vaste enquête parmi ses membres, préconise comme solution au schisme la « cession », c'est-à-dire la renonciation concomitante des deux papes.

Si l'université de Paris agit ainsi c'est que son gallicanisme regimbe contre la fiscalité débridée d'Avignon et contre la recherche éhontée de bénéfices à laquelle se livre la curie clémentine. Le 6 juin 1394, l'université adresse au roi un long mémoire relatif aux « libertés ecclésiastiques détruites », qui est un véritable réquisitoire contre Clément VII. Le 30 ce document, qui est l'œuvre du recteur de l'université, Nicolas de Clamanges, et de Pierre d'Ailly, est lu devant Charles VI. Mais l'entourage du pauvre roi se montre peu disposé à agir contre le pape d'Avignon lequel, d'ailleurs, meurt subitement, à 52 ans, le 16 septembre 1394.

## La grande flambée du gallicanisme doctrinal

Les funérailles de Clément VII étant achevées, vingt et un cardinaux — dont onze français — s'apprêtent à entrer en conclave, le 26 septembre, lorsqu'on leur annonce un messager de Charles VI : il les supplie de surseoir à l'élection. De leur côté, les universitaires parisiens implorent les conclavistes de s'emparer de l'occasion que leur offre le ciel pour mettre fin à « l'horrible schisme », un schisme qui provoque un immense scandale dans la chrétienté, détachant de l'Eglise hiérarchique beaucoup d'esprits, déjà ébranlés par les horreurs de la guerre de Cent Ans et les tournant vers un messianisme pathétique ou, au contraire, les jetant dans l'indifférentisme religieux et moral.

Ces requêtes — appuyées par celle du roi d'Aragon — ne sont pas prises en compte par les cardinaux qui, dès le 28 septembre, élisent à l'unanimité le cardinal aragonais Pedro de Luna ; il prend le nom de Benoît XIII et s'installe à Avignon. Eloquent, de caractère pacifique et de vie exemplaire, le nouveau pontife promet de renoncer à sa charge, pour le bien de l'Eglise, à n'importe quel moment. En fait, il va s'y accrocher avec une âpreté telle que le schisme, par sa faute, se prolongera douloureusement.

Et ceci malgré le désir profond de la chrétienté qui comprend que, puisque le droit ne permettait pas de départager les deux papes et qu'aucun d'eux ne l'emporterait par la force, c'était aux rois et aux prélats, chefs des peuples et des fidèles, qu'il appartenait de hâter la solution d'une situation moralement insupportable pour chaque chrétien. Bien entendu, dans ce processus, l'action de la France et de l'université de Paris — lumière théologique de la chrétienté — va être prépondérante, le gallicanisme s'y renforçant. Car l'Eglise gallicane, en enlevant au pape avignonnais les moyens matériels de soutenir sa résistance, espère s'évader de la servitude excessive que la papauté fait peser sur elle, notamment en matière fiscale.

Prenant au mot Benoît XIII, Charles VI convoque, pour le 3 février 1395, une assemblée qu'on peut bien considérer comme le premier des « conciles gallicans » : par 87 suffrages contre 22, l'assemblée, inspirée par l'université parisienne, se prononce pour « la voie de cession », c'est-à-dire pour la démission des deux papes. Puis une ambassade, conduite par le frère du roi, le duc d'Orléans, et par ses oncles, les ducs de Bourgogne et de Berry, se rend en Avignon où Benoît XIII, écartant la « cession », déclare seule compatible avec sa dignité la « voie de convention », c'est-à-dire la discussion contradictoire des droits des deux partis ; à la rigueur, il accepterait la « voie du compromis », c'est-à-dire l'arbitrage.

Et l'ambassade royale de s'en retourner à Paris, d'où l'université, en mars 1395, lance un ultimatum au pape Benoît, qui lui oppose une fin de non-recevoir. Là-dessus se tient, le 16 août 1396, à Paris, un second concile national où le canoniste Pierre Leroy, abbé du Mont-Saint-Michel, appelant le haut clergé à la rébellion, propose à l'assemblée de voter « la soustraction d'obédience » à Benoît XIII ; la majorité estime préférable de surseoir encore et de tenter auprès du pape de nouvelles instances. Charles VI est aussi de cet avis. Mais, fort de l'attitude du pape de Rome, qui reçoit très impoliment une ambassade franco-castillane, Benoît XIII élude toute discussion sérieuse.

Si bien que le troisième concile national, tenu à Paris à partir du 29 mai 1398, considérant que Benoît XIII est « le fauteur et le nourricier du schisme » décide — par 123 bulletins motivés contre 90 — « la soustraction d'obédience » au pape d'Avignon. Le 27 juillet, une ordonnance royale proclame que « Pierre et ses successeurs ayant reçu pouvoir pour bâtir, non pour détruire », nul désormais ne devait plus obéissance à Benoît.

## L'encombrant Benoît XIII

Aussitôt, quinze cardinaux quittent Avignon, où seuls demeurent cinq de leurs collègues et une troupe d'Aragonais décidés à se battre pour le pape, leur compatriote. Car, menacé par les mercenaires d'un chef de bande sans foi ni loi, Geoffroi de Boucicaut, Benoît se barricade dans son palais forteresse : durant six mois, d'octobre 1398 à avril 1399, il est constamment sur la brèche, réconfortant ses troupes, déjouant les stratagèmes de ses adversaires. Le roi d'Aragon envoie des navires catalans mouiller devant Arles et Trinquetaille : un barrage a raison de leur entreprise.

A la longue cependant, l'espèce de grandeur qui s'est attachée à cette résistance force l'admiration : le temps travaillant pour Benoît, le roi d'Aragon obtient même la conclusion d'un compromis aux termes duquel le pape aragonais résiderait dans le palais confié à la garde du duc d'Orléans — qui est un partisan de Benoît XIII — mais n'en pourrait sortir qu'avec l'autorisation du roi de France. Cette situation va durer quatre ans et demi. Mais si Benoît XIII, prisonnier dans son propre palais, peut encore se considérer comme pape, il n'administre pratiquement plus rien, puisque les royaumes de France, de Sicile, de Castille, de Navarre et le comté de Provence se sont soustraits à son obédience. Et voici que l'année 1400, année normalement jubilaire [5], en attirant à Rome des milliers de pèlerins, venus nombreux des pays d'obédience clémentine — français et ibériques — manifeste l'attachement des chrétiens au siège de Rome, sinon à Boniface IX.

Cependant, lentement, en Occident, l'opinion réagit favo-

---

5. En fait, Boniface IX l'avait avancée à 1390.

rablement au malheureux sort, supporté avec courage, du pape avignonnais : en France même, les universités d'Orléans, de Toulouse et d'Angers se disent favorables à la restitution d'obédience. A l'université de Paris, Nicolas de Clamanges et aussi le chancelier Jean Gerson — qui en 1398, n'a pas voté la « soustraction » — parlent dans le même sens. La cour de France elle-même est divisée, surtout depuis que Louis II d'Anjou, devenu le gendre du roi Martin d'Aragon, a reconnu de nouveau Benoît XIII. Et puis l'épiscopat, sachant que l'Eglise de France risque l'anarchie par suite de la sanglante rivalité entre les Orléans et les Bourgogne, considère qu'elle n'a rien à gagner en continuant à être « sans pape ».

Ainsi encouragé, Benoît XIII, dans la nuit du 11 au 12 mars 1403, grâce à diverses complicités, s'enfuit, déguisé, du palais apostolique d'Avignon — ville que lui ni aucun pape ne devait revoir — pour s'embarquer sur le Rhône et s'installer à Châteaurenard, sous la protection du duc d'Orléans. On assiste alors au grand reflux : les cardinaux rebelles venant se jeter aux pieds de Benoît tandis qu'on apprend que la Castille, après toutes les autres nations clémentines, sauf la France, revient à l'obédience du pape aragonais (29 avril). Et voici que ce qui semblait impensable cinq ans auparavant se réalise : le 28 mai 1403, une ordonnance de Charles VI, consécutive à une nouvelle Assemblée du clergé, restitue à Benoît XIII l'obédience française. Le 30 mai, à Notre-Dame, c'est l'évêque Pierre d'Ailly qui proclame ce retour, tout en commentant les promesses verbales du pape concernant un éventuel recours à « la voie de cession ».

Dans la réalité, Benoît va se perdre de nouveau en faux-fuyants et s'employer surtout à étendre son obédience et à dominer son rival Boniface IX. Or ce dernier meurt subitement, à Rome, le 1er octobre 1404, ayant été, semble-t-il, très affecté par l'arrogance d'une ambassade avignonnaise.

Malgré les objurgations de celle-ci, les cardinaux romains élisent pour la troisième fois un Napolitain, le cardinal Cosma Megliorati, devenu Innocent VII. Le 1er mars 1405, Benoît XIII, par la bulle *In coena*, lance l'anathème contre ce nouveau rival, qu'embarrasse d'ailleurs l'imbroglio de la politique italienne. Exploitant cette situation, Benoît, qui est devenu un pape nomade encore que fastueux, se rend à Nice, via Marseille et, le 16 mai, entre à Gênes, où il est acclamé, où il donne le voile à Colette de Corbie et où saint Vincent Ferrier émerveille les foules par son don des langues et ses miracles. Mais le pape d'Avignon n'ose pousser plus loin ; en fait, il compte sur la France pour l'imposer, par les armes, à l'Italie et à Rome.

Hélas ! le beau royaume de France est en proie à l'anarchie. Alors que le pauvre Charles VI n'est plus qu'un jouet aux mains des factions, le conflit Orléans-Bourgogne atteint son paroxysme avec l'avènement, en 1404, comme duc de Bourgogne, de Jean sans Peur qui, le 23 novembre 1407, fait assassiner son cousin et rival, Louis d'Orléans, frère du roi et régent de fait du royaume.

L'université de Paris participe à la lassitude générale. Un nouveau concile national, tenu à Paris (novembre 1406-février 1407), voit le gallicanisme intransigeant triompher de nouveau des modérés comme d'Ailly et Gerson. Une nouvelle conception de l'Eglise de France apparaît nettement chez un Jean Petit ou un Pierre Le Roy : pour eux, l'Eglise doit être, dans la catholicité maintenue, une république administrée par les évêques et les conciles provinciaux ; quant au pape, on lui reconnaît la qualité de vicaire du Christ, mais comme une « fonction » non comme une « souveraineté ».

## L'acte de naissance officiel du gallicanisme

Pour la première fois, le clergé de France assemblé se tourne ouvertement vers le roi et lui demande de rétablir, malgré le pape, contre le pape, les anciennes franchises. Si bien qu'on a pu appeler les Ordonnances du 18 février 1407, qui sanctionnent les délibérations du concile en dressant une barrière devant la fiscalité pontificale et la réserve des bénéfices, « l'acte de naissance officiel du gallicanisme » (V. Martin). L'affaire du schisme passe dès lors au second plan, la France se contentant de prendre une position de « neutralité », après qu'une ambassade du roi auprès des deux rivaux eut encore échoué (25 mai 1408).

Entre-temps Innocent VII est mort (6 novembre 1406) et a été remplacé par un Vénitien, Angelo Correr, un cardinal âgé et vertueux qui, élu le 30 novembre, a pris le nom de Grégoire XII. Ce nouveau pape de Rome, beaucoup plus nettement que ses prédécesseurs, semble disposé à abdiquer si Benoît XIII fait le même geste. Précisément voici que, installé à Marseille, le pape aragonais fait mine d'entrer dans les vues de son compétiteur. Alors une légation française — avec Jean Petit, Jean Gerson, Pierre Cauchon, Pierre d'Ailly... — est dépêchée par le roi à Marseille ; elle y a été précédée par une ambassade romaine que Benoît XIII reçoit le 3 avril 1407. Dès le 21, il est décidé que les deux papes se rencontreront à Savone.

Malheureusement Grégoire XII, au milieu de ce mouvement vers l'union, que lui-même a provoqué, se montre languissant, réagissant peu aux objurgations de Gerson et de Pierre d'Ailly, dépêchés vers la Ville éternelle d'où ils repartent très déçus, le 29 juillet 1407. De son côté Benoît XIII arrive bien à Savone, le 24 septembre, mais son rival n'est pas allé plus loin que Lucques, sous prétexte que Savone est dans la zone avignonnaise. Et voici que l'assassinat de Louis d'Orléans (23 novembre), en faisant triompher le camp bourguignon, porte un coup terrible au parti d'Avignon : le 12 janvier 1408, Charles VI annonce que si l'union n'est pas accomplie pour l'Ascension prochaine, il quittera le camp de Benoît : celui-ci, furieux, menace le roi d'excommunication. Réplique d'un nouveau concile parisien, le 21 mai : la soustraction d'obédience de la France à Benoît XIII est de nouveau proclamée.

Quelques jours auparavant, le 4 mai, à Lucques, un autre drame s'est déroulé : sept cardinaux de Grégoire XII, rompant avec un pape qui refuse, en rencontrant son compétiteur, d'éteindre le schisme, le quittent et gagnent Pise puis Livourne où ils sont rejoints par six cardinaux avignonnais. Le collège cardinalice ainsi constitué, le 23 août lance aux princes et aux prélats de la chrétienté des convocations à un concile général qui s'ouvrira à Pise le 25 mars 1409 et mettra fin au schisme.

Les pères du concile de Pise, pour remettre l'Eglise en équilibre, ne brandissent pas la jeune théorie conciliaire — la supériorité du concile sur le pape — qui triomphera à Constance : il leur suffit, selon le vieux droit, de déclarer « hérétiques » les deux papes, tous deux ayant, par leur attitude, fait dévier la foi, et de les déposer solennellement. Ce qui est fait, le 5 juin 1409. Trois semaines plus tard, le 26 juin, les 23 cardinaux réunis à Pise élisent le cardinal de Milan, Pierre Philargès — un vieillard lui aussi — qui prend le nom d'Alexandre V.

Joie, cris de joie dans toute la chrétienté ! La France, la Toscane, les Etats allemands et l'Empereur, l'Angleterre, Venise reconnaissent le pape pisan. Hélas ! réfugié à Perpignan puis en Catalogne — sur le roc de Peñiscola — le vieux Benoît XIII refuse d'abdiquer : il bravera le monde, qui l'abandonne, jusqu'à sa mort survenue, à 94 ans, en 1422.

Grégoire XII, lui, en est réduit à se réfugier à Rimini, la petite capitale des Malatesta, seul asile possible pour lui qui refuse de s'incliner devant Alexandre V. Celui-ci meurt, à Bologne, dès le 3 mai 1410 : le 23 mai, dix-sept cardinaux lui donnent comme successeur son confident, le cardinal Cossa, qui devient Jean XXIII. Pour sauver enfin l'Eglise et aussi la papauté, désormais tricéphale, Jean XXIII convoque un concile à Rome ; prorogé plusieurs fois, le concile ne s'ouvre qu'avec l'année 1413. Très vite, les Pères — parmi lesquels Pierre d'Ailly, cardinal de Cambrai depuis peu — se rendent compte que la réforme de l'Eglise est le dernier souci du pape : les délégués français, qui manquent eux-mêmes de zèle, obtiennent facilement de lui la prorogation du concile. Encore que le recours à un concile universel semble inévitable.

Ne pouvant compter sur la France, à un moment où Jean sans Peur est traqué par les Armagnacs, et où le royaume très chrétien semble craquer sous le poids des Anglo-Bourguignons, Jean XXIII se tourne vers l'empereur Sigismond lequel décide, en septembre 1413, que le concile général se tiendra en territoire allemand, à Constance.

# 7.
## La papauté, le concile et Charles VII (XVᵉ siècle)

*Le concile de Constance. Les Français et la théorie conciliaire.*

Concile hors-série que ce concile de Constance (16 novembre 1414-22 avril 1418) : convoqué par un prince laïc il a pour but d'imposer à la papauté la fin d'un schisme scandaleux. Les papes le boudent d'ailleurs : de son rocher catalan, le vieux Benoît XIII fulmine l'excommunication contre les prélats de son obédience qui se rendront à Constance ; Grégoire XII, « le pape de Rome », finit par envoyer deux observateurs ; quant à Jean XXIII, c'est avec la plus grande défiance qu'il se rend à Constance où s'entassent 100 000 personnes, dont 500 évêques et 2 000 représentants des universités. Bientôt, déçu de ne pas se voir confirmé dans sa charge, Jean XXIII le 20 mars 1415, s'enfuit à Fribourg, avec six cardinaux.

Fait extrêmement grave : le concile continue sans le pape. Et c'est alors que trois Français, aussi remarquables que modérés, vont jouer, au sein du concile, un rôle prépondérant : il s'agit de Pierre d'Ailly, de Guillaume Fillastre et de Jean Gerson.

Evêque de Cambrai, ancien chancelier de l'université de Paris et confesseur de Charles VI, Pierre d'Ailly (1350-1420) est avant tout un théologien et un pasteur respectueux des personnes ; mais s'il est un adversaire de l'hérésie, il est un partisan résolu d'une réforme générale que l'Eglise, « corps mystique du Christ », a le devoir, selon lui, de promouvoir collectivement. Guillaume Fillastre (1348-1428), évêque de Saint-Pons, homme de paix — c'est lui qui mettra fin à la querelle entre Armagnacs et Bourguignons — et homme d'action, met lui aussi son espoir dans le concile général. Quant à Jean Gerson (1363-1429), chancelier de l'université de Paris depuis 1398, il est peut-être le plus grand esprit de son temps, car ce théologien très sûr, mais d'une théologie tirée d'une expérience personnelle, est aussi un mystique qui met l'amour au-dessus de la connaissance, un contemplatif qui s'exprime en poète, un prédicateur très proche des besoins du peuple (il a été curé à Paris) et un éducateur qui préfigure les grands pédagogues du XVIIe siècle. Celui qu'on a parfois nommé « le Bossuet des années 1400 », qui fut aumônier et prédicateur de la cour de France, voit dans la monarchie française, dont les privilèges sont à ses yeux sacrés, l'instrument privilégié de la réforme de l'Eglise.

Dès avant la fuite de Jean XXIII, d'Ailly cherche à faire admettre par les pères de Constance sa théorie de la supériorité absolue du concile sur le pape, le concile, selon lui, tenant du Christ seul le privilège de ne pas errer dans la foi, privilège dont le pape ne peut se prévaloir. Furieux, Jean XXIII aurait alors songé à faire arrêter d'Ailly : mais il n'ose pas, car la question de la triple démission de Jean XXIII, Grégoire XII et Benoît XIII, posée ouvertement par Fillastre au concile, fait des progrès.

La fugue de Jean XXIII surexcite évidemment les esprits ; le 23 mars, Gerson, mandaté par ses collègues de l'université de Paris, prend la parole à l'assemblée générale et déclare : « L'Eglise, ou le concile général qui la représente, c'est la règle que le Christ, selon les directives de l'Esprit-Saint, nous a laissée, en sorte que n'importe quel homme, de quelque condition qu'il soit, même papale, est tenu de l'écouter et de lui obéir. » Le concile suit Gerson et, par le décret *Sacrosanctae* du 6 avril, arrête que le concile œcuménique, réuni à Constance, est la représentation de l'Eglise tout entière et tient son pouvoir immédiatement du Christ ; le pape même lui doit obéissance en matière de foi, d'unité de l'Eglise et de « réforme de la tête et des membres ».

Dès lors les événements se précipitent : cité, le 13 mai, à comparaître devant le concile, Jean XXIII est arrêté, le 17, à Fribourg ; le 29, les pères le déposent comme « indigne, inutile et nuisible » ; avant de reprendre son rang dans le Sacré-Collège, Jean restera trois ans en prison. Grégoire XII, lui, démissionne humblement. Quant à l'intraitable Benoît XIII, il fait traîner les négociations et ce n'est que le 26 juillet 1417 que le concile, d'ailleurs déchiré par les factions, le déposera.

Le 9 octobre 1417 les pères, enfin d'accord sur un compromis, votent le décret *Frequens*, qui fait des conciles généraux une institution régulière de l'Eglise et une sorte d'instance de contrôle de la papauté : décret révolutionnaire qui, s'il avait été effectivement appliqué, eût bouleversé l'organisation et la vie de l'Eglise romaine.

Mais le cardinal Otton Colonna qui, le 11 novembre 1417, après 39 ans de schisme et dans l'allégresse universelle, devient le pape Martin V, n'entendra pas sacrifier ainsi son pouvoir. Cependant, pour rester fidèle au vœu des pères de Constance relatif à la réunion périodique de conciles généraux, il convoquera un concile général à Pavie : ouvert le 23 avril 1423, le concile sera transféré à Sienne dès juillet : les quelques pères présents se sépareront le 18 février 1424 sans avoir rien fait, ayant cependant fixé à l'année 1431 et à Bâle le prochain concile général.

*Martin V, le concile et la France*

Lors de l'élection du pape Martin V, le règne du faible Charles VI s'achève dans la confusion et l'anarchie. La France hésite d'ailleurs à reconnaître le nouveau pape ; mais craignant de le voir négocier avec Jean sans Peur comme avec le représentant le plus autorisé du royaume, le roi, le dauphin Charles et les théologiens de l'université de Paris — défenseurs acharnés des « libertés gallicanes » — finissent par vaincre leurs hésitations et par reconnaître, le 14 avril 1418, le pape élu à Constance.

Mais voici que, le 10 septembre 1419, Jean sans Peur est assassiné au pont de Montereau. Son fils Philippe le Bon, qui lui succède, cherche sa vengeance dans un rapprochement avec l'Angleterre ; le 25 décembre, il conclut alliance avec Henri V. Dix-sept mois plus tard c'est le traité de Troyes (21 mai 1421), Charles VI désignant le roi d'Angleterre, devenu son gendre, comme son héritier et régent du royaume de France. Henri V meurt le 31 août 1422, Charles VI le 21 octobre : le deuil du Valois fou est conduit par le duc de Bedford, frère d'Henri V et régent pour le compte du petit Henri VI, âgé d'un an.

Refusant de tenir compte du traité de Troyes, le dauphin Charles (VII) se proclame roi de France, à Mehun-sur-Yèvre, dès le 24 octobre. Mais à celui qui n'est que « le petit roi de Bourges » il reste à reconquérir son royaume. En ce qui concerne ses relations avec la papauté, Charles VII, dont le gallicanisme est aussi marqué que celui de ses prédécesseurs, signe avec Martin V, par l'intermédiaire de ses ambassadeurs, le 21 août 1426, à Genazzano, un concordat qui est enregistré le 23 janvier 1427 par le parlement de Poitiers, mais qui n'aura aucune application, d'autant moins que le duc de Bedford prétend lui aussi traiter avec Martin V.

Car il faut attendre le 28 mai 1429, jour de la délivrance d'Orléans par Jeanne d'Arc, pour voir le carcan anglais se desserrer autour du petit royaume resté fidèle au Valois. Sacré à Reims le 17 juillet, grâce à Jeanne, Charles VII, lambeau par lambeau, au cours de dix années d'efforts, va reprendre son royaume aux Anglais, ces Anglais qui ont pu se débarrasser de Jeanne : depuis le 30 mai 1430, en effet, Jeanne d'Arc n'est plus que cendres, dispersées dans la Seine...

On a dit que la papauté aurait pu intervenir pour sauver la Pucelle. C'est tout ignorer du contexte du procès de Jeanne. Ce procès, qui est le fait d'un tribunal d'Inquisition, mais d'une Inquisition qui est à la solde des Anglais tout comme l'université de Paris qui se garde bien de demander l'avis de Rome, est une affaire interne à une France déchirée, divisée,

## La papauté, le concile et Charles VII (XVe siècle)

et dont les deux rois, le Lancastre et le Valois, se considèrent tous deux comme légitimes. Au point que, longtemps, la papauté ne se mêle pas de prendre parti pour l'un ou pour l'autre. Quelques jours après son élection, Eugène IV ne désigne-t-il pas Albergati de Sainte-Croix, cardinal *a latere,* en vue d'opérer une entente pacifique entre Charles VII et Henri VI ? Ce n'est que lorsque Charles VII sera bien affermi sur son trône que le pape Calixte III, par un rescrit délivré à Isabelle Romée et à Pierre et Jean d'Arc, le 10 juin 1455, consentira à faire ouvrir le procès de réhabilitation de Jeanne, une réhabilitation qui sera prononcée solennellement le 7 juillet 1456, à Rouen.

D'ailleurs, en cette année 1431 qui voit mourir Jeanne d'Arc, la papauté est de nouveau en crise. Le 20 février, Martin V meurt subitement. Le 3 mars, après un seul jour de conclave, le cardinal vénitien Gabriel Condolmerio, 47 ans, neveu de Grégoire XII, est élu et prend le nom d'Eugène IV. Le 23 juillet le concile général s'ouvre à Bâle mais en présence d'un si petit nombre de pères que le pape, peu favorable à l'institution conciliaire, ordonne, dès le 18 décembre, sa dissolution. Fait très grave : on ne lui obéit pas. Pire : le concile — qui s'étoffe — invite le pape à venir se justifier. Eugène IV tergiverse si bien que, de proche en proche, la plus grande partie de la chrétienté prend parti pour le concile où, au milieu de 1432, sept rois, dont Charles VII, sont représentés et qui, littéralement, devient une « assemblée souveraine », encore que ses décisions soient liées, en fait, à l'agrément des princes. Aussi le 15 décembre, Eugène IV, menacé de déchéance, rapporte-t-il le décret de dissolution ; le concile de Bâle va donc être, parallèlement à la cour romaine, un organisme de gouvernement, avec ses légats et ses ambassadeurs.

Durant l'été de 1437 le conflit, inévitable, éclate entre le pape et le concile : le prétexte en est le choix de la ville où le concile se tiendrait pour accueillir les Grecs et discuter avec eux de l'union des Eglises. Les pères proposent Bâle ou Avignon, le pape Ferrare où, d'autorité, le 18 septembre, il transfère le concile. Mais la majorité des pères restent à Bâle et, le 24 janvier 1438, déclarent Eugène IV suspendu, le sommant de comparaître devant eux. Le pape passe outre et reçoit les Grecs à Ferrare puis, à partir de janvier 1439, à Florence.

Quelques mois plus tard, le 25 juin 1439, le concile dépose effectivement Eugène IV ; mais, le 5 novembre, il se donne le ridicule de faire élire, par une parodie de conclave, le duc de Savoie Amédée VIII, un laïc père de neuf enfants qui, devenu Félix V, se révèle n'être qu'un bon vivant assez rapace. Brouillé bientôt avec les Bâlois, Félix se transporte à Lausanne (1442) ; l'Occident, par lassitude, se rallie peu à peu à Eugène IV, puis, après la mort de ce dernier, le 23 février 1447, à Nicolas V. En juillet, une grande ambassade vient faire à Rome l'obédience solennelle de la France ; depuis quelques jours, les derniers pères ont été chassés de Bâle par les magistrats, eux-mêmes poussés par l'Empereur et par Charles VII : ils se réfugient auprès de Félix, qui abdiquera le 7 avril 1449.

La papauté romaine a donc sauvé son autorité et l'unité de l'Eglise. Mais quand s'ouvre l'année jubilaire 1450, alors que des milliers de pèlerins viennent acclamer Nicolas V — le premier pape de la Renaissance — rien de ce qui préoccupe les chrétiens, et d'abord la réforme générale, n'a été réglé, ni même franchement abordé. Aussi les Eglises nationales — et d'abord l'Eglise gallicane — vont-elles prendre l'habitude de ne plus guère compter, pour régler les questions religieuses, que sur leurs princes : la pratique de concordats particuliers à chaque Eglise nationale va se répandre.

### La Pragmatique Sanction

Quand la France de Charles VII, autour de 1470, sort de la guerre de Cent Ans, les ruines y sont considérables, le patrimoine ecclésiastique est dévasté : églises et monastères détruits, prêtres livrés à la mendicité ou vivant de rapines, paroisses sans prêtre donc sans sacrements, religieux sans règle, évêques sans zèle, laïcs et clercs sans instruction... Une réforme disciplinaire est indispensable : l'Eglise de France en a conscience, mais elle considère que c'est au roi qu'il appar-

## La papauté, le concile et Charles VII (XV$^e$ siècle)

tient de réunir les prélats de son royaume et de veiller avec eux — comme le déclare Jean Juvénal des Ursins, chapelain de Charles VII — « à la conservation et à la salvation de la chose publique de son royaume ». Le temps est terminé où les collecteurs du pape se trouvaient en France comme dans leur propriété : maintenant, ils voient se dresser devant eux les officiers d'un « roi Très chrétien » conscient de ses responsabilités à l'égard de son Eglise, mais dont les besoins financiers s'accroissent avec les pouvoirs.

Toute une littérature, depuis longtemps, a enraciné dans les esprits un gallicanisme qui ne fera que se fortifier au cours des XV$^e$-XVI$^e$-XVII$^e$ siècles. L'ouvrage le plus remarquable et le plus influent en cette matière est incontestablement *le Songe du Vergier,* œuvre anonyme composée, sous Charles V, par un juriste poète qu'ont dû fortement influencer Guillaume d'Occam et Marsile de Padoue, et qui, en recourant à l'apologue, indique bien les limites du pouvoir pontifical dans le royaume de France. Cependant, comme tous les écrivains gallicans, l'auteur du *Songe* proteste de sa volonté de ne pas verser dans le schisme : position ambiguë qui sera constamment celle du gallicanisme, ce composé étrange d'impertinence et de soumission, d'orthodoxie et d'indépendance.

Cette ambiguïté, on la retrouve chez Charles VII qui, la même année, 1418, a prêté le serment de sauvegarder les libertés gallicanes et signé avec Martin V une convention — improprement appelée « concordat de Constance » — qui ne règle rien. Il en sera de même du « concordat » dit de Genazzano, en 1426.

Mais dès que le concile de Bâle est réuni, les choses changent : à un moment où la lutte du pape et du concile frappe l'un et l'autre d'impuissance, il apparaît que le droit ecclésiastique ne peut être qu'un droit royal. Peu avant le coup d'éclat du 24 janvier 1438, par lequel les Bâlois déclarent le pape suspendu de ses fonctions, Charles VII convoque à Bourges, le 1$^{er}$ mai, une réunion du clergé du royaume pour le consulter « sur le fait du concile et du pape ». Il la préside avec tout le prestige que lui confèrent ses succès récents, notamment son entrée triomphale à Paris, le 12 novembre 1437, et aussi la soumission aux Valois de la prestigieuse université de Paris, longtemps d'obédience anglo-bourguignonne.

A Bourges, où arrivent les ambassadeurs et du pape et du concile, le roi et l'Assemblée, gardant leur liberté à l'égard des deux parties, se livrent à un travail remarquable de deux mois qui aboutit, le 7 juillet 1438, à la publication par Charles VII d'un texte qualifié curieusement de Pragmatique Sanction [6].

Tout en refusant de rompre avec la papauté, Charles VII et son clergé, agissant unilatéralement, dénoncent l'incurie pontificale, affirment la supériorité sur le pape des conciles généraux, rétablissent l'élection des évêques et des abbés par les chapitres, dénoncent la part énorme que le pape s'est peu à peu attribuée dans les nominations aux bénéfices, cautionnent la Régale spirituelle d'après laquelle, pendant la vacance d'un siège épiscopal, le roi est l'héritier de tous les droits de collation appartenant à l'évêque, contestent le principe des jugements en appel à Rome avant que soient épuisées les juridictions intermédiaires, et limitent la pratique des excommunications.

La « Pragmatique », dans la mémoire collective de l'Eglise de France de l'Ancien Régime, restera comme l'expression la plus parfaite du gallicanisme. De règne en règne, universitaires, parlementaires, théologiens et clercs gallicans s'y référeront volontiers. Elle ne sera jamais complètement abrogée : un nombre important de ses stipulations seront encore en vigueur en 1789.

En fait, Charles VII et son fils et successeur Louis XI (1461-1483) — qui se méfient de l'indépendance du clergé — appliqueront la Pragmatique Sanction avec modération, comme en témoignent les nominations aux chapitres cathédraux, le pape continuant à intervenir par des collations directes. Car la papauté est naturellement hostile à la Pragmatique et cela d'autant plus que le concile de Bâle l'a approuvée,

---

6. Terme archaïque qui semble désigner la publication, par le roi, d'un texte dont il n'a pas eu lui-même l'initiative.

La papauté, le concile et Charles VII (XVe siècle) 93

tardivement il est vrai, le 17 octobre 1439. Ce que recherche le pape, c'est un solide concordat avec la France ; mais ni Charles VII ni Louis XI n'y songent sérieusement : c'est ainsi qu'un concordat signé à Amboise en 1472 est rapporté trois ans plus tard, Louis XI revenant à la Pragmatique Sanction.

## Le concordat de Bologne (1516)

Louis XI mort (1483), ses deux successeurs, Charles VIII (1483-1498) et Louis XII (1498-1545) se détournent de la politique proprement religieuse : les guerres d'Italie les absorbent tout entiers, des guerres qui les opposent parfois, et très durement, aux papes de la Renaissance, davantage princes italiens que pasteurs de la chrétienté, pontifes scandaleusement absorbés par leur mécénat et par leurs intérêts familiaux, politiques et militaires. C'est ainsi que Charles VIII, entré en triomphe à Rome le 31 décembre 1494, se laisse berner par Alexandre VI Borgia qui, derrière lui, forme avec l'Empereur, Venise et le duc de Milan, une Sainte Ligue qui oblige le Valois à regagner bientôt la France (1495), où il meurt. Son cousin et successeur, Louis XII, reprend ses rêves de domination italienne : lui, se heurte, dans la péninsule, au pape casqué Jules II, « l'uomo terribile » qui, traitant les Français comme des « barbares », conclut contre eux, en 1511, avec l'Espagne et Venise, une nouvelle Ligue qui contraint Louis XII à abandonner le Milanais.

En ces temps où ni les rois de France ni les papes ne songent à une réforme fondamentale que réclame l'état de la chrétienté, la dépravation atteint les plus saintes institutions, puisqu'on voit Charles VIII et Louis XII, après Louis XI, se servir de l'épouvantail du concile général dans leurs luttes politiques contre le pape, un pape dont ils sont toujours prêts à dénoncer « l'élection simoniaque », les scandales criants ou le fait qu'il ne tient pas la promesse de Martin V de convoquer régulièrement un concile général.

Plus habile, Jules II prévient ses adversaires, qui ont organisé à Pise un embryon de concile, en convoquant lui-même à Rome un concile œcuménique : c'est le 5ᵉ concile du Latran (1512-1517), à l'issue duquel Léon X (1513-1521) promulgue bien quelques décrets de réforme sous forme de blâmes, mais laisse de côté les questions fondamentales. Sept mois après la clôture du concile, le 31 octobre 1517, Martin Luther affichera ses 95 thèses sur le porche de l'église du château de Wittenberg : la réforme sera alors posée solennellement à la face d'une chrétienté à la veille de se déchirer.

Cependant, le 5ᵉ concile du Latran a pris le temps d'approuver le concordat signé, le 18 août 1516, à la suite d'une entrevue qui a eu lieu à Bologne, entre le pape et le jeune roi de France François Iᵉʳ, qui vient de succéder (1515) à son cousin Louis XII.

Deux clauses essentielles dans ce concordat, qui ne sera dénoncé que par la Révolution française : l'abolition officielle de la Pragmatique Sanction et des déclarations antérieures concernant la supériorité du concile sur le pape ; la suppression des élections épiscopales. Désormais, c'est le roi qui, dans les six mois qui suivront la vacance d'un siège, devra « présenter et nommer » au pape, pour qu'il soit par celui-ci canoniquement pourvu, le candidat ayant les qualités requises. Si le pape récuse ce candidat, le roi aura trois mois pour en présenter un autre, faute de quoi la nomination sera faite par le pape seul.

Dans la réalité, le concordat de Bologne renforce considérablement l'emprise de la royauté sur l'Eglise de France au point que, désormais et jusqu'à la Révolution française, la papauté n'exercera plus, dans le royaume Très chrétien, qu'une autorité lointaine et tamisée.

Cependant, en établissant avec Rome des relations claires, le concordat de 1516 va permettre à l'Eglise de France d'échapper non seulement au schisme mais aussi à la tentation de l'hérésie, tentation à laquelle n'échapperont pas les princes allemands qui n'ont pas, comme le roi de France, la libre disposition de l'immense fortune de l'Eglise.

# 8.

# La papauté, la réforme protestante et les Valois (XVI<sup>e</sup> siècle)

Quelque forte que fût la volonté du roi très chrétien de rester fidèle à Rome, il était inévitable que son royaume fût touché, lui aussi, par la formidable vague réformiste du XVI<sup>e</sup> siècle, une vague qui allait emporter dans la sécession tout un pan de l'Eglise.

## Une royauté gallicane et humaniste

Quand François I<sup>er</sup>, en 1515, monte sur le trône de France, il y a longtemps que les abus ecclésiastiques scandalisent les chrétiens. Ayant reconstitué sa fortune au cours du XV<sup>e</sup> siècle, après les ravages de la guerre de Cent Ans, le haut clergé français, menant grand train, est de nouveau ravagé par la simonie, qui fait de la charge épiscopale un objet de convoitises, de tractations louches, de procès ; car être évêque c'est aussi être grand seigneur, administrateur de fiefs, avoir avocats, sergents et prisons. Sans doute, sous Charles VII, les évêques sont-ils choisis fréquemment dans la bourgeoisie, en particulier dans le corps des fonctionnaires royaux : le chef d'un diocèse n'en est que plus soumis au roi, véritable administrateur de l'Eglise de France, lui dont les Parlements sont compétents en toute matière ecclésiastique, lui dont le Conseil décide même des questions religieuses.

On pourrait croire que, dans ces conditions, l'Eglise de France forme un tout : il n'en est rien. Il n'y a pas de primatie effective ; aucun concile national ne se tiendra à partir de l'Assemblée de Bourges de 1438, chaque diocèse étant jaloux du voisin. Un lien cependant : l'antiromanisme ; car les retombées de la crise conciliaire et des guerres d'Italie, et aussi l'existence fastueuse des papes de la Renaissance, ont renforcé la méfiance de l'Eglise gallicane à l'égard de Rome.

Voilà qui fait comprendre pourquoi et comment, au moins jusqu'à la mort tragique d'Henri II (1559) — une mort qui jette le royaume dans l'anarchie et la guerre intérieure — le rôle du roi de France dans les événements religieux liés à la réforme protestante est primordial. Si la Sainte-Inquisition romaine n'a pu faire souche en France, malgré le désir de la papauté, c'est parce que le roi a compétence en matière d'hérésie et que, selon le concordat de 1516, la justice du Saint-Siège en France doit être rendue par des juges pris dans le royaume. C'est donc au nom du roi que se dresseront les bûchers, les gibets, les fourches patibulaires ; et chacun de ses sujets sait qu'il se met en état de péché mortel quand il se montre rebelle à ses ordonnances.

Dans ce contexte, on comprend que la préoccupation constante, obsessionnelle des papes, représentés en France, à partir de 1514, par un nonce permanent — le premier titulaire est Leone Ludovico di Canossa (1514-1517) — sera que la France ne devienne pas officiellement protestante et que « le roi Très chrétien » demeure le champion de la foi catholique : Paul III, sensibilisé au péril turc, trouvera particulièrement scandaleux le traité d'amitié signé en 1535 avec la Porte par François Ier : mais comment aurait-il pu s'y opposer ?

C'est parce que François Ier — un souverain humaniste, sensible à la crise de civilisation manifestée par la Renaissance — le veut bien que sa sœur Marguerite d'Angoulême, reine de Navarre, devient, en 1520, l'égérie du « groupe de Meaux » : ce groupe est animé par l'évêque de Meaux Guillaume Briçonnet et par son vicaire général Lefèvre d'Etaples, pionniers d'un évangélisme catholique, prêtres sensibles à la nécessité d'une réforme à la fois intellectuelle, culturelle et spirituelle de l'Eglise.

### Une France tentée par la Réforme ?

Mais voici qu'une réforme autrement vigoureuse, autrement dangereuse pour l'unité de l'Eglise va secouer la chrétienté : Luther l'Allemand, Calvin le Français, semblent en effet vouloir porter la hache à la racine de l'arbre.

Les écrits de Martin Luther commencent à circuler en France à partir de 1519. Assez rapidement, surtout dans les provinces éloignées de Paris et qui sont en relations habituelles avec les pays germaniques — le Lyonnais notamment — les idées luthériennes, assimilées par l'individualisme français, se répandent. Aussi la Sorbonne, gardienne de la foi en France, réagit-elle dès 1521 en condamnant plusieurs thèses de Luther, en particulier celle qui concerne les sacrements.

François I$^{er}$ serait plutôt bienveillant aux idées nouvelles où il est d'ailleurs difficile de distinguer ce qui relève de l'hérésie et ce qui peut réveiller, au contact brûlant de la parole de Dieu, une vie religieuse bien froide. Mais, dans l'entourage royal, certains, comme Montmorency, qui est le véritable maître de la politique française, voient dans le protestantisme naissant une force de subversion qui peut menacer l'ordre monarchique traditionnel. Profitant de l'absence du roi, qui guerroie en Italie avant d'être le prisonnier du Habsbourg à Madrid (1525), le parti de la résistance intente un procès à Louis de Berquin qui, reconnu coupable de recel de livres prohibés, est exécuté, en 1529. Briçonnet est contraint de quitter son diocèse tandis qu'à Metz un modeste cardeur, Jean Leclerc, coupable d'avoir lacéré des affiches de prières à la cathédrale, est envoyé à l'échafaud, devenant le premier martyr protestant de France.

Marguerite de Navarre qui, à Nérac, donne asile à Lefèvre d'Etaples et au poète Clément Marot, entretient bien son frère, le créateur du Collège de France, dans la détestation du fanatisme. François I$^{er}$ est d'autant plus porté à l'écouter qu'il a besoin, dans sa lutte contre Charles Quint, de l'alliance des princes luthériens allemands. Malheureusement, les protestants français néophytes multiplient les provocations : leur rejet ostensible de certains dogmes catholiques — présence réelle, purgatoire, culte de la Vierge et des saints — et surtout leur antipapisme virulent blessent la conscience de beaucoup de Français dont le gallicanisme se concilie, en fait, avec le respect du pape.

Si François I$^{er}$ finit par céder à la pression de l'opinion catholique, c'est moins par scrupule religieux que parce que, chef de l'Eglise de France, il se montre intransigeant lorsque son autorité est en jeu. Or, dans la nuit du 17 au 18 octobre 1534, un tract anticatholique — qui vise particulièrement « l'orgueilleuse messe papale » — est affiché, à de nombreux exemplaires, à Paris et à Amboise, où réside alors le souverain, et jusque sur la porte de la chambre royale. Exaspéré par ce qu'on appellera « l'affaire des Placards », François I$^{er}$ réagit avec brutalité : l'interdiction, sous peine de mort, d'imprimer aucune chose sans autorisation, s'accompagne de plusieurs « brûlements » de réformés. Il faut, pour arrêter momentanément cette première vague sanglante de persécutions, l'intervention personnelle du pape Paul III qui rappelle au roi que « Dieu le créateur a plus usé de miséricorde que de rigoureuse justice ».

Soudain, la Réforme en France connaît une nouvelle flambée avec l'apparition du calvinisme. Le Picard Jean Calvin (1509-1564) qui, en 1533, a pris la décision de rompre avec les illusions d'un réformisme tranquille pour se jeter dans un évangélisme militant et antiromain a dû, au lendemain de l'affaire des Placards, se réfugier à Bâle. C'est de là qu'il lance (1536) son chef-d'œuvre, *l'Institution chrétienne*, composée en latin ; elle est précédée d'une épître dédicatoire à François I$^{er}$ où, tout en se déclarant le loyal sujet du roi, Calvin lui rappelle que son devoir est de s'informer d'abord de la foi de ceux qu'il persécute, une foi basée sur la parole de Dieu et qui se doit de rejeter tous les usages contraires à l'Ecriture : messe, purgatoire, pèlerinages et autres « fatras ».

Ces propos en latin, et qui par conséquent ne peuvent donc

*La papauté, la réforme protestante et les Valois* 99

toucher les foules françaises, ne font d'abord pas réagir le roi. Mais lorsque la traduction française de *l'Institution,* en 1541, offre aux Français, en une langue admirable, un corps systématique de doctrine, la lutte succède à la temporisation, d'autant plus violemment que les instances de l'Eglise gallicane ayant jugé hérétique *l'Institution,* c'est à l'Etat — c'est-à-dire au roi, à ses légistes, au Parlement — qu'il revient de punir ceux qui, refusant de s'incliner, se présentent comme des fauteurs de troubles sociaux et politiques.

En moins de deux ans (1538-1540), trois édits se succèdent qui condamnent définitivement et mettent hors la loi la Réforme luthérienne et calviniste, la répression étant confiée aux parlements. Dès lors, les procès et les exécutions capitales se multiplient. Ils n'arrêtent pas les progrès du parti protestant : celui-ci devient même, après 1550, une force religieuse et politique lorsqu'il peut s'appuyer sur l'Eglise genevoise, véritable séminaire d'où partent pour la France, toute proche, de nombreux missionnaires. A la fin du XVIe siècle un dixième de la population française sera passé à la Réforme.

Sous Henri II (1547-1559) la répression anti-huguenote est plus dure encore car elle trouve des partisans décidés en la personne d'Anne de Montmorency et plus encore dans le clan puissant et redoutable des Guise : ceux-ci vont se poser, non seulement en adversaires intransigeants des protestants mais aussi en concurrents directs des derniers Valois. Ayant commandé les troupes envoyées au secours du pape Paul III et, après le désastre de Saint-Quentin, sauvé Paris de l'invasion espagnole (1557) et repris Calais aux Anglais (1558), le duc François Ier de Guise apparaît à la mort d'Henri II (1559), comme le véritable maître du royaume. Son influence, prédominante sous François II (1559-1560) et Charles IX (1560-1574), lui permet d'ouvrir les Guerres de religion par le massacre de Wassy (1er mars 1562), que perpètrent ses gens. Mais, l'année suivante, lui-même tombe sous le poignard d'un gentilhomme protestant.

## « *Une Evangile armée* »

Ce qui caractérise les Guerres de religion en France (1562-1598) — elles sont en fait des guerres civiles — c'est, bien sûr, l'effroyable accumulation d'excès et de meurtres commis par les « papistes » et par les « huguenots » au nom d'« une Evangile armée » ; mais c'est aussi l'affaissement dramatique de l'autorité royale au profit des factions. De la mort d'Henri II (1559) à l'avènement effectif de Henri III (1575), au cours des règnes de François II et de Charles IX, la responsabilité de l'Etat incombe à la veuve de Henri II, Catherine de Médicis, mère des deux jeunes rois. Catherine est perpétuellement en balance entre le nouveau chef des catholiques, le duc Henri de Guise (dit le Balafré) (1550-1588), et l'un des chefs les plus aimés des huguenots, l'amiral Gaspard de Coligny, un personnage hors du commun qui rêve de réconcilier les Français en les lançant contre l'ennemi le plus tenace de la France, l'Espagnol Philippe II et, afin de mieux l'atteindre — aux Pays-Bas comme en Amérique — en faisant alliance avec Elisabeth d'Angleterre. Or celle-ci se présente comme l'ennemie jurée du papisme, alors que Philippe II, le roi catholique, depuis la victoire de Lépante (7 octobre 1571) remportée sur les Turcs par son frère don Juan d'Autriche, apparaît comme le véritable bras séculier de la papauté.

Phase tragique et décisive dans l'histoire du catholicisme en France : le faible Charles IX, influencé par Coligny, penche pour une alliance avec Elisabeth ; aussitôt, Guise essaie de faire assassiner Coligny (22 août 1572). L'échec de cette tentative explique en partie le massacre de la Saint-Barthélemy, deux jours plus tard : un massacre organisé bien sûr par les Guise, mais dont Catherine et Charles IX apparaissent comme officiellement responsables ; une tuerie qui fait 3 000 morts dont Coligny, et a pour conséquence de dépouiller le pouvoir royal de son crédit de justicier, et d'élargir le fossé sanglant qui sépare les réformés et l'Eglise romaine.

C'est le moment que la papauté, écartée pratiquement jusque-là des enjeux et profitant du vide politique, choisit pour rentrer sur la scène française. D'abord, le pape Grégoire XIII applaudit à la Saint-Barthélemy, non seulement en tant qu'action préventive contre une révolte générale — c'est la version officielle — mais aussi comme un pas vers l'extinction de la « peste hérétique ». En ceci, le pape ne fait qu'imiter son nonce en France, Antonio Maria Salviati (1572-1578), un de ces prélats-gentilshommes comme il en pullule à l'époque ; ce cousin de Catherine de Médicis est un froid diplomate qui, dans le massacre de la Saint-Barthélemy, ne voit qu'un acte dicté par la raison d'Etat. Mais Salviati est aussi un catholique zélé qui voit enfin disparaître la secte honnie, responsable, à ses yeux, de tous les malheurs de l'Eglise. C'est Salviati qui, le 17 août, écrit au cardinal d'Armagnac, colégat d'Avignon, pour l'inciter à suivre le « bon exemple qui vient d'être donné à Paris », ce qui, précise-t-il, « ne manquera pas de satisfaire à l'honneur de Dieu et de répondre au juste désir du pape ».

Scandaleux, dira-t-on. Sans doute, mais il faut se souvenir que l'on est en présence de réactions caractéristiques d'une époque « où la vie compte pour peu, où la foi, intransigeante, reste farouchement hostile à toute idée de tolérance, où la ruse et la violence ne sont pas de simples expédients politiques, mais de véritables moyens de gouvernement... Duretés, d'ailleurs, dont aucun parti n'a le monopole, que chacun approuve pour son compte, dans la mesure même où elles atteignent la faction adverse, et que personne ne cherche à dissimuler ou à excuser » (P. Hurtebise). L'attitude de Salviati, tout autant que celle de Grégoire XIII est, à cet égard, cruellement conforme aux mœurs et aux idées du temps.

En 1574, la mort de Charles IX et l'avènement de son frère Henri III, le prince le moins capable de répondre aux exigences de son époque, va porter au paroxysme ce machiavélisme dont la papauté — son but étant l'écrasement de la « huguenoterie » en France —, ne va pas hésiter à faire une arme.

Au début, Grégoire XIII met son espoir dans Henri III. Mais le faible souverain se laisse gouverner par son entourage et d'abord par Monsieur, son frère, duc d'Alençon, un brouillon sans envergure qui, chef du parti des « politiques », fait conclure, le 6 mai 1576, une trêve dite « paix de Monsieur » : elle fait de lui un duc d'Anjou, mais elle accorde de nombreuses concessions aux calvinistes.

Exaspérés, les catholiques se regroupent en une Sainte Ligue, violemment anti-huguenote, dont le zèle est activé par la prédication incendiaire de moines et de curés, à Paris surtout mais aussi dans toutes les provinces où les Ligueurs se multiplient. Henri III croit habile de se mettre à la tête de la Ligue ; mais en agissant ainsi, il affaiblit encore son autorité auprès des Français désunis ; car l'idole des Ligueurs, c'est Henri de Guise, et les huguenots ont à leur tête un chef exceptionnel en la personne du jeune Henri de Bourbon, roi de Navarre.

Le 10 juin 1584, le duc d'Anjou, héritier du trône — car son frère Henri III n'a pas d'enfant — meurt. Or le plus proche parent du roi, et par conséquent son successeur naturel, est précisément cet Henri de Navarre que les Ligueurs et le pape considèrent comme le diable en personne. Alors le Balafré prend ses responsabilités : le 31 décembre 1584, à Joinville, il signe un traité avec le représentant du roi d'Espagne ; le document, rendu public le 16 janvier 1585, officialise la « Sainte Ligue offensive et défensive et perpétuelle pour la seule *tuition*[7], défense et conservation de la religion catholique, apostolique et romaine ». Tandis que Philippe II s'engage à soutenir financièrement et militairement la guerre civile en France, les Ligueurs désignent comme candidat au trône le vieux cardinal Charles de Bourbon, oncle d'Henri de Navarre, qui s'est fait relever de ses vœux.

## « *Charles X* » *ou Henri IV ?*

Intéressé au premier chef, le pape, avec qui le jésuite Claude Mathieu a pris contact, s'oppose à l'assassinat d'Henri III mais promet de déclarer Navarre incapable d'être roi

---

7. *Tuition* : vieux mot français (Moyen-Age) signifiant protection, garantie.

## La papauté, la réforme protestante et les Valois

de France : de fait, le fougueux Sixte Quint qui, grâce à Philippe II, vient de succéder (24 avril 1585) au paisible Grégoire XIII, lance, dès le 4 septembre 1580, la bulle privatoire *Ab immensa* que Grégoire VII n'eût pas désavouée et où Sixte Quint déclare : « Dans la plénitude de pouvoir que le Roi des rois et le Seigneur des seigneurs nous a conférée, de par l'autorité du Dieu tout-puissant..., nous prononçons et déclarons Henri, jadis roi... de plein droit dépossédé et incapable de succéder » à une souveraineté quelconque « et spécialement au royaume de France ».

Cette intervention « étrangère » déchaîne une tempête chez les Gallicans ; l'un de leurs alliés, le huguenot François Hotman, lance contre la bulle de Sixte Quint un violent pamphlet : *Papae Sixti V fulmen brutum* (1586). Quant au parlement de Paris, son réquisitoire contre le pape est à peine moins véhément.

Le Béarnais, lui, n'a cure des fulminations du pape, encore qu'il lui faille mener une guerre terrible, marquée par une alternance de victoires (Coutras, 20 octobre 1587) et de défaites (Auneau, 24 novembre). Bien mieux armé que son adversaire et se fondant sur une popularité inouïe, Henri de Guise franchit le Rubicon : le 12 mai 1588, il entre à Paris qui, un moment, se couvre de barricades mais qui, bientôt, se donne au « roi de la Ligue », le Balafré. Réduit aux abois, Henri III, réfugié à Chartres, doit s'engager à bannir l'hérésie et à rejeter, pour sa succession, tout prince hérétique ; il est même acculé à désigner Guise comme lieutenant général des armées royales.

Une seule issue pour le Valois : la mort de son rival. Le 23 décembre 1588, à Blois, où se tiennent les Etats généraux, Henri III fait poignarder le Balafré. Alors la Sainte Ligue prend feu : dans un Paris fanatisé elle fait proclamer la déchéance du roi dont le nom est rayé des canons de la messe ; la lieutenance générale est confiée au frère du Balafré, le duc de Mayenne.

Ne pouvant plus compter que sur Henri de Navarre, Henri III le rejoint près de Tours et, en sa compagnie, marche sur Paris où les moines font marteler les images du Valois, assimilé par eux à Satan. Finalement, un jeune moine fanatique, Jacques Clément, certain d'être l'instrument du ciel, accomplit le geste que les Ligueurs attendaient : introduit auprès du roi, à Saint-Cloud, il le blesse grièvement, le 1er août 1589. Avant d'expirer, le dernier Valois reconnaît Henri de Navarre comme son successeur — Henri IV —, l'exhortant d'ailleurs à passer au catholicisme. Mais le Bourbon, le 4 août, se contente de déclarer qu'il maintiendra la religion catholique et qu'il se fera instruire en cette religion « par un bon légitime et libre concile général ou national ».

Fureur des Ligueurs : ils proclament roi le cardinal de Bourbon qui devient « Charles X », tandis que la propagande et l'or espagnols alimentent une formidable production de libelles, tracts, pamphlets où Henri (IV) est présenté, à son tour, comme l'antéchrist.

Le successeur du pape Sixte Quint, Grégoire XIV [8] (1590-1591), renchérit, renouvelant par des bulles qui sont affichées sur les murs de Notre-Dame de Paris, la condamnation du roi huguenot (3 juin 1591). Mais cette intervention exaspère une fois de plus évêques et parlementaires gallicans, d'autant plus que le Bourbon, très habilement, le mois suivant, instaure l'état de tolérance par un édit, à Mantes. Un certain nombre d'évêques se rallient à lui que ses victoires à Arques sur Mayenne (1589) et à Ivry (1590) ont rendu populaire, encore que l'appui que les Espagnols apportent aux Ligueurs parisiens ne permettent pas au Navarrais de s'emparer de Paris.

En fait, le temps joue en faveur d'Henri IV, la majorité des Parisiens finissant par se lasser de l'état de tension et de fanatisme dans lequel la Ligue et le bas-clergé maintiennent la capitale. Et puis les maladresses des Ligueurs servent la cause du Bourbon ; ainsi, quand certains d'entre eux, bafouant le sentiment national, imaginent d'appeler au trône de France l'Infante Isabelle, fille de Philippe II et d'Isabelle de France. Le célèbre pamphlet collectif et clandestin qu'on appelle *la*

---

8. En fait, entre deux, Urbain VII n'a régné que douze jours (septembre 1590).

*Satire Ménippée,* qui est l'œuvre de légistes gallicans, exprime bien la lassitude de la masse et l'espoir que le pape reconnaîtrait Henri de Navarre comme roi légitime de la France s'il se convertissait au catholicisme.

## Le bon roi Henri

Ce souhait va se réaliser en tous points. A l'issue de conférences tenues à Suresnes et où quelques grands prélats gallicans jouent un rôle majeur, l'archevêque de Bourges, Renaud de Beaune, peut annoncer la conversion au catholicisme d'Henri IV dont l'abjuration a lieu, le 17 juillet 1593, à Saint-Denis, précisément entre les mains de l'archevêque de Bourges. Le 27 février 1594 le roi est sacré à Chartres ; le 22 avril la faculté de théologie de Paris le reconnaît comme le seul « légitime et vrai roi Très chrétien ».

Que va faire le pape, qui, depuis janvier 1592 s'appelle Clément VIII ? Renaud de Bourges, recevant l'abjuration du roi, a bien pu lui donner absolution des fautes d'apostasie et d'hérésie, mais sous réserve des droits du Souverain Pontife qui est seul habilité à lever l'excommunication portée en 1585 par Sixte Quint contre l'hérétique relaps [9]. Les canonistes et les juristes gallicans rejettent, évidemment, une telle procédure ; quant au bon peuple de Paris, pressé de se libérer de l'occupation espagnole, c'est dans l'enthousiasme qu'il accueille Henri IV, le 22 mars 1594. Soucieux de sauvegarder les formes juridiques, le Bourbon n'en envoie pas moins à Rome une brillante ambassade, conduite par Louis de Gonzague, duc de Nevers. Mais Clément VIII, qui ne désespère pas encore du succès final de la Ligue, ne la reçoit, le 21 novembre 1593, qu'à titre privé, et Nevers ne peut rien obtenir de décisif. Cette rigueur produit en France un très mauvais effet ; autour du roi il ne manque pas de parlementaires gallicans pour conseiller à Henri de se passer du pape, « tout livré à

---

9. Henri IV, qui était revenu une première fois sur son abjuration, était en effet canoniquement relaps.

l'Espagne ». Alors, le cardinal de Plaisance, introduit auprès du Saint-Père, lui montre qu'il lui faut se hâter d'absoudre le roi de France, « faute de quoi le schisme estoit tout fait en France, sans qu'il y eust aucun remède ».

Menace qui amène Clément VIII à composer et à accepter de recevoir officiellement une seconde ambassade française, conduite celle-ci par Jacques Davy du Perron, évêque d'Evreux, qui entre à Rome le 12 juillet 1595. Les cardinaux romains sont majoritairement partisans de l'absolution, mais le pape se refuse encore à confirmer purement et simplement l'absolution de Saint-Denis, qui n'a pas de valeur à ses yeux. Cependant, par souci d'apaisement, après tant d'années troublées, Clément VIII déclare tenir pour valides « tous les actes de religion qui ont été accomplis en la personne du roy et de Sa Majesté en vertu de la susdite absolution ». Finalement, le 17 septembre, sous le portique de Saint-Pierre, du Perron et Arnaud d'Ossat prononcent, au nom du roi, la formule d'abjuration ; après quoi le pape leur donne l'absolution. Un an plus tard, le cardinal de Médicis se rend à Paris recevoir des mains du roi la ratification officielle et solennelle de ces actes. Dans une belle lettre adressée aux évêques français le pape dit désirer compter, dans la réforme de l'Eglise amorcée par le concile de Trente, à la fois sur le clergé de France et sur « son fils si cher et si désiré le roi Henri, conçu au milieu de tant de larmes, enfanté en Jésus-Christ avec tant de joie... ».

Mais voici que, le 13 avril 1598, quelques jours avant de signer la paix avec les Espagnols grâce à la médiation de Clément VIII (Vervins, 2 mai), Henri IV signe un document appelé Edit de Nantes, qui est sans équivalent dans la chrétienté puisqu'il accorde aux sujets français appartenant à la R.P.R. (Religion prétendue réformée) : la liberté de conscience, l'égalité civile complète et la liberté de culte dans des limites relativement larges. Des articles secrets promettent en outre aux huguenots la conservation, pour huit ans, d'une centaine de places de sûreté et la faculté de tenir des assemblées politiques ; auprès de certains parlements seront constituées des « chambres mi-partie » qui assureront aux réformés une justice impartiale.

L'Edit de Nantes déchaîne évidemment la fureur des catholiques intransigeants : le parlement de Paris — et encore sur injonction du roi — ne l'enregistrera que le 15 février 1599, celui de Rouen attendra 1609. L'Edit provoque aussi un très vif déplaisir à Rome ; aussi Henri IV essaie-t-il d'apaiser le pape en lui représentant les avantages qu'une telle paix va procurer au culte catholique, à une Eglise de France désolée et démoralisée par des décennies de guerre civile.

## 9.

## *Les premiers Bourbons et la maturation du gallicanisme (1589-1661)*

Il est certain que, durant son court règne (1589-1610), Henri IV a beaucoup servi les progrès du catholicisme en France et même ceux de la Réforme catholique, encore qu'il refusera « l'introduction » en France du concile de Trente. N'a-t-il pas autorisé l'établissement à Paris, en 1603, des jésuites, ces « soldats du pape » ? Il est vrai que c'était en contre-partie de la dissolution, par Clément VIII, de son mariage avec Marguerite de Valois — la capiteuse reine Margot — en 1599.

Cependant, les qualités exceptionnelles du populaire « bon roi Henri » n'ont pas désarmé tous ses ennemis, lesquels se recrutent surtout parmi les anciens Ligueurs qui lui reprochent ses « paillardises et adultères » mais surtout l'Edit de Nantes, et aussi de vouloir s'allier aux huguenots, ces « vermines et canailles », contre les nations catholiques. Un roi qui gouverne contre l'Eglise étant un tyran, le tyrannicide apparaît à certains comme une nécessité : une idée folle qui finit par faire germer, dans le cerveau étroit d'un fanatique angoumois, le valet de chambre-maître d'école François Ravaillac, le projet de tuer le roi : il perpètre son crime, à Paris, le 14 mai 1610.

### La « réception » du concile de Trente

Louis XIII, fils et successeur d'Henri IV, n'a que neuf ans ; il grandit d'abord dans l'ombre de sa mère, Marie de Médicis, et des Concini. Déclaré majeur, il manifestera une piété forte et éclairée ; ce qui lui permettra de favoriser, dans le royaume de France, une véritable « invasion mystique », qui est l'un des aspects d'une réforme catholique préconisée par le concile de Trente (1545-1563). Mais le concile de Trente a mauvaise réputation chez les Gallicans ; car, alors qu'à Constance et à Bâle les représentants français — Gerson, d'Ailly — avaient joué un rôle majeur, les Français ont boudé Trente, assemblée considérée par eux comme essentiellement romaine, papale, ultramontaine, italienne, convoquée et présidée par un pape dont l'autorité, face à la théorie conciliaire chère aux Gallicans, va sortir affermie des travaux du concile de Trente. Si on ajoute que François Ier et Henri II furent les alliés des luthériens allemands et les adversaires de Charles Quint, ce grand protecteur du catholicisme romain et du concile [10], on comprend qu'aucun nom français ne se rencontre parmi les grands théologiens de Trente : presque tous — Bellarmin, Simonetta, Giberti, Morone, Laynez, Salmeron, Seripando... — sont des Espagnols ou des Italiens.

Quand le concile, convoqué par Paul III, s'ouvre le 13 décembre 1545, les Français se comptent sur les doigts ; ils ne jouent aucun rôle durant la première partie du concile, lequel doit s'ajourner une première fois en 1548. Il en est de même lors de la seconde phase active (1551-1552), la France se montrant même hostile à une reprise à laquelle l'empereur tient beaucoup. Mais Charles Quint, pressé par les troupes de l'électeur de Saxe et ayant dû fuir Innsbruck, le concile est de nouveau ajourné par Jules III (1550-1555) et pour dix ans. Il faudra en effet attendre l'avènement de Pie IV (1559-1565) pour que la papauté reparle du concile. Elle y a quelque mérite : en France, François II ne convoque-t-il pas, en 1560, un concile national ?

---

10. La ville de Trente est alors en terre d'empire.

## La maturation du gallicanisme

L'acharnement de Pie IV finit par être récompensé ; et le concile reprend ses travaux le 18 janvier 1562, en la cathédrale de Trente ; l'énorme majorité des Pères est d'origine italienne. Les Français, conduits par le cardinal Charles de Lorraine, frère de François de Guise, n'arrivent en nombre — une quarantaine — que le 13 novembre : jusque-là ils n'étaient que cinq. Ils interviennent à la veille de la XXIII$^e$ session du concile, alors que les Pères vont aborder les problèmes majeurs relatifs aux ministères dans l'Eglise. Dès l'abord, la question du pouvoir du Souverain Pontife divise les membres du concile au sujet d'une phrase du projet de décret : « Le pape régit l'Eglise ». Tandis que les Italiens soutiennent la suprématie du pape, les Français, se référant au concile de Bâle, affirment la supériorité du concile sur le pape et exigent même qu'on mette à l'ordre du jour une réforme du pape et de la curie qui serait imposée par le concile.

Finalement, le « parti du pape » l'emporte, le cardinal de Lorraine changeant brusquement de camp pour des motifs politiques et les Guise se présentant désormais comme les tenants de l'ultramontanisme face aux Valois gallicans. Les débats reprennent peu après, lorsque Pie IV et le concile prétendent appliquer les projets de réforme aux princes catholiques eux-mêmes. Ceux-ci s'indignent, et d'abord le roi de France : le 22 septembre 1567 l'ambassadeur de Charles IX auprès du concile, le juriste Arnaud Du Ferrier, provoque un scandale en défendant avec vigueur les thèses gallicanes ; la réplique que lui donne le légat Morone est cinglante.

Le 3 décembre 1563, lors de la clôture du concile de Trente, on entendra le cardinal de Lorraine — devenu l'ami personnel de Pie IV — proférer, en l'honneur du pape, de l'Empereur, des légats et des Pères, de solennelles acclamations. Ensuite, les décrets conciliaires — qui vont désormais orienter l'ecclésiologie et la théologie romaines — sont signés par tous les membres de l'assemblée. Cependant, dès avant la clôture, l'ambassadeur du roi a déclaré que les décisions du concile ne seraient pas reçues en France.

L'unanimité et l'enthousiasme des Pères de Trente n'ont en effet qu'un faible écho dans le royaume de France, il est vrai engagé dans les guerres de religion, et où le gallicanisme reste attitude fondamentale.

Si bien que « la réception » des décrets du concile de Trente par la royauté française et par les instances officielles du royaume, se heurte d'emblée, et pour très longtemps, à une hostilité très enracinée. Même ballottés et affaiblis par la guerre civile, les derniers Valois n'entendent rien céder à la papauté de leurs droits et privilèges de chefs de l'Eglise gallicane : « recevoir » le concile « ultramontain » équivaudrait pour eux non seulement à se reconnaître un supérieur sur terre, mais à reconnaître la supériorité du pape sur le concile. La « réception » est d'autant plus improbable — malgré les efforts du nonce et du cardinal de Lorraine — qu'elle suppose non seulement la signature royale mais l'enregistrement par des parlements dont le gallicanisme est particulièrement sourcilleux.

Un réquisitoire comme celui que publie, en 1564, le célèbre juriste lyonnais Charles du Moulin — *Conseil sur le faict du concile de Trente* — va devenir l'arsenal des gallicans politiques et parlementaires. Cependant que le clergé, qui tient des assemblées quinquennales à partir de 1564, abandonne rapidement la thèse doctrinale du conciliarisme au profit de la suprématie papale : ainsi le gallicanisme théologique se sépare-t-il du gallicanisme monarchique et parlementaire.

Evidemment, au temps de la Ligue dont les chefs, par deux fois (1584, 1588), se disent prêts à « recevoir » les décrets du concile, l'ultramontanisme gagne du terrain lors des Etats généraux de 1583, de nouveaux cahiers réclamant la publication du concile. Mais le triomphe d'Henri de Navarre (Henri IV) sur le parti des Guise remet tout en question : s'embarrassant peu de théologie, le Béarnais déclare bien, dès le 4 août 1596, qu'il remet sa foi aux décisions d'un « bon, légitime et saint concile général ou national » qu'il ferait réunir le plus tôt possible ; en fait, il ne fait aucune mention à Trente ni au pape.

Or Clément VIII insiste, et l'une des pénitences qu'il impose à Henri IV, lors de son absolution, le 17 septembre 1595, est précisément la publication par lui du concile de Trente. Au cours de son pontificat, Paul V (1605-1621) ne cessera, par ses nonces Barberini et Ubaldini, de rappeler sa promesse au roi de France. Au fond, le royal converti ne tient peut-être pas à tenir sa promesse, car « recevoir le concile de Trente » ce serait couper la voie à l'entrée collective des réformés au sein de l'Eglise de France : espoir que l'ancien huguenot caressera vainement.

*Gallicanisme et romanisme*

Et puis, face aux jésuites que le roi a installés en France et qu'il aime bien (n'a-t-il pas pris l'un d'eux, le père Coton, comme confesseur ?), le gallicanisme parlementaire se fortifie et se hérisse ; il ne se contente pas, comme Pierre Pithou, auteur de *les Libertés de l'Eglise gallicane* (1594), de nier les droits du pape en matière politique en France : il s'attaque directement à la papauté, protectrice des jésuites honnis. En 1609, sous l'influence de ses deux présidents, Achille de Harlay et Augustin de Thou, le parlement de Paris décide de faire brûler le décret de l'Index qui condamne l'*Histoire universelle* de De Thou. Des écrits de Bellarmin et de Suarez — théologiens ultramontains — sont, de la même façon, condamnés et brûlés.

La montée du romanisme en France, sous l'influence des jésuites, dont les collèges se multiplient, agace la Sorbonne à son tour. Et l'on voit le syndic de la Faculté de théologie de Paris, Edmond Richer (1559-1631), codifier, dans son traité *Libellus de ecclesiastica et politica potestate* (1611), un gallicanisme ecclésiastique qui définit l'Eglise comme une démocratie, le Christ, son fondateur, en ayant confié l'autorité à la collectivité des fidèles. Celle-ci, source unique de toute autorité, commet le pouvoir du sacerdoce indistinctement à tous les pasteurs, le pouvoir de juridiction appartenant souverainement aux évêques, chacun dans son diocèse ; réunis en conciles périodiques, les évêques sont l'autorité ecclésiale essentielle et suprême : au pape ils délèguent, sous leur contrôle, le gouvernement ministériel, exécutif.

Le traité de Richer va exercer une influence considérable et durable : on peut même dire que la Constitution civile du clergé en 1790 sera directement inspirée du richérisme.

L'assassinat d'Henri IV (1610), qui révèle des infiltrations ultramontaines, provoque une nouvelle flambée de gallicanisme, dont les jésuites font les frais : l'avocat général Louis Servin prononce contre plusieurs de leurs ouvrages — notamment ceux de l'Espagnol Jean de Mariana, accusé d'excuser le tyrannicide — un réquisitoire violent ; à la réouverture du collège de Clermont (Louis le Grand) à Paris, il pose des conditions inacceptables, les Pères devant s'engager à reconnaître non seulement les libertés gallicanes mais aussi que le roi de France n'a que Dieu comme supérieur.

Cependant, dans le haut clergé où la nécessité des réformes tridentines devient de plus en plus une évidence, le violent gallicanisme des légistes provoque une lassitude grandissante, le besoin de « se serrer autour du pape », après tant d'années de luttes intestines et de blocages ; le légat de Paul V, Alexandre de Médicis, a d'ailleurs obtenu l'adhésion de nombre d'évêques français aux décrets tridentins.

Aussi quand le jeune roi Louis XIII — légalement majeur depuis quelques jours — convoque à Paris, le 27 octobre 1614, les Etats généraux, le conflit entre ultramontains et gallicans apparaît-il au grand jour. D'un côté le clergé, appuyé par la noblesse, et qui, sitôt réuni, prie le roi d'ordonner la réception et la publication du concile de Trente. De l'autre le Tiers Etat, présidé par Robert Miron, prévôt des marchands de Paris, épaulé par le parlement de Paris, et qui oppose à cette supplique la « loi fondamentale du royaume », à savoir que « le roi de France est absolument indépendant de toute puissance étrangère, spirituelle ou temporelle ».

En vain l'évêque de Luçon, Armand du Plessis de Richelieu, porte-parole de son ordre, décrit-il l'Eglise gallicane « tellement déchue de son ancienne splendeur qu'elle n'est pas reconnaissable » ; en vain, le cardinal du Perron, le 2 janvier 1615, s'efforce-t-il de faire revenir le Tiers sur sa doctrine : le troisième ordre se montre irréductible. Si bien que, malgré les instances du nonce Ubaldini, Louis XIII et sa

## La maturation du gallicanisme

mère — la régente Marie de Médicis — ne peuvent se résoudre à donner au clergé autre chose que des promesses.

Alors va se passer un événement inouï, unique dans l'histoire de l'Eglise gallicane, et qui marque l'apogée de l'influence du Saint-Siège dans la France d'Ancien Régime. Le 16 mai 1615 le clergé seul (80 représentants) se réunit à Paris en assemblée, et se donne comme présidents les cardinaux Du Perron et La Rochefoucauld. Le roi et son conseil se perdant toujours en atermoiements, l'Assemblée du clergé, le 7 juillet, prend une décision unilatérale et capitale : après « une longue et mûre conférence, du commun et unanime consentement de l'assemblée », elle décide de « recevoir » légalement le concile de Trente, enjoignant aux conciles provinciaux, qui doivent être convoqués dans les six mois au plus tard, d'en faire autant. Là-dessus le cardinal de La Rochefoucauld jure sur l'Evangile d'observer le texte voté à l'unanimité ; les autres membres de l'assemblée font le même serment entre ses mains.

Le nonce exulte, parlant d'une « œuvre admirable de Dieu » et célébrant le courage et la vigueur des prélats français, dont « le nom restera éternellement vénérable ». Paul V partage d'abord l'enthousiasme d'Ubaldini et multiplie les brefs élogieux, reconnaissant dans la décision du clergé français « le doigt de Dieu ». Mais bien vite il doit déchanter : car, d'une part, le décret de l'Assemblée du clergé réserve toujours « les libertés de l'Eglise gallicane » ; d'autre part, aucun édit royal ne vient — et ne viendra jamais — sanctionner cette déclaration.

Il n'en reste pas moins que l'acte véritablement révolutionnaire du 7 juillet 1615 manifeste solennellement la volonté réformatrice du clergé de France, un clergé qui, au cours du XVIIe siècle, avec les Bérulle, les Olier, les Vincent de Paul, les Jean Eudes, les Rancé et cent autres « saints », va se placer à la tête du renouveau sacerdotal, religieux et spirituel de l'Eglise. L'acte de 1615 ne signifie pas pour autant la fin du gallicanisme politique : au contraire, le nationalisme centralisateur de Richelieu, de Mazarin puis de Louis XIV va aider le gallicanisme à reconquérir et même à déborder le terrain apparemment perdu. Jusqu'à la Révolution française, et au-delà, resteront intangibles les deux principes essentiels d'un gallicanisme parlementaire tel qu'il a été défini, par Pierre Pithou par exemple : que l'Eglise de France ne reçoit pas indistinctement tous les canons et décrétales, et que les bulles du pape ne peuvent s'exécuter en France sans l'approbation de l'autorité temporelle.

## *Richelieu et le Saint-Siège*

De 1624 à 1642, le royaume Très chrétien, dont le titulaire est le pieux Louis XIII († 1643), est conduit par Armand du Plessis de Richelieu, ancien évêque de Luçon, cardinal depuis 1622, membre du Conseil du roi en 1624.

N'ayant qu'un but : enraciner l'autorité royale après un siècle de déchirements, Richelieu a horreur des interminables débats d'idées qui, depuis des années, opposent théoriciens gallicans et ultramontains. Pour lui le gallicanisme politique est plus une pratique qu'une doctrine, un instrument qu'il ne veut, à aucun prix, laisser dans les mains des légistes ou des théologiens. Adversaire décidé d'un schisme gallican possible, il n'en tiendra pas moins la bride courte à la cour de Rome, selon les impératifs des intérêts du roi et du royaume.

Règle qui se vérifie particulièrement dans la politique du cardinal à l'égard des protestants, ces protestants qu'un Clément VIII (1623-1644) considère comme des rebelles que la force peut seule ramener à l'obéissance. A l'intérieur du royaume, Richelieu combat énergiquement les huguenots, non pas parce que le pape le lui demande, mais parce qu'ils constituent un « Etat dans l'Etat » : s'étant emparé de leur place principale La Rochelle (1628), il leur impose, à Alès (1629), une paix qui leur garantit les libertés religieuses et judiciaires accordées par l'Edit de Nantes, mais qui leur ôte tous leurs privilèges politiques et militaires.

A l'extérieur, par contre, afin de réaliser le grand dessein du règne, l'affaiblissement de la maison d'Autriche, Richelieu n'hésite pas à s'allier aux princes protestants allemands et

## La maturation du gallicanisme

même au très luthérien roi de Suède Gustave II Adolphe. Cette politique scandalise l'Espagne — qui va jusqu'à réclamer du pape l'excommunication de Louis XIII — et désespère Clément VIII qui, à partir de 1631, travaille avec acharnement, mais en pure perte, à rétablir la paix entre le Bourbon et le Habsbourg catholiques. La neutralité même du pape le dessert et le rend suspect aux deux adversaires.

C'est encore dans une perspective politique que doit être jugée l'attitude de Richelieu à l'égard du jansénisme naissant.

Depuis longtemps était ouvert le débat théologique relatif aux relations entre la grâce divine et la liberté humaine. Beaucoup, cependant, se référaient à saint Augustin qui, pour des raisons de polémique contre l'hérésie pélagienne, avait particulièrement insisté sur la toute-puissance de la grâce et sur la déchéance de l'homme.

A la fin du XVIe siècle, les jésuites, influencés par l'humanisme, avaient de la nature humaine une vision moins sombre. L'un d'eux, l'Espagnol Luis Molina († 1600), avait fait paraître un traité où était exalté le libre arbitre de l'homme, position attaquée par des théologiens de la faculté de Louvain. Ni Clément VIII, ni Paul V, ni Urbain VIII ne voulurent aborder de front ce problème difficile, en partie par crainte de heurter l'Espagne, en partie pour ménager les jésuites, si utiles au Saint-Siège. Grâce à cette réserve des papes, le molinisme conquit peu à peu droit de cité à Rome, en Espagne et aux Pays-Bas. La France, plus préoccupée de problèmes spirituels concrets et où l'augustinisme, surtout à Paris, était très puissant, resta d'abord indifférente à la querelle.

Mais voici que de l'amitié de deux anciens étudiants de Louvain, le Flamand Cornelius Jansénius, qui mourra évêque d'Ypres en 1636, et le Bayonnais Jean Du Vergier de Hauranne, futur abbé de Saint-Cyran et directeur des religieuses du monastère de Port-Royal († 1643), naît un courant antimoliniste, austère et exigeant, qu'on appellera par la suite Jansénisme.

Si Saint-Cyran, fixé à Paris en 1623, s'attire les foudres de Richelieu c'est que, après la mort de Bérulle, en 1629, il est le chef de ce « parti dévot » pro-espagnol que le cardinal a en détestation. La colère du ministre est terrible quand, en 1635, alors que la France catholique, aidée par les protestants, attaque l'Empire catholique, Jansénius fait paraître un violent pamphlet — *Mars gallicus* — dirigé contre la politique de Richelieu : le 14 mai 1638, Saint-Cyran est arrêté et enfermé au donjon de Vincennes d'où il ne sortira qu'après la mort de Richelieu, survenue le 4 décembre 1642 ; lui-même disparaîtra le 11 octobre 1643.

*Mazarin et le Saint-Siège.*

Richelieu mort, Louis XIII ne lui survit que quelques mois : il meurt, en effet, le 14 mai 1643. Le petit roi Louis XIV n'ayant que cinq ans, c'est sa mère, l'Espagnole Anne d'Autriche (1601-1666) qui assure la régence. Fort ignorante des affaires de l'Etat, elle prend immédiatement comme principal ministre le cardinal Jules Mazarin (1602-1661) que les Français vont, dès l'abord, doublement détester, comme Italien d'origine — il est en fait naturalisé français — et comme créature de Richelieu qui lui a fait avoir le chapeau (1642) et qui, mourant, l'a recommandé à Louis XIII : le roi l'a fait entrer dans son Conseil le 5 décembre 1642.

Mazarin, cardinal non prêtre, est naturellement séduisant ; mais doux et bénin d'apparence, ce diplomate-né est calculateur, sceptique, cynique, encore que d'une vaste intelligence, d'une extrême lucidité et d'une étonnante puissance de travail. Durant dix ans, Mazarin, qui est impopulaire au point de déclencher contre lui une longue révolte (la Fronde, 1648-1652), louvoie, oppose entre eux ses adversaires et, quand la menace est trop forte, plie momentanément en s'exilant. Son retour à Paris en 1652 et le sacre de Louis XIV, en 1654, assurent définitivement son pouvoir. Jusqu'à sa mort, en 1661, il restera, par la volonté du jeune roi, le maître du royaume.

Mazarin ne s'intéresse pas aux questions religieuses mais,

## La maturation du gallicanisme

comme Richelieu, et pour les mêmes motifs politiques, il est amené à s'y mêler et, donc, à entrer en contact avec la papauté.

Or Innocent X Pamphili (1644-1655) hait Mazarin qu'il appelle « la pierre de scandale entre le Saint-Siège et la France ». Entre ces deux Italiens se déchaîne une véritable vendetta, qui se poursuivra sous Alexandre VII (1655-1667). Le pape refuse le chapeau à Michel Mazarin, le frère du ministre français, et attise les intrigues du parti dévot à la cour de France ; de son côté, Mazarin refuse la médiation du nonce Chigi lors des tractations qui aboutissent aux traités de Westphalie (1648) ; mieux, le cardinal ministre mène, jusqu'en 1659, la guerre contre l'Espagne, scandalisant le pape et le monde catholique en s'alliant (1657) avec Cromwell, l'usurpateur régicide, le puritain antipapiste.

Mazarin, d'autre part, est amené à se mêler à la querelle janséniste qui éclate lorsque, en 1653, Innocent X condamne cinq propositions tirées de l'*Augustinus*, l'ouvrage posthume (1640) de Cornelius Jansénius. Un docteur en Sorbonne, Antoine Arnauld (1612-1694), prend la tête du parti janséniste ; avec l'appui du génial Blaise Pascal — auteur des *Provinciales* (1656-1657), dont la mise à l'index n'empêcha pas le succès étourdissant —, avec la connivence des Messieurs et des religieuses de Port-Royal, ce parti oppose aux condamnations de Rome des distinctions subtiles, et à la morale « laxiste » des jésuites les exigences d'une morale austère.

Si Mazarin, épicurien peu soucieux de controverses religieuses, intervient dans cette affaire, c'est que vient s'y greffer « l'affaire du cardinal de Retz », ce Jean-François Paul de Gondi (1613-1679), prêtre sans vocation qui, devenu coadjuteur de l'archevêque de Paris (1643), a été, durant la Fronde, l'âme de toutes les intrigues contre Mazarin que cet ambitieux a toujours rêvé de supplanter. Bien vu à Rome, dans la mesure où on y déteste Mazarin, Gondi est fait cardinal, en 1652, par Innocent X ; à la mort de son oncle en 1654, il devient même archevêque de Paris mais, depuis dix-huit mois, il est prisonnier à Vincennes par la volonté de Louis XIV et de Mazarin. Transféré au château de Nantes, le cardinal de Retz, à l'automne 1654, s'évade et se réfugie auprès d'Innocent X :

de Rome, il brave l'autorité royale en soutenant les jansénistes et en adressant des mandements au clergé parisien.

Alors, durant deux ans, entre Mazarin et le pape — qui refuse de déposséder Retz —, entre le droit gallican et le droit ultramontain, se développe une polémique acerbe qui, à de certains moments, atteint des sommets de violence ; ainsi lorsque, par un bref du 20 mars 1654, Alexandre VII, s'adressant directement au clergé de France, le prie d'exhorter le roi Très chrétien à consentir à la paix avec l'Espagne : affront auquel Mazarin réplique par une dure semonce au clergé et par le rappel de l'ambassadeur de France à Rome, Hugues de Lionne.

Finalement, la diplomatie retorse du ministre de Louis XIV triomphe : en 1656, Retz doit quitter Rome ; il ne rentrera à Paris qu'après la mort de Mazarin (1661) ; encore n'obtiendra-t-il jamais le pardon du roi qui l'obligera à démissionner de l'archevêché de Paris.

TROISIÈME PARTIE

# L'apogée du gallicanisme
## (1661-1814)

10.

# *Louis XIV, chef incontesté de l'Église de France*

Le long règne personnel de Louis XIV (1661-1715) — le « Roi-Soleil » — est marqué non seulement par la prépondérance française en Europe et dans l'Eglise mais aussi par l'apogée du gallicanisme dont on a pu dire qu'« il s'assoit sur le trône avec Louis XIV ».

*Le roi le plus gallican*

« Lieutenant de Dieu », le jeune roi, qu'auréolent tant d'avantages naturels et dont l'avènement clôt une longue période d'aventures politico-religieuses, l'est au moins autant que ses prédécesseurs « très chrétiens ». Bossuet n'ira-t-il pas jusqu'à le comparer à un dieu : encore le grand orateur tiendra-t-il à marquer la dépendance du monarque à l'égard de « celui qui règne dans les cieux ». Les courtisans et les laudateurs ecclésiastiques de Louis XIV n'auront pas tous ces scrupules.

Elu de Dieu, vicaire de Dieu par son sacre, le roi de France ne connaît de limite à son autorité que la loi de Dieu : mais l'absolutisme n'est pas le despotisme, ni « le bon plaisir » le caprice. Véritable « évêque du dehors », Louis XIV prendra très au sérieux sa tâche de défenseur et de protecteur de la religion catholique, la seule véritable à ses yeux. Jamais le clergé de France ne manifestera autant de confiance et de fidélité envers son monarque que sous Louis XIV, d'autant plus que, fruit tardif du couple Louis XIII-Anne d'Autriche, il est considéré comme « l'enfant du miracle ». Aussi le clergé, Bossuet en tête, toujours jaloux des « libertés de l'Eglise gallicane », veille-t-il farouchement sur le maintien du principe gallican fondamental : l'indépendance absolue du roi dans le domaine temporel.

Ceci admis, il convient d'établir des distinctions entre les divers « gallicanismes ». Le gallicanisme ecclésiastique, tel qu'il s'exprime notamment dans les déclarations des Assemblées du clergé de 1663 et de 1682 (dite des Quatre-Articles), tout en reconnaissant que le pape jouit dans l'Eglise de la primauté d'honneur et de juridiction, ne lui reconnaît pas d'infaillibilité personnelle séparée de celle de l'Eglise s'exprimant par la voix des conciles généraux ; ce qui ne l'empêche pas de soumettre au Saint-Siège toutes les causes doctrinales majeures : ce sera le cas pour le jansénisme. D'autre part, si le pape a la plénitude de la puissance apostolique, c'est conjointement avec les évêques : aussi le Saint-Siège ne peut-il traiter les évêques comme de simples représentants amovibles ; ses légats ne peuvent avoir qu'une juridiction limitée ; ses nonces, simples ambassadeurs, n'en ont aucune. Enfin l'Eglise de France, qui en ceci encore se défend à la fois contre l'absolutisme romain et contre les empiètements des officiers royaux, affirme être absolument autonome en matière de revenus.

Le gallicanisme parlementaire est beaucoup plus brutal et aussi plus ancien. En vertu du « sacerdoce » dont est revêtu le roi, les légistes revendiquent pour lui non seulement le droit de contrôler l'attribution des bénéfices ecclésiastiques — en particulier quand les sièges épiscopaux sont vacants : c'est le droit de régale — mais encore celui de surveiller et de limiter les communications entre le Saint-Siège et les sujets du roi, aucun étranger ne pouvant se mêler des problèmes religieux dans l'Etat. Enfin — et ces prétentions indisposent évidemment le clergé — légistes et parlementaires insistent sur le droit du roi de surveiller l'exercice de l'autorité disciplinaire et même spirituelle des évêques.

Ces droits, qui supposent que le roi ne peut être excommunié pour le fait de sa charge, sont assortis d'un droit exorbitant : l'appel comme d'abus auprès des parlements ou des conseils du roi de ceux qui se considèrent comme lésés par les décisions de la justice ecclésiastique.

On comprend qu'un monarque imbu de ses droits comme Louis XIV ait été souvent tenté de glisser du gallicanisme au régalisme, et que, dans ses rapports avec la cour de Rome, centre de la chrétienté mais aussi capitale d'un médiocre Etat italien, il l'ait pris souvent de très haut. L'ambassadeur d'Espagne n'ira-t-il pas jusqu'à affirmer, en 1681, que Louis XIV traite le pape comme son « premier aumônier » ? Il est vrai que le Roi-Soleil, se considérant comme « le fils aîné » et le principal défenseur de l'Eglise, ne peut supporter que son ambassadeur à Rome n'ait pas le premier rang, le représentant du « roi catholique » d'Espagne ne pouvant qu'occuper le second. Ceci est d'autant moins discutable que l'Espagne est alors en pleine décadence, au point qu'en 1700 le roi de France installe son propre petit-fils sur le trône des Habsbourg de Madrid.

Le Saint-Siège, affaibli, devra donc supporter beaucoup d'affronts, à commencer par l'alliance avec le sultan du très puissant roi de France. Très mal disposé à l'égard de la France de Mazarin au point que, depuis 1656, la France n'a plus d'ambassadeur à Rome, le pape Alexandre VII (1655-1667) fait tout de suite l'expérience de la susceptibilité hautaine de Louis XIV. Dès 1662, le jeune roi décide d'envoyer le duc de Créqui à Rome avec mission de s'assurer que le pape « voudrait à l'avenir tenir une autre conduite ». Créqui est à peine installé dans la Ville éternelle qu'une violente échauffourée éclate entre sa suite et les Corses de la garde pontificale : le duc est lui-même menacé. Aux molles excuses du Saint-Siège Louis XIV réplique en rappelant Créqui à grand fracas, en menaçant l'Italie d'invasion et en projetant une annexion du territoire pontifical d'Avignon. Si bien qu'Alexandre VII s'incline (paix de Pise, 1664), désignant même un nonce extraordinaire chargé de porter ses excuses au roi de

France qui exige que soit élevée à Rome une pyramide commémorative de l'événement.

Dans la querelle du jansénisme, Louis XIV sollicitera du pape des décisions doctrinales, reconnaissant ainsi sa primauté en matière de foi. Mais en ce qui concerne l'aspect disciplinaire et politique de l'affaire, le roi entendra bien agir seul.

*Louis XIV, la papauté et le jansénisme*

Si on excepte la mise à l'*Index* des *Provinciales* de Pascal, en 1657, et la destruction dans les flammes de son édition latine, en 1659, la polémique autour du jansénisme semble s'assoupir à la fin du ministériat de Mazarin.

Mais dès le début de son règne personnel, Louis XIV reprend la lutte, Port-Royal, dernier refuge du Parti dévot, étant tout de suite visé. Le 25 janvier 1661, quelques semaines avant la mort du cardinal, le roi obtient de l'Assemblée du clergé qu'elle impose à tous les clercs de souscrire au « Formulaire » conforme aux décisions de la bulle *Ad sacram* d'Alexandre VII ; cette bulle a condamné à nouveau les cinq propositions : la conscience des signataires est engagée sous peine de péché mortel et d'excommunication. Le 23 avril, le Conseil du roi confirme cette décision que, le 3 mai, la Sorbonne impose à tous ses membres et candidats.

La répression commence aussitôt. Dès avril, Louis XIV fait sortir de Port-Royal de Paris les pensionnaires de quatre à cinq ans et de seize à dix-huit ans. Des visiteurs épiscopaux s'assureront, par ses ordres, de la foi des 111 professes et des 21 converses des deux maisons. Or, les religieuses refusent de signer le Formulaire ; il en sera de même de quatre évêques, ceux d'Alet, d'Angers, de Beauvais, et de Pamiers. La visite canonique de l'archevêque de Paris, Péréfixe, à Port-Royal, en juin 1664, ne donne rien ; le 21 août, Péréfixe vient annoncer aux religieuses qu'il les prive des sacrements ; bientôt, le couvent de Paris est vidé de ses habitantes... Port-Royal des Champs devient dès lors le foyer de la résistance janséniste.

Pour en finir, Louis XIV demande à Alexandre VII

deux brefs, l'un pour exiger la signature, dans les trois mois, du Formulaire, l'autre pour faire juger les quatre évêques rebelles. Mais la mort du pape (22 mai 1667) interrompt le développement de l'affaire. Clément IX Rospigliosi (1667-1669) — qui est élu grâce à l'appui de la France et de l'Espagne — est un saint prêtre, qui ne songe qu'à réconcilier la France et l'Espagne et à inciter Louis XIV à se croiser contre les Turcs. Mais le jeune roi, tout à ses conquêtes dans les Pays-Bas espagnols et peu enclin à rompre son alliance avec la Porte, met des obstacles à la formation d'une expédition sérieuse en Orient : un corps français est bien formé mais il doit capituler à Candie, le 5 septembre 1669 ; cette défaite provoque, à courte échéance, la mort du pape.

A l'égard de Clément IX, le roi de France met un frein à la politique désinvolte qui fut de règle sous Alexandre VII : en témoignent les égards au pape par Louis XIV dans ses lettres, la permission accordée par lui de démolir à Rome la pyramide commémorative de « l'affaire des gardes corses », le choix fait de Clément IX comme parrain du dauphin. En ce qui concerne le jansénisme, Clément IX incline à la conciliation tout comme le nonce Bargellini, et aussi plusieurs ministres français, Le Tellier, Lionne, Colbert ; dix-neuf évêques français, dans une lettre adressée au pape le 1er décembre 1667, se disent même solidaires de leurs quatre collègues incriminés. Une négociation s'ouvre donc qui aboutit à la signature, par ces quatre évêques, d'une lettre par laquelle, sans se rétracter, ils se soumettent aux décisions du Saint-Siège. C'est ce qu'on appelle la « Paix clémentine » (janvier-février 1669) dans laquelle l'abbaye de Port-Royal des Champs, réconciliée avec la hiérarchie, est englobée.

La trêve de dix ans qui est ainsi inaugurée sera bénéfique au jansénisme, qui va devenir l'un des courants forts de la pensée religieuse française. Port-Royal connaît alors son apogée. Mais, à partir de 1679 — année du traité de Nimègue — Louis XIV, qui veut se « convertir » et que pousse son confesseur jésuite, le père La Chaise, dégaine de nouveau l'épée contre les jansénistes, en même temps qu'il pousse à la persécution des protestants : offensive que se comprend d'autant plus que les deux évêques qui s'opposent publiquement au droit de régale, Caulet et Pavillon, sont tous deux jansénistes.

Epaulé par l'archevêque de Paris, Mgr de Harlay, Louis XIV travaille à l'effritement de Port-Royal que beaucoup d'amis ou de protecteurs quittent, à moins qu'ils ne meurent ; l'exil volontaire aux Pays-Bas du grand Arnauld (1679) marque en fait la fin du premier jansénisme en France. Il est vrai que, très occupé par la lutte contre les protestants et par l'affaire de la régale, Louis XIV se détourne un moment d'un mouvement affaibli ; il faudra attendre la réconciliation du pape et du roi sous Innocent XII (1693) et la montée du second jansénisme, celui de Quesnel, pour voir le roi de France aux prises de nouveau avec les jansénistes.

*Louis XIV en croisade contre les protestants*

Depuis la paix d'Alès (1629), les protestants français n'avaient guère eu à souffrir de l'intolérance catholique. Avec l'avènement de Louis XIV (1661), tout change : non pas que les tenants de la R.P.R. manquent de loyalisme envers la royauté ; au contraire, durant la Fronde, ils se sont bien gardés de faire cause commune avec les insurgés.

Mais, convaincu que sa mission est de ramener à l'unité de foi tous ses sujets, et poussé par la majorité des membres d'un clergé qui a horreur de l'hérésie et du schisme institutionnalisé, Louis XIV, face aux huguenots, se trace un plan de conduite non violent mais qui, dans la pratique, va tourner à la persécution. En avril 1669 — alors que, victorieux à Aix-la-Chapelle, il envisage la conversion de l'Angleterre — le roi publie une longue déclaration qui constitue en fait un « Contre-Edit de Nantes », extrêmement restrictif, et dont l'application, progressive mais systématique, fera surgir mille tracasseries qui rendront pratiquement impossible aux réformés le libre exercice de leur culte. En 1677 Louis XIV crée une « caisse de conversion », qui est chargée de prendre en charge, matériellement et financièrement, les réformés convertis, les conversions — nombreuses — pouvant être le résultat

## Louis XIV, chef incontesté de l'Eglise de France

soit d'une conviction personnelle, soit d'une contrainte ou d'un appât.

La guerre de Hollande (1672-1679) — au cours de laquelle Louis XIV s'est heurté à trois grandes puissances réformées, Suède, Angleterre, Provinces-Unies — est le signal de la « conversion » du roi de France à un catholicisme militant et missionnaire dont les huguenots français sont les premières victimes. De 1679 à 1685 on enregistre 85 actes ou arrêts royaux à l'encontre de la R.P.R. : destructions de temples, vexations contre les ministres, mises à pied des fonctionnaires réformés, interdictions pour les protestants d'exercer tels métiers..., se multiplient. En 1681, Louvois inaugure les horribles dragonnades qui provoquent des sévices multiples et aussi des conversions forcées. L'Europe est indignée. Innocent XI lui-même — il est vrai en plein affaire de la régale — dit qu'il répugne à de tels procédés, d'autant plus qu'il craint que le ralliement des huguenots renforce les tendances schismatiques de l'Eglise gallicane.

Tous ces procédés de « conversion » donnent des résultats difficiles à évaluer. Louis XIV, lui, croyant ou feignant de croire que la R.P.R. est moribonde en France, et qu'en conséquence, l'Edit de Nantes de 1598 est devenu sans objet, le révoque totalement par l'Edit de Fontainebleau du 14 octobre 1685. En fait, le roi s'est trompé : si la révocation provoque quelques conversions et surtout un exode massif de réformés français vers l'étranger où ils apprendront à faire haïr le nom du roi de France, elle ne réussira pas — il s'en faut de beaucoup — à étouffer la foi des religionnaires : la formidable révolte des Camisards (1702-1710) en apportera une preuve éclatante.

D'abord impressionné par les quelques conversions de 1685 — qu'il attribue à la piété et au zèle religieux du roi —, Innocent XI, que les dragonnades n'ont guère effarouché, expédie au souverain français, le 16 novembre 1685, un bref de félicitation pour la révocation de l'Edit de Nantes. Mais Louis XIV est déçu, car il s'est attendu, du côté de Rome, à une explosion de satisfaction face à « l'œuvre surhumaine » que représente à ses yeux la Révocation et au service immense rendu ainsi à l'Eglise, par lui, champion du catholicisme. Si Innocent XI se montre réticent, c'est non seulement parce qu'il devine que la Révocation peut servir, dans l'esprit du roi, de monnaie d'échange contre la régale ; mais c'est aussi parce que les mesures persécutrices de Versailles ruinent les efforts iréniques qui paraissaient sur le point d'aboutir dans l'Allemagne protestante, le pape allant jusqu'à compter sur les princes réformés pour participer à une croisade contre le Turc... Or, par la faute de l'intolérant et orgueilleux roi de France — qui, une fois encore, a voulu agir seul —, l'antipapisme va connaître une nouvelle et haute flambée dans les pays réformés.

*La querelle de la régale*

La régale est le droit que le roi de France, intervenant comme tuteur de l'Eglise, exerçait, en cas de vacance d'un évêché ; ce droit lui permettait non seulement de toucher les revenus de cet évêché (régale temporelle) mais aussi de conférer les bénéfices à la disposition de l'évêque (régale spirituelle). Jusqu'au règne de Louis XIV, ce droit, d'origine féodale, n'existe pas dans les provinces récemment annexées, en particulier dans le Midi. Mais les légistes, champions du principe : « la couronne est ronde », veulent faire disparaître des inégalités qui leur paraissent choquantes. Si bien que, le 10 février 1673, Louis XIV signe un édit qui étend la régale à tout le royaume. Le clergé, dans l'ensemble, s'incline. Seuls, deux prélats âgés et réputés jansénistes — ils ont déjà montré leur indépendance lors de l'affaire du Formulaire — protestent : Pavillon, évêque d'Alet, et Caulet, évêque de Pamiers. Après avoir patienté plusieurs années, le roi se décide, en 1677, à des mesures de rigueur. Aussi, le 30 juillet, Pavillon écrit-il une lettre au nouveau pape, Innocent XI, réformateur intransigeant qui prend fait et cause pour les anti-régalistes. Mais Pavillon meurt le 8 décembre 1677, ce qui fait tomber tout le poids de l'affaire sur l'évêque de Pamiers. Caulet, condamné par son métropolitain, l'archevêque de Toulouse, a fait appel, le 26 octobre, au pape qui lui a accordé des brefs élogieux et qui, par trois fois, entre mars 1678 et décembre 1679, s'adresse directement au roi de France, condamnant sans ménagement le « prétendu droit de régale ». Le roi restant silencieux, tout comme son confesseur, le père La Chaise, Innocent XI, mécontent, évoque de possibles sanctions canoniques. Et comme le pape, lors du consistoire du 17 janvier 1681, se dit publiquement décidé à défendre « la cause de Dieu », Louis XIV, qui sait pouvoir compter sur la complète docilité des évêques français, réplique en recourant à un procédé classique : il met, entre le pape et lui, le clergé de France.

Le 31 octobre 1681 se réunit une assemblée extraordinaire du clergé à laquelle le roi a fait élire des députés complaisants. Moyennant quelques concessions — les nominations faites en vertu du droit de régale spirituelle devront être confirmées par l'investiture canonique —, les députés, le 3 février 1682, ratifient l'édit de 1673. Et pour mieux « lier les mains » au pape, ils adoptent, le 19 mars, la célèbre déclaration gallicane, dite des « Quatre Articles », que le roi, le 23, ordonne d'enseigner dans les universités et les séminaires.

Innocent XI, amer, et qui se décide à créer une congrégation romaine pour les Affaires de France, ne perdra pas une occasion de condamner livres et thèses qui défendent les « Quatre Articles » ; il ira jusqu'à refuser les bulles à deux évêques nommés parce qu'ils ont fait partie de l'assemblée du 3 février. Le jeu normal du concordat de 1516 se trouvera donc bloqué, au point qu'en 1689 trente-cinq diocèses seront sans évêque. Et cependant, les relations diplomatiques entre Versailles et Rome ne sont pas rompues.

Un incident apparemment mineur aggrave la situation. Innocent XI, pasteur très strict et désireux de nettoyer Rome de ses malfaiteurs, décide de supprimer, dans ses Etats, l'abus qui consistait à reconnaître comme « franc », et donc échappant à la police pontificale, le « quartier » qui entourait les ambassades ; en outre, le pape prévient les souverains qu'il ne recevrait pas de nouvel ambassadeur avant qu'il n'ait expressément renoncé à ce privilège. Tous les Etats s'inclinent, sauf la France : l'ambassadeur de Louis XIV à Rome, le duc d'Estrées, est mort le 30 janvier 1687 ; le roi, pourtant averti par le nonce Ranuzzi de la décision du pape, nomme pour le remplacer le brutal marquis de Lavardin. Celui-ci, le 16 novembre, entre dans la capitale du pape à la tête de cent hommes armés et s'installe au palais Farnèse ; aussitôt excommunié, il reçoit cependant les sacrements le jour de Noël, à Saint-Louis des Français : cette église est aussitôt interdite.

Alors, dans les premiers jours de l'année 1688, Innocent XI fait secrètement avertir Louis XIV que lui et ses ministres sont aussi atteints par l'excommunication : nouvelle terrible, que le roi accueille avec beaucoup de calme, obtenant du nonce que cette décision restera secrète. Mais le souverain ne va pas tarder à infliger à la papauté une réplique cinglante : alors que le nonce Ranuzzi est en résidence surveillée, Louvois est chargé de préparer l'occupation du Comtat et d'Avignon — territoires pontificaux — et de constituer quinze bataillons qui partiraient pour Civitavecchia au printemps. Mieux : le docile Harlay, archevêque de Paris, se présente devant le Parlement, le 22 janvier, et y interjette appel au futur concile de la bulle papale dirigée contre la franchise des « quartiers », à Rome, et aussi de l'interdit de Saint-Louis des Français. Dans un violent réquisitoire, l'avocat général Omer Talon rappelle que le pape doit son patrimoine au fils aîné de l'Eglise ; qu'il a garanti aux souverains français par le traité de Pise le privilège du « quartier » ; qu'Innocent XI n'a pas le droit de violer le concordat de 1516 en refusant de nommer aux évêchés vacants ; et que, en conséquence, le roi a le devoir de passer outre et de convoquer un concile national. Provocation suprême : le factum de Talon est affiché sur les murs de Rome, le 8 février.

En fait Louis XIV, qui est personnellement allergique à toutes les formes d'assemblées, se garde bien de convoquer le clergé et continue à envoyer de l'argent à Rome. De son côté Innocent XI, d'abord indigné au point qu'il se prépare à excommunier Talon, doit compter avec les nombreux amis de la France qui peuplent le Saint-Office. Le 6 juillet 1688, le roi, qui ne désire pas rompre avec Rome, entre secrètement en pourparlers avec le pape, lui offrant l'abandon d'une partie du « quartier » en échange des bulles des évêchés vacants. Mais Innocent XI refuse de recevoir l'envoyé du roi.

Nouvel accès de fureur de Louis XIV qui, sous la forme d'une lettre destinée au cardinal d'Estrées, à Rome, publie, le 6 septembre, un manifeste qui est diffusé à travers l'Europe et par lequel les menaces françaises contre l'Italie se précisent. Le 16 septembre, le roi commande à Tessé de s'emparer d'Avignon et du Comtat dont le Parlement de Provence ordonne, par arrêt, la réunion à la couronne. Durant des mois, les parlementaires gallicans vont multiplier les factums dont certains vont jusqu'à mettre en doute la foi d'Innocent XI : de son côté, le pape se dit prêt au martyre. Bref, le gallicanisme tend à se rapprocher de l'anglicanisme schismatique, au point que les Anglais applaudissent à l'évolution religieuse en France.

En réalité, Louis XIV, qui est fort ignorant en matière religieuse et à qui Mazarin a inspiré une profonde méfiance du Saint-Siège, ne désire pas une rupture à laquelle la nation est foncièrement opposée. Et puis Madame de Maintenon, qui est secrètement en rapport avec Rome, et aussi Fénelon, conseillent au roi la modération. L'événement qui fera décidément tomber la fièvre dans les relations entre Versailles et Rome est la soudaine conquête de l'Angleterre par le calviniste Guillaume d'Orange (novembre-décembre 1688) : il s'agit d'un véritable camouflet pour le roi de France qui voit son plus mortel ennemi unir sur sa tête les couronnes des deux plus puissantes nations protestantes du monde et préparer contre lui une formidable coalition : la Ligue d'Augsbourg.

Abandonnant ses projets d'intervention en Italie, Louis XIV rappelle de Rome l'encombrant Lavardin, relâche le nonce Ranuzzi et amorce de nouvelles négociations avec Innocent XI ; mais ce dernier meurt le 12 août 1689. Son successeur Alexandre VIII Ottoboni (1689-1691), tout en renouvelant la censure de la Déclaration du clergé de France de 1682 et de celle de l'extension de la régale, invite le roi de France à la conciliation : Avignon est évacuée par les Français ; le roi renonce aux franchises romaines ; un nonce, Acquaviva, est de nouveau nommé en France. Les négociations se poursuivent sous Innocent XII Pignatelli (1691-1700) ; si bien que, par une lettre du 14 septembre 1693, Louis XIV — dont les armées sont tenues en échec par les Anglo-Hollandais — cède enfin, acceptant de ne plus imposer l'enseignement des Quatre Articles et chacun des participants de la célèbre Assemblée de 1682 s'engageant à envoyer au pape une lettre d'excuses. Moyennant quoi, le Saint-Siège renonce à s'opposer à l'universalisation de la régale et consent à pourvoir aux sièges épiscopaux vacants.

*La fin d'un grand règne*

Ce qui ne veut pas dire que le gallicanisme monarchique soit mort. La fin du règne de Louis XIV est au contraire jalonnée par les interventions du vieux roi en matière religieuse. La querelle du quiétisme (1693-1699), qui oppose en fait Fénelon — le protecteur de Madame Guyon — et Bossuet, se clôt par un bref d'Innocent XII (12 mars 1699) qui condamne 23 propositions des *Maximes des Saints* de Fénelon, que Louis XIV a disgracié sous la pression de Bossuet, et exilé à Cambrai. Il est vrai que, secrètement favorable à l'archevêque de Cambrai — qui s'est soumis à la décision romaine —, le pape aurait bien voulu faire de lui un cardinal : seule la perspective d'une nouvelle colère du roi de France l'en empêchera.

Toujours convaincu que les jansénistes, les Port-Royalistes constituent, depuis trente ans, une « prétendue société », une cabale qui « infecte ses Etats », Louis XIV, après sa réconciliation avec Innocent XII, décide de reprendre la lutte contre le jansénisme. Celui-ci, depuis la mort, en 1694, du grand Arnauld, a comme chef l'oratorien Pasquier Quesnel († 1719), lui aussi réfugié en Hollande. Alors qu'il résidait encore en France, Quesnel avait publié un livre de *Réflexions morales* (1671) que l'évêque de Châlons, Louis-Antoine de Noailles, avait loué. Devenu archevêque de Paris (1695),

Noailles se refuse à renier Quesnel ; mais son approbation entraîne celle de nombreux évêques. Louis XIV presse alors Clément XI Albani (1700-1721) de publier une nouvelle « constitution » anti-janséniste ; en effet, par la bulle *Vineam Domini* (27 janvier 1705), le pape renouvelle les condamnations de ses prédécesseurs. Louis XIV oblige alors l'Assemblée du clergé de France à recevoir la bulle que la Sorbonne puis les parlements enregistrent à leur tour. Les thèses gallicanes, renouvelées en cette occasion par les trois grands corps de l'Etat — ainsi : « les constitutions des papes obligent toute l'Eglise lorsqu'elles ont été acceptées par le corps des pasteurs » (21 août 1705) — vont servir d'échappatoire aux jansénistes.

De son côté, de la publication de *Vineam Domini* Louis XIV tire la conséquence qui lui tient le plus à cœur : la destruction de l'abbaye de Port-Royal des Champs, réduite à 17 religieuses âgées, d'ailleurs irréductibles, et qui, quand on leur présente la bulle de Clément XI, interjettent appel devant l'officialité de Paris. Déboutées, privées des sacrements par l'archevêque, le faible Noailles, elles résistent trois ans. Finalement, pressé par le roi de France, par les jésuites et par Madame de Maintenon, et sans avoir entendu les religieuses, Clément XI abandonne Port-Royal à la discrétion de Louis XIV, autorisant l'extinction de son titre d'abbaye. A l'aube du 29 octobre 1709, trois cents archers viennent vider la place ; un arrêt du 22 janvier 1710 prescrit la destruction de l'abbaye : il n'est pas jusqu'au cimetière de Port-Royal qui ne soit éventré et rasé.

Reste Quesnel, contre qui Bossuet et les jésuites lancent une offensive d'envergure, s'en prenant notamment à ses *Réflexions morales,* ouvrage vieux de plus de trente ans. Louis XIV, qui dénonce « la division que ce livre cause dans le royaume », réclame du pape, par son ambassadeur, le cardinal de La Trémoille, un document solennel que le souverain s'engage à faire accepter de tous en France. Candide ou lâche, espérant en tous cas mettre ainsi un terme à la querelle janséniste, Clément XI obtempère.

Mais la bulle *Unigenitus,* qu'il fulmine le 8 septembre 1713 et qui condamne 101 propositions tirées du livre de Quesnel, va rallumer la guerre doctrinale. Sans doute, pliant devant la volonté royale qui est manifestée par des réquisitions, des révocations et des injonctions menaçantes, l'Assemblée du clergé, la Sorbonne et les parlements « reçoivent » la Constitution pontificale. Mais cette réception provoque des scènes tumultueuses car, en rendant le pape seul juge de la doctrine, on lèse gravement les privilèges gallicans.

Aussi l'épiscopat français se divise-t-il en opposants et en acceptants. Louis XIV étant mort (1715), l'opposition gallicane, qui trouve un renfort dans le régent et avec le cardinal de Noailles, devenu président du Conseil de conscience, se renforce. Facultés de théologie et parlements révoquent massivement leur acceptation — contrainte et forcée, disent-ils — de la bulle *Unigenitus*. Mieux : le 1$^{er}$ mars 1717, par-devant notaire, les évêques de Mirepoix, de Boulogne, de Montpellier et de Senez signent un appel au concile général. Aussitôt, les adhésions affluent des presbytères, des chaires de facultés, des chapitres... ; la Sorbonne elle-même adhère à l'appel par 97 voix sur 110 ; on en vient à compter seize évêques « appelants ». Réplique de Clément XI : la lettre *Pastoralis officii* (28 août 1718), qui excommunie les « appelants ». Cette « cabale » imprévue — qu'a libérée la mort de l'implacable Louis XIV — révèle que, sous le couvert du gallicanisme et avec la connivence du Parlement, le jansénisme s'est répandu partout en France, encore qu'il soit privé d'un chef par la mort de Quesnel, en 1719.

L'alliance implicite du jansénisme et du gallicanisme explique en partie pourquoi l'influence de la papauté, au XVIII$^e$ siècle, sera si faible en France. Elle éclaire aussi, de loin, la politique religieuse de la Révolution française.

11.

# Le XVIIIᵉ siècle.
# La papauté prise à partie

Les règnes de Louis XV (1715-1774) et de Louis XVI (1774-1792) — qui correspondent à la fin de l'Ancien Régime — sont caractérisés par un grand relâchement dans les relations entre la papauté et la France. Ce relâchement s'explique principalement par la montée vertigineuse de l'incrédulité, sous l'influence de la philosophie et des Lumières, par le durcissement du gallicanisme renforcé par un jansénisme largement répandu dans les mentalités, et aussi par la faible personnalité de la plupart des papes du XVIIIᵉ siècle.

## L'incrédulité affaiblit l'idée de papauté

Paul Hazard, dans un ouvrage célèbre, a décelé une « crise de la conscience européenne », un bouleversement moral qui aurait fait du XVIIIᵉ siècle le contretype du siècle précédent : le pyrrhonisme méthodique et souriant, le déisme vague, la foi au progrès illimité de l'homme, la désacralisation du monde, la haine des dogmes, l'épicurisme, la critique de toute autorité, le non-conformisme : tels sont quelques-uns des caractères du « siècle de Voltaire ».

L'Eglise catholique, de toutes les « forteresses de l'intolérance et du dogmatisme » devait nécessairement être la plus violemment attaquée. Corps visible, fortement structuré, institution nantie d'une théologie active mais participant aux faiblesses de la société où elle est implantée, elle fut alors de toutes parts visée, d'autant qu'elle semblait incapable de résister longtemps.

Voici l'avant-garde, fortement influencée par le déisme anglais, par Locke (*le Christianisme raisonnable*, 1695), Toland, Collins, Tindal. Voici les réfugiés huguenots de Hollande et le plus actif d'entre eux, Pierre Bayle († 1706) : dans *les Nouvelles de la République des lettres,* qu'il dirige de Rotterdam, il lutte contre toutes les réformes de l'intolérance ; son *Dictionnaire historique et critique* (1697), qui comptera dix éditions en soixante ans, contient des notes comme celle-ci : « Il faut en venir nécessairement là que tout dogme particulier est faux lorsqu'il est réfuté soit qu'on l'avance comme contenu dans l'Ecriture, soit qu'on le propose par les notions claires de la lumière naturelle ». Fontenelle († 1757) est, dans les salons parisiens, « l'introducteur discret des idées hardies » et l'un de ces vulgarisateurs scientifiques dont s'engouera un siècle pour qui les noms de Franklin, Buffon, Watt, Montgolfier... auront plus de résonance que celui de Jésus. Quant à l'oratorien Richard Simon († 1712), son *Histoire critique* de l'Ancien et du Nouveau Testament constitue le premier essai d'exégèse rationaliste de la Bible.

Puis la mort de Louis XIV (1715) et la Régence ouvrent toutes grandes les vannes. Libelles, gazettes, estampes, pamphlets copiés, imprimés clandestinement à l'étranger, colportés en fraude, affluent par milliers. Clubs, cafés, salons, académies amplifient les idées nouvelles. Triomphent l'inimitable esprit français et cette phrase élégante, coupante, légère, parfaite dont nous avons dégénéré. L'énorme production est dominée par quelques grands esprits : Montesquieu, dont les « flèches persanes » font rire le monde entier ; son *Esprit des lois* exalte le régime qui assurerait « à l'homme le maximum d'indépendance avec le plus d'égalité », et condamne implicitement l'alliance du trône et de l'autel ; Diderot, l'homme-orchestre du siècle des Lumières, avide de tout, foncièrement, charnellement hostile à toutes les sottises, à l'intolérance, aux idées toutes faites : au vrai, un athée. C'est par *l'Encyclopédie,* animée par lui et d'Alembert, farouche adversaire du christianisme, que passera, à travers l'épaisseur d'un texte inégal, le meilleur de l'esprit du siècle : optimisme reposant sur la confiance en la science, liberté de pensée qui — sans que cela soit dit ouvertement — se substitue, dans l'esprit du lecteur, aux exigences d'une religion étroite et peu éclairée. De leur côté Helvétius (*De l'Esprit,* 1758) et d'Holbach (*Système de la nature,* 1770) en appellent au bon sens contre la métaphysique et théorisent le matérialisme.

Quant à Voltaire — à qui il arriva de signer « Christmoque » — il fut vraiment le « roi » de ce siècle et de celui qui l'a suivi. Quelque instrument qu'il emploie — dictionnaire, conte, poème... — il se retrouve lui-même, poursuivant « l'infâme », l'Eglise catholique, en qui il découvre ou croit découvrir ce qu'il hait le plus : la théocratie, les sectes, les ordres religieux, les abus de pouvoir, une morale « figée » et inhumaine, surtout un dogmatisme basé sur une Ecriture où Voltaire ne trouve qu'histoires absurdes et cruelles, et sur une tradition pétrie d'intolérance. Il est certain que Voltaire a été le défenseur de quelques-uns de nos biens chers : la tolérance, le droit, la liberté ; mais il faut convenir que cet esprit brillant fut un sage sans profondeur, un philosophe sans métaphysique. Cependant, vers 1760, à l'époque où il fourbit son arme la plus acérée, le *Dictionnaire philosophique,* Voltaire est très fort. Et l'on sait l'importance de la diffusion de ses œuvres.

L'Eglise de France, en ce siècle de rationalisme desséchant, comporte certes des parties solides et vivantes, notamment dans le clergé séculier, solidement formé dans les séminaires tridentins, et chez les religieuses, les contemplatives surtout. Mais le haut clergé est rongé par les privilèges, les prébendes, la vie mondaine, la commende ; quant aux ordres monastiques masculins, dont le recrutement diminue considérablement, ils donnent une impression générale de stagnation et de défaitisme.

La dévotion du peuple chrétien devient une dévotion du juste milieu et des petites obligations, constamment tentée par un déisme creux, une foi sans élévation ni profondeur, aussi tolérante que vague. Par peur du quiétisme, on évite la mystique ; pour ne pas tomber dans le rigorisme janséniste, on se laisse glisser vers le laxisme. Dans la noblesse, la haute société, les classes moyennes et même le clergé, l'irréligion fait des ravages considérables. S'il est probable que les classes populaires — largement illettrées — ont été beaucoup moins gagnées aux idées nouvelles, étant moins perméables que la ville, on constate que les trente dernières années du XVIII$^e$ siècle sont marquées par un affaissement de l'esprit religieux, par le relâchement des mœurs, l'augmentation du nombre des naissances illégitimes et des séparations d'époux, par des attitudes moins chrétiennes devant la mort, par une charité moins généreuse...

En toute logique, la papauté ne peut sortir indemne de l'immense assaut dont l'Eglise catholique, en France notamment, est alors la cible. D'autant moins que, « face à tant d'attaques allant de l'ironie contre les superstitions à la critique du dogme et à la négation même de Dieu, le catholicisme se tient sur la défensive et donne des signes de fatigue » (J. Delumeau).

Il n'est pas un philosophe du XVIII$^e$ siècle qui n'ait, au moins une fois, blâmé, blasphémé ou ridiculisé les papes. C'est le cas d'écrivains peu connus comme l'abbé Dulaurens, auteur venimeux de *l'Antipapisme révélé* (Londres, 1767), le comte de Boulainvilliers dans ses *Doutes sur la religion* (Londres, 1767) ou Lavicomterie, futur conventionnel, auteur de : *les Crimes des Papes depuis Saint-Pierre jusqu'à Pie VI* (1792). Que dire des ténors ! d'Holbach, dans son *Dictionnaire abrégé de la religion chrétienne* (1775) — signé l'abbé Bernier — présente comme suit *le pape* : « C'est communément un vieux prêtre choisi par le Saint-Esprit pour être sur la terre le Vicaire de Monsieur son frère ; voilà pourquoi le pape a tant d'esprit et ne radote jamais, quoi qu'en disent les jansénistes et ces marauts de protestants qui poussent assurément trop loin la liberté de penser. »

Ironie moins grossière mais non moins cruelle dans le Montesquieu des *Lettres persanes* (1721) : « Il y a un autre magicien plus fort que lui (le roi de France) qui n'est pas

## La papauté prise à partie

moins maître de son esprit qu'il l'est lui-même de celui des autres. Ce magicien s'appelle le pape : tantôt, il lui fait croire que trois ne sont qu'un ; que le pain qu'on mange n'est pas du pain, ou que le vin qu'on boit n'est pas du vin, et mille autres choses de cette espèce... »

Dans la lettre XXIX, Montesquieu se montre plus féroce encore ; il fait dire à Rica : « le pape est le chef des chrétiens. C'est une vieille idole, qu'on encense par habitude. Il était autrefois redoutable aux princes mêmes, car il les déposait aussi facilement que nos magnifiques sultans déposent les rois d'Irimette et de Géorgie. Mais on ne le craint plus. Il se dit successeur d'un des premiers chrétiens qu'on appelle saint Pierre et c'est certainement une riche succession ; car il a des trésors immenses, et un grand pays sous sa domination. »

Quant à Voltaire, c'est cinquante fois que, dans son œuvre immense, il griffe — parfois jusqu'au sang — la personne et le ministère du pape. C'est, dans le *Dictionnaire philosophique,* l'article *Papisme,* où il fait dialoguer le « papiste » et le trésorier. C'est cet autre dialogue philosophique sous forme de « conversation entre un jésuite et l'empereur de Chine au sujet du pape et de ses prétentions ». C'est, dans le *Traité sur la tolérance à l'occasion de la mort de Jean Calas,* le tableau des « crimes et des torts » des papes depuis « le pape Alexandre VI qui avait acheté publiquement la tiare et ses cinq bâtards qui en partageaient les avantages ». C'est *l'Examen important de Milord Bolingbroke* où, au chapitre relatif à l'Eglise romaine, Voltaire note — et cet argument sera repris maintes fois par les anticléricaux du XIXe siècle — : « N'est-il pas évident qu'un fakir des Indes ressemble plus à Jésus qu'un pape ? Jésus fut pauvre, alla servir le prochain de bourgade en bourgade, mena une vie errante... C'est précisément la vie d'un fakir, d'un talapoin, d'un marabout. Le pape de Rome, au contraire, est logé à Rome dans les palais des empereurs. Il possède environ 800 000 à 900 000 livres sterling de revenu quand ses finances sont bien administrées... Il est humblement souverain absolu, il est le serviteur des serviteurs et en cette qualité il a déposé des rois et donné presque tous les royaumes de la chrétienté... » Dans *les Questions de*

*Zapata, traduites par le sieur Tamponet, docteur en Sorbonne,* Voltaire se demande, à propos, sans doute, d'Alexandre VI : « Le pape est-il infaillible quand il couche avec sa maîtresse ou avec sa propre fille et qu'il apporte à souper une bouteille de vin empoisonné pour le cardinal Cornetto ?... »

Si on ajoute aux productions antipapistes des philosophes français celles de protestants exilés, tels l'*Histoire des papes* de François Bruys (La Haye, 1732-1734, 5 vol.) ou le *Tableau de la cour de Rome* de Jean Aymon (La Haye, 1707), on se convainc que l'antipapisme, l'antiromanisme dispose, au XVIIIe siècle, d'un arsenal redoutable.

### Faiblesse de la papauté

Le plus grave c'est que, si on met à part Benoît XIV Lambertini (1740-1758) — théologien et canoniste de grande envergure qui s'efforça d'opposer au philosophisme un corps de doctrine adapté au temps et capable de rendre plus crédible l'Eglise romaine —, les sept successeurs de l'énergique Clément XI furent des pontifes sans doute pieux et de conduite sans reproche, mais ternes et sans rayonnement.

Empêtré dans sa charge de souverain temporel, petit prince italien à la tête d'un territoire étroit, pauvre, vulnérable, peuplé pour un tiers d'ecclésiastiques et infesté de chevaliers pillards et de brigands, le pape du « siècle des Lumières » ne peut guère jouer son rôle de père commun de la chrétienté et jouir d'une autorité vraiment supranationale. Autre faiblesse : le népotisme qui redevient l'une des plaies du gouvernement pontifical.

Cette situation est d'autant plus dangereuse que les puissances catholiques — Autriche, France, Espagne notamment —, dépassées en Europe par la Grande-Bretagne, la Prusse, la Russie même, cherchent à raffermir leur prestige en exerçant, à chaque conclave, une pression énorme. A part quelques cardinaux qui constituent le petit groupe neutre des *zelanti,* le corps des électeurs du pape est divisé en clans qui agissent en fonction des désirs ou des vetos de ces puissances.

*La papauté prise à partie*

Le clan français est incontestablement le plus fort, car le Bourbon de France peut généralement compter sur l'appui des Bourbons d'Espagne, de Naples et de Toscane, « despotes éclairés », adversaires décidés des jésuites, qui contrôlent étroitement l'activité des Eglises nationales à l'image du chef de l'Eglise gallicane. En 1761, les quatre Bourbons forment d'ailleurs un Pacte de famille qui, sans doute, est dirigé contre l'hégémonie anglaise, mais dont les implications religieuses ne sont pas négligeables.

Clément XI Albani, qui n'a été lui-même élu, en 1700, qu'après six semaines de tractations, meurt le 19 mars 1721. Le conclave qui suit dure trente-six jours, l'Autriche ayant jeté l'exclusive contre le candidat français, Paolucci, et se termine par l'élection, grâce à l'alliance des *zelanti* et du clan français, du cardinal Michel Ange Conti, 66 ans, un prélat doux et affable mais obèse et atteint de la pierre ; devenu Innocent XIII (1721-1724), il subira sans réagir l'influence française, donnant la pourpre au ministre du régent, Dubois, gallican avéré et prélat peu fervent.

L'élection de son successeur, Pietro Francesco Orsini, un homme de 75 ans qui prend le nom de Benoît XIII (1724-1730), est, en fait, l'élection du désespoir. L'ambassadeur extraordinaire de l'empereur, Kaunitz, ayant réitéré le veto impérial contre le cardinal Paolucci, ce n'est qu'au bout de deux mois que le conclave, divisé en deux fractions, la fraction franco-espagnole (Rohan) et la fraction autrichienne (Cienfuegos), se met d'accord sur un *zelante* sans relief, un dominicain austère et pieux mais qui, de l'avis même du futur Benoît XIV, n'a « pas la moindre idée de ce que c'est que gouverner ». En effet, Benoît XIII abandonne la Curie — qui devient un foyer de corruption et de simonie — à l'un des « clients » de sa famille, le Napolitain Niccolo Coscia. Fait cardinal et secrétaire d'Etat, Coscia met tout à l'encan, s'attirant la haine féroce des Romains au point que l'agonie de Benoît XIII — qui meurt le 21 février 1730 — s'accompagnera d'une émeute populaire.

Alors s'ouvre un interminable conclave (5 mars-12 juillet 1730), marqué par toutes les formes de pression, et où se manifestent tous les signes de la corruption, l'opposition entre France et Autriche en étant le trait le plus marquant. Après l'exclusive française jetée contre Corradini et le triomphe des intrigues de Bissy contre Davia, ce sont finalement les Médicis — dont les banquiers à Paris ne restent pas inactifs et achètent les voix françaises — qui l'emportent en la personne d'un riche et noble florentin, le cardinal Laurent Corsini qui, à 78 ans, devient Clément XII (1730-1740) : ce vieillard goutteux et presque aveugle sera un souverain somptueux qui abandonnera l'administration à son neveu Neri Corsini. Cardinal dès 1730, Corsini deviendra une espèce de surintendant général de l'Eglise ; en vue de la succession de son oncle, il distribuera nombre de chapeaux.

A Clément XII, mort le 6 février 1740, on ne peut donner un successeur que le 17 août, à la suite d'un conclave de six mois — le plus long depuis le grand schisme — et qui, dès le début, s'annonce particulièrement incertain. La cour de Versailles donne au cardinal de Rohan, chef du clan français, l'ordre de soutenir le « parti Corsini » : mais les candidats français, Buffo puis Aldovandri, ayant été repoussés par le clan autrichien, les cardinaux, conseillés par le clan français, finissent — au 255$^e$ tour de scrutin ! — par se mettre d'accord sur la personne de Prospero Lambertini qui, devenu Benoît XIV (1740-1758), sera le seul grand pape du siècle, peut-être le plus grand entre Sixte Quint et Léon XIII. Benoît XIV sait d'ailleurs qu'il doit la tiare à la France et c'est pourquoi il fera de son vieil ami le cardinal de Tencin à la fois son confident et son légat apostolique en France (1742-1756).

Le choix du successeur de Benoît XIV, décédé le 3 mai 1758, s'avère tout aussi difficile que précédemment : le conclave dure en effet du 15 mai au 6 juillet. Durée qui tient essentiellement à l'attitude inébranlable de la France qui fait du problème des jésuites l'enjeu du conclave et fait écarter tout cardinal qui leur est plus ou moins favorable : c'est ainsi que, sur instruction de Louis XV, le cardinal de Luynes jette l'exclusive sur la candidature du cardinal Cavalchini, partisan résolu de la bulle *Unigenitus* (22 juin). Finalement,

## La papauté prise à partie

le cardinal impérial Rodt, jouant l'arbitrage, fait l'accord sur un *zelante* : Carlo Rezzonico, un noble vénitien, petit, corpulent, pacifique qui, ayant choisi le nom de Clément XIII (1758-1769), va s'avérer difficilement accessible aux influences étrangères, notamment à celle des Bourbons ; il confirmera aux jésuites toute sa confiance.

On ne peut en dire autant de son successeur, Clément XIV Ganganelli (1769-1774), un franciscain conventuel élu, à l'unanimité moins une voix, à la fin d'un conclave de trois mois qui a vu la victoire du bloc bourbonien, français, mené par le beau cardinal de Bernis, lequel sera récompensé par la fastueuse ambassade de Rome, dont il sera le titulaire durant vingt-deux ans. Cette victoire est aussi, évidemment, celle du complot international fomenté contre la Compagnie de Jésus, ordre prestigieux que Clément XIV finira par supprimer, en 1773.

La suppression de la Compagnie et la mort, la même année (1774), de Louis XV et de Clément XIV, ne rendent pas facile la succession de ce dernier. Encore un très long conclave (octobre 1774-15 février 1775), caractérisé par la lutte habituelle des factions, plus divisées que jamais par la question des jésuites. Bernis mène le camp français et, Louis XVI n'ayant exprimé aucune exclusive, c'est Bernis qui « invente » la candidature « neutre » de Gianangelo Braschi, et la fait triompher. Pie VI (1775-1799) sera son pape : un pape pieux et affable, un grand bel homme avide d'honneurs et de magnificence et dont la coquetterie ostentatoire finira par lasser. Quant aux faveurs que Pie VI accordera systématiquement aux enfants de sa sœur Giulia Luigi, qui se fait construire un palais magnifique, et Romoaldo, cardinal en 1786, elles entraîneront le pape en des dépenses, voire des procès scandaleux.

Le plus grave n'est cependant pas le népotisme, qui refleurit dans la Rome du XVIII$^e$ siècle ; c'est le fait que l'influence réelle de Rome sur la marche du monde est alors extrêmement réduite : « A embrasser du regard l'évolution culturelle du XVIII$^e$ siècle, rien ne fait plus pénible impression que de constater l'absence de l'Eglise et de sa direction suprême dans la discussion des problèmes brûlants. Tout se passe comme si cette discussion avait glissé sur Rome sans l'intéresser. [...] Le dialogue avec le monde en ce XVIIIe siècle si instable a été négligé de façon presque systématique » (L. J. Rogier). Dans de telles conditions, la réunion d'un concile général ne peut même pas être envisagée.

## *L'autorité papale bafouée*

L'évolution régressive de la papauté au XVIIIe siècle se manifeste dans la faiblesse de ses ripostes au fébronianisme et au joséphisme, doctrines qui préconisent le retour aux principes du concile de Bâle et rejettent la primauté pontificale. La papauté, en ce qui concerne particulièrement la France, est tout aussi démunie face aux forces antiromaines conjuguées : jansénisme, gallicanisme, richérisme.

Sans doute, officiellement, le jansénisme sous Louis XV, est-il en forte perte de vitesse : en 1730, par la volonté du cardinal de Fleury, ministre d'Etat depuis 1726, la bulle *Unigenitus* est devenue loi du royaume, malgré l'opposition du Parlement. Mais celui-ci se venge, en 1749, lorsqu'éclate l'affaire des « billets de confession ». L'archevêque de Paris, Christophe de Beaumont, exige en effet des mourants un billet de confession qui certifie qu'ils acceptent la bulle *Unigenitus* : étrange abus qui engendre évidemment drames et scandales, le parlement de Paris, de sa propre autorité, faisant administrer et enterrer les récalcitrants. Louis XV exile bien le Parlement et, en 1754, signe une déclaration dite « loi du silence » qu'il impose aux « appelants » comme aux « constitutionnaires » ; cette même année meurt Charles de Caylus, évêque d'Auxerre, le dernier des prélats « appelants » et le dernier membre ouvertement janséniste de l'épiscopat. Le jansénisme, fidèle aux « martyrs » de Port-Royal, n'est pas mort pour autant.

Dans le diocèse d'Auxerre, sous l'épiscopat de Jérôme de Cicé, successeur du populaire de Caylus, le chapitre cathédral et nombre de prêtres, de curés et de professeurs restent ouvertement fidèles à l'esprit du défunt. Il en est de même en de nombreux endroits, la magistrature étant le plus ferme appui de ceux qui, dans le cœur, continuent à s'opposer à la bulle *Unigenitus,* c'est-à-dire au pape.

Car ce qui caractérise le second jansénisme — celui du XVIII<sup>e</sup> siècle — c'est un fort courant laïciste, pour les jansénistes l'infaillibilité de l'Eglise résidant dans la communauté des fidèles, évêques, curés et laïques. Persécutés, les jansénistes se donnent une mentalité de clan minoritaire, mentalité à la fois aigre et offensive qui se reflète dans les célèbres *Nouvelles Ecclésiastiques,* journal clandestin et vigoureux qui, de 1728 à 1801, est le porte-parole d'un jansénisme qui ne veut pas se taire.

Il est vrai que le jansénisme se fortifie, en se confondant souvent avec lui, d'un gallicanisme qui, lui aussi, reste très offensif, notamment sous sa forme parlementaire. Un exemple frappant : le 7 septembre 1731, au lendemain de l'intervention autoritaire du cardinal de Fleury en faveur de l'acceptation de la constitution *Unigenitus,* le parlement de Paris, se sentant bafoué, résume les principes du gallicanisme des politiques en quatre articles, le quatrième — « les ministres de l'Eglise sont comptables au roi » — résumant les trois autres. Un arrêt du Conseil du roi, rendu le lendemain, fait lacérer cette déclaration, mais, une vingtaine d'années plus tard (24 mai 1766), le même Conseil édicte à son tour que le prince a le droit, avant d'autoriser la publication des décrets de l'Eglise, d'examiner « leur conformité avec les maximes du royaume ». Dans leur remontrance à Louis XV, par la bouche de Loménie de Brienne, évêque de Condom et bientôt archevêque de Toulouse, les évêques font bien observer que les parlements ont outrancièrement envahi toute la sphère réservée à l'action de l'Eglise ; il n'en reste pas moins que le gallicanisme ecclésiastique est aussi une réalité : beaucoup de prêtres français ignorent jusqu'au nom du pape ou, du moins, vivent comme s'ils n'existait pas. Et si, lors de son sacre, l'évêque prête serment de fidélité au siège romain, il oubliera, comme tous ses collègues, de mettre en pratique la promesse qu'il a faite : « j'irai tous les trois ans... rendre compte à N.S.P. le pape de mon ministère, de l'état de mon église ».

Il y faudrait une « impérieuse nécessité », et surtout l'agrément du roi.

Les évêques de France qui, en 1789, sont tous nobles, ont sans doute pris l'habitude d'envoyer, de temps à autre, un agent à Rome pour rendre compte de leur gestion : la plupart du temps ils se reposent entièrement sur les services de l'ambassadeur de France près le Saint-Siège, le cardinal de Bernis, qui mène à Rome une existence somptueuse et profane ; cet amateur de vers galants, que les femmes ne laissent pas insensible, n'est, en fait, que l'exécutant des volontés d'un roi qui se considère toujours comme le véritable chef de l'Eglise de France.

*Les jésuites sacrifiés au gallicanisme*

Le gallicanisme théologique trouve alors un théoricien parfait en la personne d'Honoré Tournély (1658-1729), professeur en Sorbonne, par ailleurs antijanséniste, auteur d'un cours de théologie en seize volumes dont l'abrégé, dû au Lazariste Collet (1744), eut un énorme succès. On peut même dire que cet auteur a assuré la formation théologique d'une bonne partie des prêtres français au XVIII$^e$ siècle. Selon Tournély, le pape, parlant *ex cathedra*, est infaillible, si parler *ex cathedra* n'est pas autre chose que parler « du consentement et avec l'approbation de l'Eglise ». Faut-il s'étonner que, au mépris des prescriptions de saint Pie V, 80 diocèses français sur 132 délaissent alors la liturgie romaine au profit des liturgies néo-gallicanes ?

Dans ces conditions, l'impact de la papauté sur le royaume très chrétien est faible. Les preuves abondent. Le 3 octobre 1735, la paix conclue à Vienne entre la France et l'Empire remanie une fois de plus la carte de l'Italie : Parme et Plaisance sont attribuées à l'Empereur qui renonce aux Deux-Siciles en faveur des Bourbons ; aucune mention n'est faite d'une suzeraineté pontificale sur les duchés, et les protestations de Clément XII auprès de Louis XV sont sans écho.

Pie VI, en 1779, adresse au cardinal de Rohan, évêque de

Strasbourg, dont la conduite scandaleuse défraie la chronique européenne, une légère admonestation dont le prince de l'Eglise ne tient absolument pas compte puisque, en 1785, il est mêlé de très près à l'affaire du « collier de la reine ». Bouleversé, Pie VI tombe malade et une congrégation réunie par lui, le 5 février 1786, retire à Rohan, jusqu'à ce qu'il se soit justifié, tous les droits attachés au cardinalat ; mais, dès le 18 décembre, le faible Pie VI relève Rohan de sa déchéance. Deux ans plus tard, le pape fera cardinal l'indigne Loménie de Brienne.

Autre exemple de la faible autorité de la papauté en France. De 1766 à 1768 siège, sous la présidence de Loménie de Brienne, une Commission des réguliers qui prétend mettre un frein à l'anarchie et à la décadence auxquelles le corps monastique est en proie en France : des congrégations sont supprimées ; on en fusionne d'autres ; on relève de leurs vœux environ 500 religieux ; et un édit royal fixe à vingt et un ans l'âge d'émission des vœux. Le projet d'édit qui doit mettre fin à l'activité de la Commission est bien présenté à Clément XIV, mais les observations du pape sont de pure forme.

C'est évidemment la suppression de la Compagnie de Jésus qui illustre le plus parfaitement non seulement l'affaiblissement de la papauté mais aussi la pression efficace qu'exerce sur elle le « despotisme éclairé » des souverains d'Europe et notamment du roi de France. En 1760, un procès civil, intenté à la Compagnie de Jésus, à la suite de la faillite d'un missionnaire chef d'exploitation à la Martinique, le père La Valette, vient devant le parlement de Paris ; celui-ci ne se contente pas de condamner la Compagnie tout entière : il entreprend, en avril 1761, l'examen de ses constitutions afin de décider de leur conformité avec les maximes du royaume. Louis XV — tout en rassurant Clément XIII — nomme de son côté une commission de sept membres chargée du même examen : il pense ainsi brider le Parlement. Mais l'obstination des parlementaires et la nonchalance du roi font qu'un premier train d'arrêtés dirigés contre les jésuites est rendu par le parlement de Paris le 6 août 1761. Clément XIII, conseillé par le nonce en France, Pietro Pamfili Colonna, s'abstient de protester.

Sans doute, la majorité des membres de l'Assemblée du clergé français, en décembre, se déclare-t-elle en faveur des jésuites. Mais les maladresses du général de l'ordre, le père Ricci, qui s'appuie sur Clément XIII, incitent les instances françaises à passer outre : plusieurs brefs que le pape adresse au roi, un roi qui appartient corps et âme à la Pompadour, l'ennemie acharnée des jésuites, restent sans réponse. Si bien que, le 6 août 1762, un arrêt du parlement de Paris — qu'imiteront les parlements de province — ôte toute existence légale en France à la Compagnie de Jésus. Lorsque, en octobre 1763, le marquis d'Aubeterre est nommé ambassadeur du roi à Rome, la question des jésuites ne figure même pas dans ses instructions ; et lorsque Louis XV, le 1ᵉʳ décembre 1764, sanctionne enfin les décisions des parlements — elles aboutissent à l'expulsion des jésuites de France — il fait représenter au pape par son ambassadeur « qu'il serait inutile et encore plus dangereux que le pape fît aucune démarche directement ou indirectement contraire aux intentions et aux vues du roi ». Clément XIII a beau répliquer par la bulle *Apostolicum pascendi* (7 janvier 1765), qui fait de la Compagnie de Jésus un éloge solennel : la réception en est interdite en France.

Clément XIII meurt le 2 février 1769. Son successeur est le faible Clément XIV Ganganelli (1769-1774), qui n'a été élu que grâce à la coterie des Bourbons de France (Choiseul, Bernis) et d'Espagne (Lacerda) ; ils se sont mis d'accord sur le candidat résolu à procurer la suppression globale de la Compagnie de Jésus. Le nouveau pontife, qui a 64 ans, essaie vainement de gagner du temps : Bernis et Monino le harcèlent, le menaçant même d'une rupture désastreuse avec la France et l'Espagne. Clément XIV finit par céder : le 16 août 1773, il fulmine le bref *Dominus ac Redemptor* dont le texte a été préparé par les cours de Versailles, de Madrid et de Vienne, et qui supprime la Compagnie de Jésus dans tous les territoires dépendant de la catholicité romaine.

Mandaté par le clergé de France, l'archevêque de Paris refuse de recevoir ce bref — « peu honorable à la tiare et préjudiciable à la gloire de l'Eglise » — ; les filles de

Louis XV élaborent même un plan de reconstitution de l'ordre en France, en six provinces, sous l'autorité des évêques. Le duc d'Aiguillon, ministre des Affaires étrangères, a vite fait de crever ce beau nuage : le 25 mars 1774, il donne au marquis de Rochechouart l'ordre d'évacuer Avignon, que la France gardait en gage : Clément XIV redevient souverain du Comtat, mais il n'a pas le temps de profiter de cette « monnaie de Judas » : il meurt dès le 22 septembre, laissant une mémoire profanée.

12.

# L'exaspération du gallicanisme : La révolution française (1789-1799)

A la veille de la Révolution française, ce qui manque cruellement à la vénérable Eglise gallicane « c'est une direction certaine et ferme, une impulsion énergique et entraînante d'en haut... Elle n'en trouve pas assez dans un épiscopat sans unité, trop souvent distrait de sa fonction pastorale par le monde, dont le scepticisme ou les préjugés ont contaminé la haute société. » Surtout, « elle n'en a presque plus reçu de Rome depuis la disparition de Benoît XIV... » Le pape, en France, est un chef spirituel respecté certes, mais lointain, « à l'autorité de qui on n'a recours que rarement, dont on est séparé par la distance, par des considérations de politique internationale, par une défiance invétérée à l'égard des ultramontains » (A. Latreille).

Il est significatif que dans aucun des cahiers de doléances établis par le clergé français en vue des Etats généraux — qui doivent se réunir à Versailles le 5 mai 1789 — n'est invoquée l'intervention du pape : évêques, chanoines, abbés, simples prêtres attendent tout de Louis XVI pour la réforme du royaume, y compris dans le domaine ecclésiastique.

## *L'inquiétude grandissante de la papauté*

On comprend dès lors que les événements capitaux qui vont

se succéder en France à partir de mai 1789 aient surpris Pie VI : ce pontife fastueux a sans doute conscience de la grave crise spirituelle qui, née de la Renaissance et de la réforme protestante, connaît au XVIIIe siècle une formidable flambée, mais il n'imagine pas que le catholicisme romain, par la faute de la France, est à la veille d'une catastrophe.

Aussi le pape, très occupé par ses intérêts en Italie, ne réagit-il que tardivement aux graves événements de France. Au sein de l'Assemblée nationale, dans la nuit du 4 août 1789, la noblesse abandonne solennellement ses privilèges : le clergé ne veut pas être en reste et vote la suppression des annates : les cardinaux romains, dont ces redevances constituent le plus gros revenu, espèrent que Pie VI va protester ; or le Souverain Pontife, le 13 septembre, se contente d'adresser à Louis XVI un bref, en français, dans lequel il le conjure simplement de demeurer le protecteur de l'Eglise et le roi Très chrétien.

Cependant l'histoire s'accélère brutalement : le 2 novembre 1789, les biens du clergé sont déclarés biens nationaux ; le 24 décembre, les protestants reçoivent tous les droits politiques ; le 12 février 1790, est votée la suppression des vœux monastiques. Le 29 mars 1790, en consistoire, Pie VI expose ses inquiétudes au sujet de l'Eglise de France ; l'allocution pontificale est même très violente de ton : aucun des articles de la Déclaration des droits de l'homme du 25 août 1789 — dont Pie VI pressent qu'elle cache un dessein proprement métaphysique — ne trouve grâce devant lui ; mais c'est une satisfaction toute platonique qu'il donne là aux cardinaux, car Pie VI interdit à Bernis de transmettre à Paris le texte de son discours.

Les choses ne se gâtent vraiment que lorsqu'il est question de réunir au royaume Avignon et le Comtat-Venaissin, enclave pontificale à l'intérieur de la France. Dès novembre 1789, Charles-François Bouche, député de la sénéchaussée d'Aix, a posé la question de ce rattachement, envisageant même un plébiscite et attaquant vivement le gouvernement ecclésiastique, pesant et archaïque. Le pape croit que pour calmer les esprits, il lui suffit d'envoyer en Avignon des chargés d'affaires : la population les chasse, tout comme elle expulse, le 12 juin 1790, le vice-légat Casoni. Le décret d'amnistie que le pape publie le 8 octobre 1790 n'arrête pas le mouvement populaire : le 30 novembre 1790, une ordonnance municipale exige de l'archevêque d'Avignon, Mgr Giovio, le serment civique : il refuse, quitte Avignon et est remplacé par un évêque élu, Mallière, que Pie VI excommunie, sans soulever d'émotion. Finalement, le 14 décembre 1791, un décret de la Constituante prononce l'annexion à la France d'Avignon et du Comtat-Venaissin.

Fait beaucoup plus grave et qui touche, cette fois, au spirituel : le 12 juillet 1790 l'Assemblée nationale française décrète la Constitution civile du clergé en attendant, le 27 novembre, d'enjoindre « à tous les évêques, ci-devant archevêques, curés et autres fonctionnaires publics » de prêter le serment « d'être fidèles à la nation, à la loi et au roi et de maintenir de tout leur pouvoir la Constitution décrétée par l'Assemblée nationale et acceptée par le roi ». Ce serment, en opposant prêtres jureurs et prêtres réfractaires, va en même temps briser l'union de l'Etat et de l'Eglise de France.

Ce qui inquiète Rome, bien avant le terrible décret du 12 juillet, c'est la non-résistance de Louis XVI. Répondant à un mémoire du roi sur la question, Pie VI avait écrit : « Si vous approuvez les décrets relatifs au clergé, vous entraînez par cela même votre nation entière dans l'erreur, le royaume dans le schisme, et vous allumez peut-être une guerre de religion. » Des brefs adressés aux archevêques de Vienne et de Bordeaux ne sont pas moins explicites, mais ils gardent un caractère privé, car le pape ne croit pas que le roi approuvera la Constitution civile du clergé. A un nouveau mémoire du roi, le pape réplique, le 17 août : « Il appartient à l'Eglise seule, à l'exclusion de toute assemblée purement politique, de statuer sur les choses spirituelles. » Or, le 24 août, le roi sanctionne la Constitution civile : consternation du pape qui, par un nouveau bref, le 22 septembre, réitère ses admonestations. Cependant, Pie VI, qui veut peut-être éviter un plus grand mal, et qui espère garder Avignon, hésite encore à condamner la Constitution civile, ce qui ne fait qu'ajouter à la confusion qui règne dans l'Eglise de France.

L'événement qui semble avoir déterminé la décision pontificale a lieu, le 24 février 1791, à l'oratoire du Louvre à Paris : c'est la consécration, par Talleyrand, de deux évêques jureurs élus, Expilly du Finistère, et Marolles de l'Aisne ; cette cérémonie prélude à la consécration d'une soixantaine d'évêques, consécration qui se déroule selon les rites liturgiques, moins la lecture des bulles pontificales et le serment de fidélité au pape. Car — et c'est l'article de la Constitution civile que Rome peut le moins admettre — l'institution canonique des évêques est enlevée au pape et dévolue au métropolitain ; de plus Rome n'a plus le droit de juger souverainement en appel, le pape ne gardant qu'une primauté d'honneur parmi ses pairs, l'évêque élu et consacré se contentant de lui écrire « comme au chef visible de l'Eglise universelle » et uniquement « en témoignage de l'unité de foi et de la communion qu'il doit entretenir avec lui ».

### La condamnation de la Constitution civile

Pie VI intervient donc : le 10 mars 1791, par le bref *Quod aliquantum,* il donne une réponse aux 93 évêques réfractaires au serment qui ont signé une *Exposition des principes* ; c'est un texte capital dans l'histoire de l'Eglise gallicane puisque, pour la première fois depuis longtemps, l'épiscopat français se réfère au « successeur de saint Pierre qui, placé dans le centre de l'unité catholique et de la communion, doit être l'interprète et l'organe du vœu de l'Eglise universelle ». Cependant *Quod aliquantum* n'est pas encore une condamnation de la Constitution, encore que le pape considère celle-ci comme destructrice de la religion catholique, s'élevant en même temps contre les principes mêmes — liberté et égalité absolues — de la Déclaration des droits de l'homme. Le 10 mars, un autre bref — *Etsi nos* — part de Rome à l'intention de Louis XVI qui, selon Pie VI, a péché gravement en sanctionnant la Constitution civile. Enfin, dans un troisième document, *Cha-*

*ritas,* daté du 13 avril et qui est adressé, sous une forme solennelle, au clergé et aux fidèles de France, Pie VI, qui a consulté par trois fois les cardinaux, condamne formellement, comme schismatique et hérétique, la Constitution civile ; il casse et annule toutes les élections épiscopales, interdit toute fonction aux prélats consécrateurs et consacrés, et suspend tout prêtre jureur qui ne se rétracterait pas dans les quarante jours.

Cette intervention solennelle du pape déclenche des adhésions — notamment celle de l'épiscopat réfractaire, le 3 mai —, et aussi un mouvement de rétractations dans le bas-clergé. Mais elle renforce des résistances dans l'épiscopat constitutionnel, lequel réplique aux brefs du pape par des *Observations* qui en appellent au « pape mieux informé » et rejettent le qualificatif de « schismatiques » : dans les faits, on les verra traiter le Souverain Pontife comme un chef infiniment respecté mais nullement obéi. En tout cas, Rome ayant parlé, un schisme de fait s'instaure en France, dont les conséquences seront graves.

Dans l'immédiat, la rupture entre la France révolutionnaire et le Saint-Siège apparaît comme inévitable. En mars 1791, l'ambassadeur de France à Rome, le cardinal de Bernis, est rappelé par le ministre des Affaires étrangères de Louis XVI, comte de Montmorin ; le 5 avril il est remplacé par Louis-Philippe de Ségur, un brillant écrivain qui avait été ambassadeur à Saint-Pétersbourg. Mais Ségur s'étant empressé de prêter le serment constitutionnel devant le Conseil général de la municipalité de Paris, le pape refuse de l'agréer, priant le roi, le 23 avril, de « choisir son ambassadeur parmi ceux qui font profession sincère de la foi catholique et qui ne se sont pas soumis, sans restriction du moins, aux divers articles indiqués dans la Constitution nationale ».

Furieux, Montmorin profère contre le Saint-Siège des menaces précises le jour même — 2 mai 1791 — où se déroule au Palais-Royal, à Paris, une scène incroyable : Pie VI conspué sous les apparences d'un mannequin revêtu des ornements pontificaux et portant sur le front un bandeau sur lequel est écrit en caractères de sang : « Fanatisme », et sur la poitrine un écriteau avec ces mots : « Guerre civile » ; dans la main droite, on lui a mis un poignard, dans la main gauche un exemplaire du bref du 10 mars condamnant la Constitution civile.

Injuriée, bafouée, l'effigie de Jean-Ange Braschi est finalement brûlée en public et, avec elle, une centaine d'exemplaires de *l'Ami du roi*, le journal favorable aux réfractaires. La journée se termine par des danses autour des cendres qui forment un tas à la porte du café de Chartres, ce rendez-vous du monde interlope.

Le nonce, Dugnani, exige aussitôt réparation pour cette mascarade blasphématoire. N'ayant obtenu aucune réponse, il demande, le 24 mai, ses passeports ; le 2 août son auditeur, Quarantotti, est prié lui aussi de quitter la France : l'abbé de Salamon, homme sans courage et sans influence, assumera un temps la tâche d'internonce.

Dans le même temps, Rome reçoit avec magnificence les filles de Louis XV, Mesdames de France, qui ont quitté leur pays pour rester fidèles au pape. Allant à la rencontre de celles qu'il appelle « les filles de l'Eglise », Pie VI s'empresse de relever Madame Adélaïde qui s'est jetée à ses genoux et empêche Madame Victoire de se prosterner ; il fait asseoir les princesses et les entretient durant vingt-deux minutes. Le lendemain, au Palais de France, Bernis organise une réception magnifique en leur honneur ; une foule énorme et amusée assiste à « une visite sans exemple » (Bernis), que le pape rehausse de sa présence.

Mesdames sont encore à Rome quand on apprend que Louis XVI — jusque-là sévèrement jugé par l'Europe monarchique — vient de quitter subrepticement Paris pour rejoindre les émigrés, sa conscience lui interdisant de cautionner l'œuvre schismatique de l'Assemblée nationale. Mais, dès le 2 juin 1791, il est reconnu à Varennes et ramené à Paris où les patriotes, convaincus de la solidarité scellée entre les aristocrates, la royauté et les prêtres réfractaires, voire entre les adversaires de la Révolution et les souverains étrangers, traitent Louis XVI comme un prisonnier. Il est certain que l'épisode de Varennes aura comme conséquence de lier, dans l'esprit des révolutionnaires, comme dans celui des royalistes, la cause de l'orthodoxie et celle de l'absolutisme.

## Pie VI contre-révolutionnaire

Ce n'est pas l'attitude de Pie VI qui pourrait faire croire le contraire. A Rome où, d'abord, s'était propagée la nouvelle que Louis XVI avait pu rejoindre le marquis de Bouillé, ç'avait été la liesse : la voiture de Bernis avait été traînée par les Romains enthousiastes. Sans attendre la confirmation de la nouvelle, Pie VI, le 6 juillet, avait même adressé au roi un bref de félicitations qui fut expédié au nonce de Cologne, lequel devait rejoindre Louis XVI à Luxembourg. Mais l'enthousiasme tomba quand on apprit que l'aventure avait tourné court à Varennes.

Et tandis qu'en France les prêtres réfractaires — soutenus par les « papistes » — sont désignés par les Sociétés populaires comme les pires ennemis de la Nation, à Rome, où il est arrivé en décembre 1791, l'abbé Jean-Siffrein Maury, l'ancien orateur des aristocrates, se présente avec ostentation comme l'ambassadeur des princes et des évêques émigrés. Maury va jusqu'à réclamer de Pie VI l'excommunication des évêques et des curés français jureurs : la congrégation des cardinaux chargée des Affaires de France s'y refuse, décidant, le 19 janvier 1792, que le pape doit s'abstenir de tout nouvel avertissement. Cependant l'étoile de Maury monte : il est fait archevêque *in partibus* et désigné comme nonce extraordinaire à Francfort, à l'occasion du couronnement de l'Empereur.

A Paris, le 1<sup>er</sup> octobre 1791, l'Assemblée législative remplace l'Assemblée constituante : elle est très vite dominée par le groupe brissotin (Girondins), bourgeois de province nourris d'antiquité gréco-romaine et de scepticisme ; ils se montreraient assez tolérants à l'égard des « Romains » si le désordre intérieur provoqué dans le pays par la lutte d'influence des deux clergés — le constitutionnel et le réfractaire — et bientôt la guerre extérieure, ne les avaient amenés à persécuter, comme traître à la patrie, le clergé non jureur.

Dès le 29 novembre 1791, la Législative décide en effet que les ecclésiastiques qui n'auraient pas prêté serment dans les huit jours seraient réputés « suspects de révolte contre la loi et de mauvaises intentions contre la patrie » : le 19 décembre, le roi, usant de son droit constitutionnel, frappe le décret de son *veto*. Mais son autorité est tellement affaiblie depuis Varennes que les mesures de rigueur — privation de traitement, éloignement du lieu de résidence — prises par l'Assemblée sont appliquées en de nombreux endroits. Massivement, les réfractaires ou vont se cacher en ville ou vont émigrer : à Rome même, ils sont bientôt près de 1 500, y accréditant leur interprétation des événements de France. C'est d'ailleurs une interprétation apocalyptique de ces événements qui amène le chevalier Azara, ministre d'Espagne, et aussi Bernis à suggérer au pape une idée chère aux émigrés : la formation d'une espèce de Sainte Ligue contre-révolutionnaire. Pie VI n'est pas opposé à ce projet. Maury, à Francfort, a même pour mission d'obtenir du nouvel Empereur, François II, devenu le premier souverain de la chrétienté, qu'il fasse tout pour rétablir le trône et la religion en France. Les circonstances aident le Habsbourg puisque la France révolutionnaire et girondine, le 22 avril 1792, déclare la guerre au « roi de Bohême et de Hongrie » — l'Empereur —, lequel va entraîner la Prusse dans la lutte contre « le pays maudit ».

La guerre commence mal pour les Français, tellement que le ministère girondin Dumouriez-Roland, convaincu que les non-jureurs font cause commune avec les émigrés, décide de les frapper plus lourdement : le 27 mai 1792, la Législative décrète que tout insermenté, dénoncé par vingt citoyens actifs d'un canton, serait déporté. Nouveau *veto* du roi, qui congédie le ministère girondin et le remplace par un ministère feuillant, modéré, et qui, le 20 juin, tient tête à la vague populaire venue le forcer jusque dans le palais des Tuileries.

Cependant le spectre de la défaite se précise : le 11 juillet, la Patrie est déclarée en danger ; le 25 juillet, Brunswick lance un manifeste qui menace la Révolution française ; le 9 août, tandis que les Prussiens s'avancent au-delà d'une frontière dégarnie, une Commune insurrectionnelle se substitue à la Commune légale de Paris ; le 10 août, c'est le siège des Tuileries et l'arrestation du roi et de sa famille, tandis que la

Législative décide que tous les décrets frappés du *veto* royal sont immédiatement exécutoires.

Les rafles de prêtres réfractaires ajoutent leurs effets aux rafles d'aristocrates. Et tandis que Paris, atterré, apprend la chute, devant les Prussiens, de Longwy (23 août) et de Verdun (2 septembre), se préparent et sont perpétrés les fameux « massacres de septembre » (2-6 septembre) qui, à Paris seulement, font 1 100 victimes, dont 3 prélats et 300 prêtres réfractaires. Ce drame sanglant précipite l'exode du clergé — 30 000 passeports vont être demandés — d'autant plus que, le 3 septembre, la Législative sur sa fin décide d'imposer à tous les citoyens un serment dit de « liberté-égalité » (« Je jure... de maintenir de tout mon pouvoir la liberté, l'égalité... ») qui remplacera tous les serments antérieurs : on espère atteindre ainsi les prêtres qui, non fonctionnaires publics, n'ont pas été astreints au serment de 1790, lequel est rendu caduc par la déchéance du roi.

Dans l'impossibilité de consulter Rome, Monsieur Emery, supérieur général de Saint-Sulpice, prêtre et théologien hors pair et véritable « conscience » de l'Eglise de France bouleversée, conseille au clergé, dans l'intérêt général et pour éviter de renforcer les préjugés populaires, de prêter ce second serment qui ne touche pas au spirituel comme le premier. Pie VI ne manifeste pas officiellement sa réprobation, mais Maury, toujours indiscret, et que Pie VI fera cardinal en 1794, se charge de se faire l'interprète du pontife, sachant d'ailleurs qu'une partie importante du clergé français réfractaire n'a pas cru devoir suivre les conseils de Monsieur Emery.

A peine installée aux Tuileries, la Convention nationale — qui succède à la Législative — ne se contente pas, deux jours après la victoire de Valmy sur les Prussiens, de proclamer la République (22 septembre 1792) : elle rompt avec tout le passé religieux de la France en enlevant au clergé les registres d'état-civil et en adoptant, le 24 octobre, un calendrier républicain et laïque qui remplace le calendrier chrétien grégorien.

A Rome, où le procès puis l'exécution (21 janvier 1793) de Louis XVI prennent les dimensions d'un sacrilège sans précédent, et où émigrés et réfractaires affluent, la cote de la France révolutionnaire est au plus bas. L'hostilité populaire qui poursuit les Français installés en Italie se manifeste tragiquement, le 13 janvier 1793, quand le citoyen Hugo de Basseville, que Mackau, ministre de France à Naples, a cru bon d'envoyer auprès du pape comme représentant officieux de la République française, est massacré par la foule romaine rendue furieuse par l'énorme cocarde tricolore qu'il arbore dans les rues de Rome.

Réagissant violemment, la Convention envoie à Rome François Cacault, qui est porteur d'un ultimatum : cette pièce ne parvient d'ailleurs pas à Pie VI, que la mort de Louis XVI, le 21 janvier 1793, jette décidément dans le camp de la contre-révolution.

Au cours d'un consistoire secret, le 17 juin, le pape prononce l'éloge du « roi martyr », éloge qui se termine par une apostrophe paternelle à cette France qui, « par son zèle pour la croyance chrétienne et sa piété filiale envers le siège apostolique ne marche pas à la suite des autres nations mais les précède toutes, et qui est devenue si contraire et si hostile ». Le 23 septembre, dans sa chapelle personnelle, le pape célèbre un service solennel pour le repos de l'âme du roi. Mais prudent, le Souverain Pontife se refuse à reconnaître Louis XVII comme roi de France et même à cautionner la régence du comte de Provence, le futur Louis XVIII.

Cependant, prise tout entière par les énormes problèmes que lui posent la mise en place d'une République forte et la formidable coalition qui assaille les frontières de la France, la Convention nationale n'a guère le loisir de prendre contre le Saint-Siège des mesures efficaces. Car la ville de Rome et l'Etat pontifical sont le lieu de refuge préférentiel de plusieurs milliers d'exilés français, dont une majorité de prêtres. Si le bas-clergé romain, les réguliers et aussi les milieux populaires, depuis toujours méfiants à l'égard des « idées françaises », se montrent assez réservés dans leur accueil, Pie VI est beaucoup plus généreux : pour subvenir aux besoins des Français, il prélève 500 000 écus sur la réserve dite de Sixte Quint et décide la constitution d'une commission — l'Œuvrepie de l'hospitalité française — dont il confie la direction à Mgr Caleppi, un jeune et aimable prélat qui a longtemps séjourné en France et dont le collaborateur, à partir de 1794, est l'abbé d'Hesminy d'Auribeau, vicaire général de Digne. Celui-ci est l'auteur d'un recueil de *Mémoires pour servir à l'histoire de la persécution française, recueillis par les ordres de N.T.S.P. le pape Pie VI* qui comptera seize volumes et accréditera la thèse — si souvent reprise par la suite — d'un complot mystérieux fomenté par les gallicans, les philosophes, les illuminés et les francs-maçons et d'où sont sortis tous les maux de la société moderne.

### *Rome menacée par les Français*

Si la Convention — qui, le 26 octobre 1795, fait place au Directoire — n'a pu atteindre dans son « repaire » l'évêque de Rome, c'est parce que, depuis février-avril 1793, elle est aux prises avec une coalition étrangère qui ne desserre son étau qu'après la victoire française de Fleurus sur les Autrichiens (26 juin 1794) et la prise de Cologne (6 octobre). Les traités de Bâle avec la Prusse (5 avril 1795) et avec l'Espagne (22 juillet) et le traité de La Haye (16 mai) avec les Provinces-Unies réduisent les adversaires de la France, sur le continent, à l'Autriche — laquelle peut être atteinte par l'Allemagne mais aussi par l'Italie —, au royaume de Naples et au Piémont.

Nommé, le 2 mars 1796, par le Directoire, général en chef de la médiocre armée d'Italie, Napoléon Bonaparte fait éclater tout de suite ses qualités exceptionnelles de chef et de stratège. De son côté, confiant en la résistance des Autrichiens et des Piémontais et en la présence de la flotte anglo-napolitaine le long des côtes italiennes, Pie VI se croit à l'abri de toute atteinte. Or voici que, au cours d'une campagne fulgurante, Bonaparte, dès le 28 avril 1796, accule les Piémontais à l'armistice. Puis, passant le Pô à Plaisance, il force l'Adda à Lodi (10 mai) ; le 14 mai, il entre triomphalement dans Milan. Et bien que trois des directeurs — Barras, La Réveillère et Reubell — l'invitent à faire promptement « chanceler la tiare au prétendu chef de l'Eglise universelle », le général corse, qui est frappé, en parcourant le nord de sa chère Italie, de l'attachement de la population à la religion, se garde bien d'y apporter la persécution religieuse en s'attaquant au pape si populaire : pour ne pas agir, il allègue l'impossibilité de dégarnir la Lombardie alors que les Autrichiens tiennent toujours Mantoue. Cependant Bonaparte occupe la Romagne, territoire pontifical : il y reçoit, en juin, l'ambassadeur d'Espagne à Rome, le comte José d'Azara qui, face aux exigences exorbitantes des Français — réparation pour les outrages subis lors du meurtre de Basseville, contributions en argent et en objets d'art, expulsion des émigrés... — discute pied à pied. Un armistice est finalement signé à Bologne, le 20 juin 1796 : il fixe à 20 millions la rançon à payer par l'Etat romain, le pape assurant la France de sa neutralité. Alors Bonaparte évacue les Légations pour aller, dans le nord de l'Italie, se préparer à battre Wurmser puis Alvinczi : Castiglione (5 août), Arcole (17 novembre), Rivoli (14 janvier 1797) jalonneront sa route de vainqueur.

Dans Rome intacte on respire, et on ne se soucie guère des clauses de l'armistice de Bologne. Pressé par les Napolitains et aussi par les émigrés français, sans allié face à une armée française prompte au pillage et qui apporte à la catholique Italie un vilain relent d'irréligion, Pie VI se résout même, à l'automne 1796, à s'entendre avec l'empereur germanique. Bonaparte tempête contre « le vieux renard de Rome » qui l'empêche de passer, aux yeux de l'Europe, non pas comme le destructeur mais comme le sauveur de la chrétienté. Fureur aussi du Directoire, de Carnot lui-même, qui invite Bonaparte à « briser le trône de la sottise ».

Mais, devenu le véritable proconsul de l'Italie, le Corse rêve de restaurer un jour la paix religieuse dans une France dont il serait le maître. Aussi, évitant soigneusement de s'immiscer dans les affaires religieuses, il se contente, le 19 février 1797, quelques jours après la reddition de Mantoue, d'imposer à Pie VI le traité de Tolentino, dont les conditions, d'ailleurs, sont très dures : paiement d'une indemnité de quinze millions en plus des seize millions restés dus de Bologne ; renon-

*La révolution française (1789-1799)* 165

ciation définitive à Avignon ; cession à la République cisalpine, jusqu'à Ancône, des Légations et des Marches, qui sont les provinces les plus riches de l'Etat pontifical. S'ensuit une spoliation éhontée qui va priver les musées, les collections et les palais romains d'innombrables chefs-d'œuvre acheminés vers Paris : « Rome, cette vieille machine, se détraquera toute seule », lance Bonaparte au Directoire. En fait, il songe à obtenir de Pie VI un bref qui rétablirait la paix religieuse en France ; c'est probablement dans cette vue que, en mai 1797, il nomme son frère Joseph plénipotentiaire à Rome.

Mais on est loin du compte. Car le Directoire, effrayé par la remontée du royalisme et le retour en force du catholicisme romain, décide de réagir : le 4 septembre 1797 (18 fructidor an V) trois directeurs, La Réveillère, Reubell et Barras, éliminent des conseils législatifs et font déporter une cinquantaine de députés modérés, partisans de l'apaisement religieux ; des deux autres directeurs, Carnot s'enfuit, Barthélemy est déporté. Le coup d'Etat de fructidor n'a pu avoir lieu qu'avec la connivence de l'armée ; dès lors les généraux font la loi, et d'abord Bonaparte qui, le 18 octobre 1797, à Campo Formio, où l'Autriche s'incline, impose à l'Europe ses conceptions de la paix.

La France fructidorienne connaît, elle, la persécution religieuse : une loi du 19 fructidor investit le Directoire du pouvoir de déporter, par des arrêtés individuels, les prêtres qui troubleraient la tranquillité publique : 2 135 prêtres, généralement des réfractaires, seront ainsi, en un an, déportés. De plus, le nouveau Directoire impose aux prêtres le serment « de haine à la royauté » : le clergé français est divisé car, une fois encore, l'arbitrage du Saint-Siège est illusoire : sans doute, la congrégation romaine des Affaires de France juge la formule « contraire à la loi divine », mais, au moment où Pie VI va se prononcer contre la licéité du serment, Rome est envahie par les Français. La confusion devient telle qu'en janvier 1798 le Directoire décidera que seuls les prêtres qui ont prêté le serment constitutionnel en 1791 pourront prêter le « serment de haine à la royauté » : seuls, par conséquent, ils pourront assurer le culte.

## La destruction du Saint-Siège

Sur Rome les nuages s'amoncellent. Le vieux pape — Pie VI a quatre-vingt un ans et est malade —, conseillé par son jeune secrétaire d'Etat, le cardinal Giovanni Doria, un modéré qui passe pour profrançais, penche, par amour de la paix, vers l'exécution intégrale des clauses de Tolentino. Mais l'exécution des clauses financières de ce traité déchaîne, de la part des Français, une telle ruée de convoitises, un tel pillage que l'exaspération du petit peuple romain, depuis longtemps hostile à la France révolutionnaire dont l'incrédulité et l'anticléricalisme font scandale, atteint son paroxysme. Et voici que Bonaparte, le 25 novembre 1797, intime à Pie VI l'ordre de reconnaître la République cisalpine, que dirigent des libéraux italiens extrêmement hostiles à la « théocratie pontificale », tandis que l'Autriche et Naples convoitent ce qui reste de l'Etat pontifical.

Dans la Ville éternelle, les Français de l'entourage de Joseph Bonaparte affichent un jacobinisme tapageur qui provoque l'effervescence populaire. Le 28 décembre 1797, le général Léonard Duphot, qui est fiancé à une belle-sœur de Joseph Bonaparte, est tué par un sous-officier de la cavalerie pontificale. Le soir même, et malgré les excuses du cardinal Doria, Joseph Bonaparte quitte Rome ; le 10 février 1798, le général Berthier, refusant de recevoir les plénipotentiaires pontificaux, se présente aux portes de la ville ; le lendemain, il fait connaître les termes de la capitulation aux prélats Gabrielli et Giustiniani : Pie VI, accablé par la rigueur de ce texte, s'en remet à la Congrégation d'Etat, qui accepte tout (10 février 1798). Cinq jours plus tard est proclamée la République romaine, le pape est prisonnier au Vatican. Le 17, on lui annonce qu'il doit quitter Rome ; le 26, Pie VI part pour Sienne puis pour Florence, tandis que des ordres sont donnés pour disperser la Sacré-Collège et que Rome est mise en coupe réglée.

Installé pauvrement à la Chartreuse de Florence, où il va passer un peu plus d'un an et d'où il assure comme il peut le gouvernement de l'Eglise, le vieux pontife embarrasse son hôte, le grand-duc Ferdinand III, qui ne tient pas à se brouiller avec les Français qui, eux-mêmes, songent à éloigner davantage le « citoyen-pape » : le directeur Merlin parle même du Brésil. Un moment, en septembre-octobre 1798, le roi de Naples est maître de Rome ; il en est vite chassé par Championnet qui fonde à Naples, le 23 janvier 1799, la République Parthénopéenne. Le grand-duc de Toscane, accusé d'avoir laissé s'effectuer un débarquement napolitain à Livourne, est à son tour détrôné. Dès lors la situation de Pie VI, son hôte, est intenable. Le Directoire cherche à s'en débarrasser, car — Bonaparte étant en Egypte — l'Autriche, la Russie, l'Angleterre ont reconstitué contre la France une coalition qui est d'abord victorieuse au point que, en janvier 1799, la péninsule n'est plus sûre pour les Français. Le 28 mars, Pie VI, pratiquement paralysé des jambes, est arraché de sa résidence florentine par le général Sérurier qui le jette dans une voiture et le dirige sur Parme. Mais les Austro-Russes menaçant le Pô on décide de transférer le pape en France.

Commence alors, pour celui qui fut le beau pape Braschi, un calvaire de cinq mois, adouci par les marques de respect et d'amour que lui manifestent les populations italiennes et françaises. De Turin on gagne, en chaise à porteurs et par un froid vif, le Mont-Genèvre puis Briançon où le pape, prostré, arrive le 30 avril et reste jusqu'au 27 juin. Et comme le bruit court que Souvorof va très vite, on pousse jusqu'à Valence où Pie VI et les quelques familiers qui l'accompagnent échouent le 13 juillet.

C'est dans une maison construite au XVIe siècle à l'intérieur de la citadelle de Valence que celui que beaucoup considèrent comme le dernier pape de l'histoire passe ses derniers jours : une longue agonie à laquelle la mort met fin dans la nuit du 28 au 29 août 1799. Le corps de Pie VI est d'abord déposé dans un caveau de la chapelle de la citadelle ; le Premier consul Bonaparte, tout frais sorti de son coup d'Etat de Saint-Cloud, autorisera les « honneurs d'usage » lors des obsèques officielles qui auront lieu au cimetière de Valence, le 30 janvier 1800. Deux ans plus tard, le corps du pontife sera transféré à Rome où il repose sous un sarcophage dû à Canova.

13.

## L'exaspération du gallicanisme : Napoléon I*ᵉʳ* (1800-1814)

Alors que, selon les apparences, Pie VI a entraîné la papauté avec lui dans la tombe, voici que, quelques mois plus tard, elle renaît au couvent des bénédictins de l'île Saint-Georges à Venise. En effet, le doyen des cardinaux, Giovan Francesco Albani, chef des *zelanti,* s'est réfugié dans l'ancienne capitale des Doges ; il y a convoqué ses collègues afin de pourvoir à la vacance du siège pontifical. Le 30 novembre 1799, 35 des 46 cardinaux de l'Eglise s'enferment en conclave dans Venise devenue, par la fantaisie de Bonaparte, ville autrichienne. Un seul Français : le cardinal Maury, ambassadeur du « roi de France », Louis XVIII.

Comme au XVIII*ᵉ* siècle, le conclave se trouve tout de suite bloqué par le droit d'exclusive et les ambitions des puissances. C'est Maury et le pro-secrétaire du Sacré-Collège, Ercole Consalvi, qui sauvent la situation en détournant les cardinaux du *papabile* Bellisomi, qui est incapable d'atteindre les deux tiers des voix, vers un candidat neutre, mais connu pour l'austérité de sa vie : le bénédictin Barnaba Chiaramonti, évêque d'Imola, un petit homme frêle de cinquante-sept ans qui, en effet, est élu à la quasi-unanimité, le 14 mars 1800 ; il prend le nom de Pie VII, en souvenir de son ami, le « défunt martyr Pie VI ».

*Vers un concordat*

A ce moment-là, Bonaparte, Premier consul de la République française, se décidant à liquider la seconde coalition et à reprendre le terrain perdu en Italie durant son séjour en Egypte, est sur le point d'entrer de nouveau en campagne dans la péninsule. Aussi François II conseille-t-il à Pie VII de se réfugier en Hongrie. Mais le nouveau pape, qui va s'appuyer désormais sur le solide politique qu'est Consalvi, devenu son secrétaire d'Etat, est pressé de rétablir son indépendance territoriale. Le 3 juillet 1800, Pie VII est à Rome, qu'ont quittée, après l'avoir pillée à leur tour, les troupes napolitaines ; quelques jours auparavant, la victoire de Marengo (14 juin) a fait de nouveau du Corse le maître de la Lombardie, et aussi de la Vénétie et des Légations. Or, plus que jamais, car désormais il est maître absolu de ses décisions, Bonaparte désire fonder la paix religieuse en France. Dès le 10 juillet, il fait porter au pape, par l'évêque de Verceil, ses premières propositions : elles touchent notamment à la formation d'un nouvel épiscopat français et au maintien de la vente des biens nationaux ; moyennant quoi, le Souverain Pontife recouvrerait tous ses Etats, sauf Avignon, le Comtat et les Légations.

Pie VII, tout à la joie de faire rentrer sa « fille aînée » dans la demeure de sa mère, l'Eglise romaine, accepte aussitôt de négocier avec Bonaparte : celui-ci ne se laisse pas détourner de cette négociation par la reprise vigoureuse de l'Eglise constitutionnelle qui, le 29 juin 1801, a ouvert à Notre-Dame de Paris un concile national de haute tenue. Privé, par son passé même, de toute intelligence vraie des croyances catholiques, le Premier consul sait cependant quelle influence les prêtres continuent à exercer dans les populations et il a conscience de la fidélité de la masse des Français — les ruraux surtout — au catholicisme romain. Traiter avec les Constitutionnels, et non avec Rome, c'est risquer, aussi, de rejeter l'Eglise orthodoxe sous la coupe des évêques émigrés. Et puis, un accord avec le Saint-Siège contribuera, d'une manière éclatante, au rayonnement extérieur d'une France toujours considérée par les puissances d'Ancien Régime comme une « nation hérétique et schismatique ».

Aux yeux de Pie VII, c'est tout le sort de la catholicité qui est suspendu à l'attitude de la France, restée la grande nation catholique et qui, de toute façon, est maîtresse, en 1800, du sort de l'Europe. Etant entendu que « les deux pivots de la négociation » (Consalvi) ne pouvaient être que : l'extinction du schisme constitutionnel et le libre exercice en France du culte catholique. Ces deux points acquis, la papauté serait disposée à tous les sacrifices, y compris à la reconnaissance de la vente des biens nationaux et à la déposition globale de l'épiscopat français.

Donc Pie VII, désireux d'ouvrir promptement les négociations, envoie à Paris Giuseppe Spina, un prélat qui n'est malheureusement investi d'aucun pouvoir de décision. Cependant, le timide Spina, qui arrive à Paris le 15 novembre, va s'entendre très vite avec le porte-parole du Premier consul, l'abbé Etienne Bernier, un Angevin insermenté, rallié à Bonaparte après avoir été l'un des pacificateurs de la Vendée, et dont l'ambition est évidente. Le 26 novembre 1800, un premier projet de convention est arrêté. Mais le ministre des Affaires extérieures, l'ex-évêque d'Autun Talleyrand, de qui dépend Bernier, intervient pour tout remettre en question, car le projet Bernier-Spina lui apparaît comme trop favorable à Rome et surtout beaucoup trop désavantageux aux constitutionnels, aux prêtres mariés et donc à lui-même.

Un second projet, beaucoup plus gallican d'inspiration, est alors élaboré : il est très différent du premier puisque, non seulement il écarte le principe du catholicisme « religion d'Etat », mais il met sur le même pied le clergé constitutionnel et le clergé réfractaire. Spina refuse évidemment de ratifier cette convention. Un troisième puis un quatrième projet ont le même sort. Si bien qu'au moment où l'Autriche, à Lunéville, le 2 février 1801, est une fois encore réduite par la France à un humiliant traité, les choses sont au point mort. Une situation que le fougueux Premier consul ne peut supporter longtemps. Dictant lui-même un cinquième projet, il nomme François Cacault ministre plénipotentiaire à Rome où le Sacré-Collège est favorablement impressionné par la volonté du gouvernement français d'aboutir à une négociation. Mais les termes du projet Bonaparte, présenté par Cacault, qui est arrivé à Rome le 6 avril 1801, apparaissent à la cour romaine comme inacceptables, le Premier consul ayant osé assimiler les évêques schismatiques aux orthodoxes et dicter au pape la conduite à tenir envers les prêtres abdicataires.

Alors Pie VII expédie personnellement au chef de la France un contre-projet qui, retardé par la poste, arrive à Paris alors que, impatienté, Bonaparte, dès le 19 mai, a fait présenter par Cacault un véritable ultimatum, le Saint-Siège n'ayant que cinq jours pour accepter le projet français ; ce délai passé, les Etats romains pourraient être de nouveau occupés.

Impavide mais décidé à aboutir, Pie VII prend une décision insolite : il dépêche à Paris, revêtu des pleins pouvoirs, son secrétaire d'Etat Consalvi qui, en quatorze jours, atteint la capitale de la France. Le 21 juin, revêtu de tous les insignes du cardinalat, Consalvi paraît aux Tuileries en pleine réception consulaire ; il frappe tout ce beau monde hétéroclite par son naturel, son à-propos et son esprit de décision. Mais il faudra encore trois semaines de discussions entre Consalvi et Bernier — Talleyrand s'étant enfin effacé — pour aboutir (neuvième projet) au texte définitif du concordat. Ce texte est arrêté et signé le 15 juillet 1801 (26 messidor an IX), à minuit, par Consalvi, Spina et P. Caselli pour Rome, par Bernier, Crétet et Joseph Bonaparte pour la France.

*Le concordat de 1801 et les Articles organiques*

La Convention dite de Messidor, passée entre Pie VII et le gouvernement français, contient un bref préambule et 17 articles concis. Elle reconnaît que la religion catholique, apostolique et romaine est celle de la grande majorité des Français ; elle pose deux affirmations essentielles : liberté et publicité du culte ; elle octroie au chef de l'Etat le droit de nommer les évêques, dont le nombre est réduit, et à qui seul le pape peut accorder l'institution canonique. Quant à l'épiscopat, il sera globalement renouvelé, le pape exhortant les titulaires des anciens évêchés à abandonner leur siège. A la renonciation définitive de l'Eglise aux biens nationaux répond la prise en charge, par l'Etat français, de l'entretien des titulaires des diocèses et des cures, tous les ecclésiastiques étant soumis au serment de fidélité au gouvernement.

En réalité, le concordat de 1801 est un compromis dont l'application se heurtera à mille difficultés, à mille situations de fait. Il n'empêche que, pour Rome, il s'agit d'une grande victoire, le bien général de la chrétienté étant finalement sauf. Aussi, dès le 15 août 1801, l'encyclique *Ecclesia christi* annonce-t-elle au monde l'heureux événement. Le même jour, Pie VII, passant outre aux réactions parfois violentes de certains cardinaux, signe le bref *Tam multa* par lequel il demande aux évêques français de se démettre, entre ses mains, de leur siège. Le 24, le cardinal Jean-Baptiste Caprara est nommé légat *a latere* auprès du gouvernement français. De son côté, Bonaparte, sur avis conforme du Conseil d'Etat, ratifie, le 8 septembre, la Convention de Messidor. Mais celle-ci, pour être promulguée, doit être soumise aux assemblées délibérantes — Tribunal, Corps législatif, Sénat — dont il sait qu'elles sont peuplées d'idéologues, de gallicans et d'anciens révolutionnaires aux yeux de qui le concordat marque en fait la faillite de la grande entreprise commencée en 1789.

L'application du concordat se présente tout de suite comme une entreprise difficile. Rome s'étonne tout d'abord de ce que le conseiller d'Etat Jean Portalis soit désigné comme chargé des « affaires concernant *les* cultes », expression qui atteste l'égalité reconnue en France entre les confessions religieuses. Sur 93 survivants de l'ancien épiscopat, 55 démissionnent mais 38 refusent de s'incliner. Et puis le Premier consul, s'il disperse brutalement le concile national de Paris (14 août), fait entrer douze constitutionnels dans la promotion des 45 premiers évêques nommés par lui.

Pie VII, qui refuse pour ces jureurs les bulles d'institution, n'est pas au bout de ses peines : d'octobre 1801 à avril 1802 est élaboré, par le gouvernement français, sous la forme de 77 articles dits organiques, un arrêté d'exécution du concordat avec le Saint-Siège. Outrancièrement gallicans, inacceptables pour le Saint-Siège qui en réclamera vainement l'abolition, les Articles organiques réglementent très strictement l'exercice du culte, de la liturgie, de l'enseignement religieux ; ils mettent l'Eglise gallicane sous l'étroite surveillance d'un Etat qui n'admet aucune forme de collégialité ; ils soumettent à l'autorisation gouvernemenale la réception par le clergé de France de tous les actes du Saint-Siège et de ses représentants. Et tandis que les ordres monastiques demeurent abolis, l'enseignement de la Déclaration gallicane — dite des « Quatre Articles » — de 1682, est imposé à tous les séminaires. Le tout constitue la « loi sur les cultes », votée par le Corps législatif le 18 germinal an X (8 avril 1802).

La proclamation solennelle du concordat, suivie d'une messe officielle d'action de grâces à Notre-Dame de Paris, a lieu le dimanche de Pâques 28 germinal an X (18 avril 1802). Dans l'ensemble la population, reconnaissante à Bonaparte pour la paix enfin rétablie, se montre enthousiaste. A Rome, Pie VII — à défaut d'un consensus que lui refuse son entourage — connaît « la satisfaction du père qui voit revenir la brebis égarée » (A. Latreille).

## Pie VII à Paris

Mais le heurt entre l'autoritarisme du Premier consul et le magistère du pape, gardien des lois et des règles de la religion catholique, est inévitable. Il s'annonce dès juillet 1802 lorsque le gouvernement français réclame pour la République italienne [11] un concordat analogue au concordat français. Après des mois de tractations, on aboutit, en septembre 1803, à la signature de ce concordat ; mais lorsque le texte en paraît, le 26 janvier 1804, dans le *Bulletin des lois* de la République italienne, il est assorti d'un décret « relatif à l'exécution du traité » semblable aux Articles organiques français. Pie VII

---

11. En 1797 Bonaparte avait constitué l'Italie du Nord en République cisalpine devenue, en 1802, la république, puis (1804) le royaume d'Italie

*Napoléon I{ᵉʳ} (1800-1814)*

mande alors le ministre de France près le Saint-Siège, le cardinal Joseph Fesch, oncle des Bonaparte — que le Premier consul, en avril 1803, a imposé à la place de Cacault —, et, avec une vigueur inaccoutumée, proteste contre ledit décret.

Mais les négociations en vue du sacre par le pape de l'empereur Napoléon rejettent momentanément dans l'ombre ces griefs. Depuis le 14 floréal an XII (4 mai 1804), jour où le Tribunat a adopté la motion Curée, Napoléon Bonaparte est, en effet, empereur des Français, à titre héréditaire. Six jours après ce vote, et avant l'adoption — le 18 mai — du Sénatus-Consulte nécessaire pour fonder constitutionnellement l'Empire, Bonaparte confie au cardinal Caprara le désir que son sacre et son couronnement soient accomplis par les mains du pape, à Paris même.

Le Saint-Siège se montre terriblement embarrassé ; et ceci pour plusieurs raisons : l'antériorité lointaine (Pépin le Bref) d'un déplacement de pape pour un tel acte ; le fait que, en prêtant serment le 18 mai, Napoléon a juré de respecter « l'irrévocabilité des biens nationaux » ; la crainte du pape de se voir embarqué dans le « camp français » au lendemain de la rupture de la paix d'Amiens et de l'exécution (20 mars 1804) du duc d'Enghien ; l'opposition d'une partie de l'ancien épiscopat français, ouvertement hostile au concordat et ouvertement partisan de « Louis XVIII » ; la situation de quelques évêques constitutionnels qui, comme Le Coz et Belmas, refusent de se plier à une rétractation officielle...

Pie VII signe bien, le 2 août, un bref qui félicite l'Empereur de son avènement, mais les négociations pour le sacre traînent. Le 29 septembre 1804 Napoléon, alors à Mayence, expédie à Rome une lettre officielle d'invitation qui ressemble fort à une sommation. Mis encore une fois au pied du mur, Pie VII, toujours soucieux d'éviter un schisme, consulte, le 2 octobre, le Sacré-Collège qui se montre majoritairement favorable au départ du pape pour Paris : le 29 octobre, le Souverain Pontife prend sa décision en consistoire. Laissant le gouvernement de Rome et de l'Etat pontifical aux soins de Consalvi, le 2 novembre il quitte la Ville éternelle, accompagné d'une vingtaine de personnes : plusieurs — dont le vieux cardinal Antonelli — tremblent à l'idée « d'affronter la France et de se trouver à Paris, gorge infernale ».

Par Florence, le cortège pontifical gagne Turin, alors ville française [12] où, au nom de l'empereur, l'accueillent le cardinal Etienne-Hubert Cambacérès, archevêque de Rouen, frère de l'ex-second consul, le sénateur François-Marie d'Aboville, président du Sénat, et le maître des cérémonies Salmatoris. Partout, l'accueil est respectueux, même chaleureux, ce qui ne manque pas d'étonner l'entourage du pape.

Le 22 novembre, on est en forêt de Fontainebleau, à la Croix Saint-Herem, où l'Empereur, en habit de chasse — car il joue la comédie de la rencontre fortuite — reçoit fort aimablement le Saint-Père qui, installé aux Tuileries et logé au Pavillon de Flore, rend d'abord visite à l'impératrice Joséphine qui lui révélera qu'elle n'est liée à Napoléon que par un mariage civil. Le pape qui, soucieux de sincérité religieuse, a dispensé l'empereur de la communion d'usage, exige, par contre, et malgré la fureur de Napoléon, la régularisation de sa situation conjugale ; sans quoi le sacre n'aura pas lieu. Alors, le 30 novembre, le cardinal Fesch, agissant en qualité de grand aumônier et pourvu de tous les pouvoirs et dispenses, bénit les deux époux dans le plus grand secret.

Pie VII n'est pas au bout de ses surprises, car durant cinq jours, la discussion va être vive autour du cérémonial du sacre. Napoléon refuse d'une part, et absolument, de redonner vie à l'interminable, très symbolique et archaïque cérémonie du sacre des rois de France ; d'autre part, il ne veut pas se plier au Pontifical romain que Fesch a accepté sans condition mais qui insiste trop, aux yeux de l'Empereur, sur la suprématie du Saint-Siège. De son côté, le pape refuse d'assister à la prestation solennelle par le souverain du serment constitutionnel mais il accepte de ne point lui imposer lui-même la couronne : c'est l'Empereur qui, après les onctions, la bénédiction et la tradition des ornements données par le pape à l'issue de la messe, se couronnera lui-même et couronnera l'impératrice.

---

12. La Savoie fut française de 1792 à 1815.

*Napoléon Ier (1800-1814)*

Ainsi est fait le 2 décembre 1804 (11 frimaire an XII), en fin de matinée, dans une cathédrale Notre-Dame où l'on a terriblement froid, mais l'on n'a jamais vu autant d'ors et de pourpre au cours d'une cérémonie grandiose et ennuyeuse dont le déroulement est brusqué par un Napoléon pressé — Duroc fait abréger le discours du cardinal de Belloy, archevêque de Paris — le pape étant assisté à l'autel par les cardinaux de Bayane et Braschi-Honesti.

Le sacre de Napoléon Ier constitue un événement aux implications considérables. Pour l'empereur des Français d'abord, qui, par cette cérémonie fastueuse et sans précédent, entend montrer à l'Europe que la page de la Révolution est enfin tournée et que lui-même est le véritable héritier des empereurs du Saint-Empire, ce Saint-Empire que Napoléon fera précisément disparaître en 1806.

Mais beaucoup plus importantes et durables sont, pour la papauté, les conséquences du sacre et du séjour de quatre mois et demi de Pie VII à Paris. Car, contrairement aux craintes de Napoléon, qui a établi, par précaution, une censure rigoureuse des journaux, l'accueil que le petit peuple parisien réserve au Souverain Pontife à chacune de ses sorties — séminaire de Saint-Sulpice, églises de la capitale, mais aussi bibliothèque royale, muséum, Jardin des plantes... — est proprement extraordinaire, à la grande satisfaction du pape et à la stupéfaction des Italiens. Le cardinal Antonelli notera par exemple que « la dévotion de ce peuple est inexprimable ». Napoléon offre même au pape de demeurer en France, mais Pie VII, très sagement, s'y refuse : d'ailleurs il fait savoir que, au cas où la liberté lui serait enlevée, son abdication, demeurée aux mains du cardinal Pignatelli, archevêque de Palerme, jouerait immédiatement. Son départ n'est donc pas différé : sorti de Paris le 15 mars 1805 Pie VII rentre à Rome le 16 mai après un arrêt de trois jours à Lyon, métropole des Gaules, où la ferveur de la population est au diapason de Paris. Le pape a donc tout lieu de se réjouir de son séjour en France, d'autant qu'il a emporté avec lui la soumission des évêques constitutionnels.

*Menaces sur Rome*

Mais les nuages vont bientôt s'accumuler de nouveau dans le ciel des relations entre la France napoléonienne et le Saint-Siège.

Cela commence très vite : au moment même où, dès 1805, la Troisième coalition se forme contre Napoléon, l'Angleterre entraînant avec elle la Suède, la Russie, l'Autriche et aussi le royaume de Naples, traditionnellement très antifrançais. Dans l'Etat pontifical, les jours de crainte recommencent ; car s'étant fait roi d'Italie, le 18 mai 1805, et ayant réuni la République ligurienne à la France (6 juin), Napoléon se met à distribuer les duchés italiens. Pire : le 18 octobre, le corps de Gouvion-Saint-Cyr, qui se replie de Naples, jette une garnison française dans le port d'Ancône : or Ancône appartient au Saint-Siège.

Pie VII, par une lettre brève et sèche, datée du 13 novembre, proteste évidemment, au nom de sa neutralité, contre l'occupation d'Ancône ; il annonce même qu'il suspend ses rapports officiels avec Fesch. L'Empereur ne lui répond qu'après la victoire d'Austerlitz, qu'il remporte sur les Austro-Russes, le 2 décembre 1805. Tout aussi brutalement, par une lettre datée du 7 janvier 1806, à Munich, il justifie sa mainmise sur Ancône par l'intérêt militaire et aussi par le souci de protéger le Saint-Siège. Nouvelle protestation de Pie VII le 29 janvier ; nouvelle réplique de l'Empereur le 13 février. Cette fois Napoléon dévoile son dessein : « Votre Sainteté est souveraine de Rome, déclare-t-il, mais j'en suis l'empereur. Tous mes ennemis doivent être les siens. »

Le 21 mars, Pie VII expose avec netteté ses vues : il n'a pas à entrer « dans le dédale de la politique » et doit seulement observer la paix, même à l'égard des Etats en lutte avec la France, et où vivent des fidèles : l'existence de l'Etat romain s'oppose, d'autre part, à l'idée de la domination intégrale de Napoléon sur l'Italie, et la comparaison du temporel et du spirituel que conçoit l'empereur est inadmissible. En ce qui concerne le concordat italien, le Saint-Père maintient son

*Napoléon I<sup>er</sup> (1800-1814)*

point de vue. Cette réponse ferme et sans violence est élaborée au moment même où le bruit se répand en Italie que le Saint-Siège serait transféré à Avignon ou à Paris, et que les Etats pontificaux seraient partagés entre le royaume de Naples, dont Joseph Bonaparte va devenir le titulaire, et le royaume d'Italie, où Eugène de Beauharnais est vice-roi.

L'unification progressive de l'Italie napoléonienne est une menace permanente pour les Etats du pape. Le clergé napolitain se refusant à reconnaître la légitimité de Joseph Bonaparte, l'Empereur, qui craint une attaque anglaise depuis la Sicile, ordonne à ses généraux d'occuper tout le littoral adriatique jusqu'au royaume de Naples et de s'installer le long de la Tyrrhénienne, à Civitavecchia et jusqu'à Piombino, faisant ainsi un pas nouveau vers l'intégration de l'Etat romain à l'Empire. Le 18 avril 1806, dans ce qui sera sa dernière lettre à Pie VII, Napoléon informe ce dernier du rappel du cardinal-oncle, Fesch, et de son remplacement, comme ministre de France à Rome, par Charles Alquier, précédemment en poste à Naples.

L'occupation de Rome n'est plus maintenant qu'une question de mois, le blocus continental, décidé contre l'Angleterre (21 novembre 1806), la rendant inévitable, et le « nouveau Charlemagne » s'irritant des critiques que soulève de plus en plus dans la Curie la manière dont il domestique l'Eglise gallicane.

*Les Français à Rome. Pie VII à Savone*

Le 2 février 1808, les troupes du général Miollis entrent à Rome par la Porte du Peuple, désarment les troupes pontificales, qui seront incorporées à l'armée française, et enveloppent le palais du Quirinal, résidence de Pie VII. Théoriquement, il ne s'agit que d'un passage de troupes ; en fait, c'est une spoliation. Surveillé, le pape se voit privé des services de quinze cardinaux qui sont expulsés sous prétexte qu'ils sont napolitains ou nés hors des Etats pontificaux ; c'est ainsi que doit s'en aller le cardinal Doria, pro-secrétaire d'Etat du vieux cardinal Casoni qui, le 17 juin 1806, avait remplacé Consalvi, démissionnaire, à la secrétairerie d'Etat. En réplique, Pie VII rappelle de Paris Caprara ; Napoléon, qui annexe définitivement les Marches, fait alors expulser de Rome le nouveau secrétaire d'Etat, le cardinal Pacca, suscitant un violent accès de colère du doux pontife.

L'Empereur fait le pas définitif après Wagram (1809), quand il est assuré, par sa nouvelle victoire sur l'Autriche, que rien n'entravera son rêve romain. Le 17 mai 1809, un décret daté de Vienne réunit les Etats du pape à l'Empire français : la ville de Rome est déclarée ville impériale et libre ; des dotations sont prévues ; on assure au pape un revenu net de deux millions ; une consulte sera instituée pour organiser le régime constitutionnel à partir du 1$^{er}$ janvier 1810. C'est le 10 juin que le décret de Vienne est publié à Rome : le pavillon pontifical est alors descendu du château Saint-Ange et remplacé par le drapeau français.

Réplique immédiate de Pie VII : dans la nuit du 10 au 11 est affichée sur les murs des églises de Rome la bulle *Quum memoranda* qui excommunie, sans nommer précisément Napoléon, les auteurs de la spoliation. La sanction impériale ne peut se faire attendre : le 5 juillet, Miollis charge le général de gendarmerie Radet de procéder à l'arrestation du pape : elle a lieu dans la nuit du 6 juillet, Radet se livrant à l'escalade du Quirinal et enfonçant les portes à la hache. Pénétrant dans l'appartement personnel de Pie VII, il lui notifie qu'il a l'ordre de l'emmener avec lui.

En fait, Radet est dépourvu d'instructions précises. Dans un premier temps, il emmène Pie VII — et aussi Pacca — à Florence, d'où la grande-duchesse Elisa Bonaparte les expédie sur Gênes ; de là, la voiture du pape, encadrée de gendarmes, roule vers Grenoble où la petite caravane arrive le 21 juillet ; les Grenoblois manifestent un tel amour pour « le nouveau Pie VI » qu'on part en direction d'Avignon. Mais Napoléon, qui est à Schoenbrunn et dont les ordres, pour une fois imprécis, sont mal compris, ne veut pas du pape en France. C'est pourquoi on échoue, le 16 août, à Savone, petit évêché génois et chef-lieu du département de Montenotte, dont le préfet,

*Napoléon Ier (1800-1814)*

Chabrol de Volvic, se fait une loi — obéissant ainsi à l'empereur — de traiter Pie VII en souverain.

Evitant ce piège, le pape signifie qu'il se considère comme captif, Pacca étant d'ailleurs emprisonné. Pie VII sait que, dans l'Empire — en France, en Allemagne mais surtout en Belgique — au-delà de la servilité de façade, le clergé, le bas-clergé surtout, est impressionné par les événements. Cependant ce clergé s'agite peu ; et, de retour à Paris après la paix de Vienne (14 octobre 1809), Napoléon, appuyé sur des prélats ralliés comme le cardinal Maury, nommé à Paris, se convainc que la double épreuve de la suppression du pouvoir temporel et de la bulle d'excommunication n'a pas ébranlé, dans l'ensemble, la fidélité de son clergé ; même la Commission ecclésiastique qui est réunie le 16 novembre 1809, si on excepte M. Emery, supérieur général des Sulpiciens, ne se montre pas d'une grande inflexibilité.

Aussi l'Empereur va-t-il amorcer son grand dessein d'installer définitivement la papauté à Paris. En décembre 1809 il fait transférer dans la capitale et installer dans des hôtels de la rive gauche la majorité — 29 cardinaux — du Sacré-Collège. Le 17 février 1810, un Sénatus-Consulte proclame la réunion à l'Empire de Rome, devenue la seconde capitale de l'Empire ; les Etats pontificaux sont divisés en deux départements français, le Tibre et Trasimène. Il est en outre stipulé que les empereurs, dans l'avenir, seront couronnés à Rome, le pape, à qui est dévolue une dotation de deux millions, étant intégré dans le système gallican, et les dépenses du Sacré-Collège étant déclarées « impériales ».

Et tandis que le pape, isolé dans le petit évêché de Savone, s'arc-boute avec courage sur ses droits inaliénables, l'affaire du divorce et du second mariage de l'Empereur, en 1810, vient mettre de nouveau à rude épreuve la complaisance du haut-clergé français. En effet, hanté par la préoccupation de fonder une dynastie et par la stérilité de l'impératrice Joséphine, Napoléon a fini par amener celle-ci — lasse de la haine des Bonaparte — à un divorce par consentement mutuel. Sur le plan civil, l'affaire est officialisée, aux Tuileries, le 15 décembre 1809. Sur le plan canonique, ce serait au pape, selon la tradition des maisons souveraines, à régler cette cause matrimoniale. Mais ne voulant pas recourir à Pie VII, l'Empereur s'adresse à l'officialité de Paris qui, le 12 janvier, prononce la nullité de l'union religieuse de Napoléon et de Joséphine, arguant du fait de sa clandestinité. Ainsi mis à l'aise, le gouvernement de Vienne — féru de joséphisme — répond positivement, le 14 février 1810, à la demande de Napoléon désireux d'épouser l'archiduchesse Marie-Louise, fille de l'empereur François I$^{er}$. Le 11 mars, l'archevêque de Vienne se prête à ce mariage, par procuration.

Cet énorme affront fait au Saint-Siège, s'il ne traumatise guère le clergé français — M. Emery lui-même enverra quinze séminaristes comme cérémoniaires à Notre-Dame — émeut fortement les cardinaux : treize, tous italiens, sur les trente présents à Paris, s'ils acceptent de se rendre à l'invitation pour la présentation de l'archiduchesse à Saint-Cloud, refusent, le 2 avril 1810, d'assister au mariage religieux.

Furieux, l'Empereur, par un arrêté du 10 juin 1810, prive ceux qu'on appellera désormais « les cardinaux noirs » de toutes leurs prérogatives et dignités, et il les expédie en province où ils seront étroitement surveillés.

*Le concile national*

Il y a plus grave pour l'Eglise impériale : car, par le fait du refus du pape d'instituer canoniquement les nouveaux évêques, 27 diocèses de l'Empire, au début de 1810, sont sans pasteur. Situation qui se complique des dispenses de mariages réservées au pape et qui sont suspendues. Une vingtaine d'évêques français, le 25 mars 1810, envoient à Pie VII une lettre qui est un rappel pressant de ces difficultés ; de son côté, Napoléon recourt à sa nouvelle alliée, l'Autriche — où l'Etat aussi aspire à établir l'autonomie de l'Eglise nationale — comme médiatrice auprès du pape. Celui-ci reste inébranlable, maintenant même l'excommunication, dont le retrait cependant importe beaucoup à l'empereur.

Celui-ci se venge en imposant effectivement aux séminaires

et aux facultés de théologie l'enseignement de la Déclaration gallicane de 1682 et en prononçant la dissolution de la Compagnie de Saint-Sulpice, traditionnellement très romaine. Le 14 octobre, il nomme archevêque de Paris le cardinal Maury que le Chapitre métropolitain, avec une répugnance extrême, ne veut recevoir que comme « administrateur capitulaire » ; l'âme de la résistance parisienne est le vicaire capitulaire, l'abbé d'Astros, qui est possesseur d'un bref de Pie VII interdisant de remettre l'administration du diocèse à Maury. Aussi, le 1$^{er}$ janvier 1811, lors de la présentation des vœux à l'Empereur, d'Astros essuie-t-il du maître une diatribe terrible, avant d'être écroué. En même temps, Napoléon ordonne de « resserrer la captivité du pape », dont la maison se trouve réduite au minimum et qu'on prive de ses instruments de travail.

Le désordre et le trouble se répandant dans l'Empire [13] — Paris, Florence, Milan, Venise, entre autres, sont sans archevêque —, se réunit de nouveau, le 7 février 1811, une commission ecclésiastique dont la mission est de sortir l'Eglise de France de l'impasse provoquée par les veuvages d'églises, les dispenses bloquées et l'excommunication toujours maintenue. Si on excepte M. Emery, toujours intransigeant, les membres de la commission, présidée par Fesch et Maury, se montrent encore très souples et trouvent comme porte de sortie la convocation d'un concile national, solution à laquelle inclinent Napoléon et son ministre des cultes Félix Bigot de Préameneu, qui a succédé le 4 janvier 1808 à Portalis, décédé.

Au printemps de 1811 Napoléon, arrivé à son zénith, semble ne devoir plus rencontrer d'obstacles dans sa domination des esprits : le 20 mars lui naît un fils à qui, orgueilleusement, il donne le titre de roi de Rome ; le 26 avril, il envoie à Savone trois membres du Conseil ecclésiastique : ils sont chargés de négocier avec le pape une double convention. Par la première, Pie VII s'engagerait à ne jamais retarder plus de six mois l'institution canonique d'un évêque ou à l'abandonner au métropolitain ; par la seconde, le pontife pourrait

---

13. En 1810, l'Empire français s'étendait sur 130 départements (France, Belgique, Italie, Allemagne).

ou retourner à Rome ou s'installer à Avignon, à condition de prêter à l'empereur le serment prescrit par le concordat et de ne rien faire dans l'Empire de contraire aux « Quatre Articles » de 1682. Les trois émissaires sont également chargés d'annoncer au pape la tenue imminente d'un concile national à Paris. Le 11 mai, la députation française est reçue par Pie VII qui, contre toute attente, se dit prêt à un arrangement, bien qu'il insiste sur la nécessité de son assentiment à toute décision conciliaire et sur le fait que le droit limité d'institution accordé aux métropolitains ne serait exercé qu'en son nom.

Le 17 juin 1811, une semaine après le baptême solennel du roi de Rome par Fesch et en présence d'une soixantaine de prélats, cent quatre évêques de l'Empire (France, Italie, Allemagne), sur les cent quarante-neuf qui ont été convoqués, se réunissent en concile à Notre-Dame de Paris. Rapidement, les outrances de l'empereur, qui traite le concile comme « une assemblée qui lui appartient », et celles de Bigot de Préameneu, qui n'hésite pas à faire devant les Pères le procès de la papauté, provoquent des résistances. Dès le 26 juin, une solide majorité des deux tiers se dégage qui se prononce contre la compétence du concile statuant en dehors du pape. Devant cet effritement d'un gallicanisme plusieurs fois centenaire, Napoléon s'impatiente : le 8 juillet, il signe le décret de dissolution du concile ; le 9, il fait jeter au donjon de Vincennes les meneurs de l'opposition, les évêques de Troyes (Boulogne), de Gand (Broglie) et de Tournai (Hirn). Mais, au cours des jours qui suivent, Bigot arrache à cinquante-sept évêques — la majorité — l'adhésion au décret réglant pour l'avenir les modalités de l'institution canonique. Ce qui permet au ministre de rouvrir le concile et d'obtenir d'une majorité de complaisance les adhésions précédemment rejetées (5 août).

*Pie VII à Fontainebleau*

Alors l'Empereur s'apprête pour la dernière étape : une

forte députation ecclésiastique franco-italienne — dont cinq cardinaux — est envoyée à Pie VII qui, cette fois encore, compose, tout joyeux qu'il est de constater la déférence qu'on lui témoigne. Il consent donc, le 20 septembre 1811, à signer un bref où il reprend, mais à son compte, les décisions du concile dont il refuse de reconnaître l'autorité.

Napoléon, après avoir tiré bénéfice de cet acte, notamment au plan des institutions canoniques d'évêques, déclare irrecevable dans l'Empire et attentatoire à la dignité impériale le bref du 20 septembre. Car, en « recevant » le bref, il rendrait sa liberté au pape et au Sacré-Collège ; or l'empereur « préfère prolonger un système d'oppression qui, à la longue, aurait raison de toutes les résistances » (A. Latreille).

Le 9 juin 1812, au moment où la Grande Armée est sur le point de s'ébranler vers la Russie, le préfet Chabrol est informé que, les Anglais préparant un coup de main sur Savone, le pape doit être transféré à Fontainebleau. Au terme d'un voyage inhumain, effectué dans le secret, entre le 9 et le 19 juin, le vieux pontife — qui a manqué mourir d'épuisement — est installé au palais de Fontainebleau, dans les appartements qu'il a occupés lors du sacre. Là, dans une solitude que renforce la surveillance de Savary, Pie VII mène une vie austère et pauvre, allant jusqu'à réparer lui-même ses vêtements pontificaux, et n'ayant contact qu'avec les « cardinaux rouges ».

Rentré aux Tuileries, le 12 décembre 1812, à l'issue de la désastreuse retraite de Russie, Napoléon fait parvenir au pape un projet où reparaissent les clauses constamment repoussées par Pie VII : adhésion aux propositions gallicanes, nouvelle répartition des évêchés, désaveu des « cardinaux noirs »... Le 9 janvier 1813, sous prétexte de chasse, il court à Fontainebleau et, à l'issue de cinq jours de discussions coupées de colères et de menaces, arrache à un pontife angoissé et coupé de l'Eglise l'adhésion à dix articles, de contenu très gallican, qu'on appellera improprement « concordat de Fontainebleau » (20 janvier) : l'annonce de l'adhésion du pape court à travers l'Empire, provoquant des *Te Deum*. Mais Pie VII, bourrelé de remords au point qu'il s'interdit de célébrer la messe et conseillé par les « cardinaux noirs » et par Pacca, expédie à l'Empereur, le 24 mars, une longue lettre de rétractation : il y déclare que le bref de Savone et le « concordat » de Fontainebleau doivent être tenus pour nuls et sans valeur.

Passant outre, et gardant d'ailleurs secrète cette lettre du pape, Napoléon déclare loi d'Empire le « concordat de Fontainebleau ». Mais le déclenchement d'une formidable coalition et aussi la sourde opposition qui monte des profondeurs de l'Empire lui font remettre à plus tard les mesures à prendre contre les « ultramontains » et le pape. Cependant, dans l'immédiat, Napoléon nomme aux sièges vacants douze nouveaux évêques qui seront généralement mal accueillis par leur clergé.

Le 2 mai 1813 c'est Lutzen, mais le 19 octobre, c'est Leipzig. Le 1$^{er}$ janvier 1814 la France est envahie. Le 21 janvier Napoléon décide de libérer Pie VII, car il veut éviter que son beau-frère Murat, roi de Naples, qui est passé aux alliés, puisse entrer dans Rome avant le pape. Escorté par le colonel Lagorse, qui ne peut éviter les démonstrations populaires d'enthousiasme, Pie VII regagne Savone, où il arrive le 17 février 1814. Napoléon ayant abdiqué le 4 avril 1814 et les alliés ayant décidé de rétablir le Saint-Père dans son ancienne capitale, Pie VII, qui a pu reconstituer le Sacré-Collège, entre dans une Rome en liesse le 24 mai 1814. Durant un an, le cardinal Consalvi, son légat auprès des alliés réunis en congrès à Vienne, va lutter pied à pied pour obtenir la reconstitution des Etats pontificaux — moins Avignon et Bénévent — et la confirmation du droit de préséance accordé aux nonces apostoliques sur tous les ambassadeurs.

Le congrès de Vienne est à peine clos que retentit, en mars 1815, la nouvelle du retour de l'île d'Elbe de Napoléon. Murat, qui est revenu à l'Empereur, songe à refaire à son profit l'unité italienne et envahit l'Etat pontifical. Pie VII doit donc se réfugier à Gênes où Napoléon cherche vainement à le faire joindre par Fesch. D'ailleurs, dès le 18 juin, c'est Waterloo, la fin des espérances de Napoléon et de Murat. Définitivement réinstallé à Rome, après soixante-dix jours d'absence, Pie VII se « vengera » en donnant asile à Madame mère, à la famille de Lucien Bonaparte et au cardinal Fesch, et en faisant délivrer le cardinal Maury, enfermé au château Saint-Ange.

QUATRIÈME PARTIE

# L'ultramontanisme. La papauté rayonne sur la France (1814-1905)

# 14.
# *L'essor de l'ultramontanisme (1814-1846)*

L'Empereur déchu, les Bourbons restaurés à Paris, à Madrid et à Naples, les Bragance à Lisbonne, les Habsbourg à Milan et à Florence, les Orange installés à Bruxelles, les Hohenzollern sur le Rhin, le tsar à Varsovie, Pie VII à Rome... il semble que l'Europe ait comme souci primordial de jeter — par-dessus l'abîme de la Révolution — des ponts qui la relieraient à un « Ancien Régime » dont elle veut croire que rien d'essentiel ne la sépare.

Ce retour au passé se fait avec prudence, ou au contraire avec acharnement, selon les circonstances et l'état des esprits. En France, Louis XVIII (1814-1824) doit transiger et, tout en se proclamant roi de droit divin et en déclarant religion d'Etat la religion catholique, maintient l'armature sociale bâtie par Napoléon. C'est qu'il doit compter avec un fort courant libéral, « sorti tout armé de la Révolution ». Le libéral intellectuel est souvent doctrinaire et se réclame surtout de Voltaire dont les œuvres connaissent — sous la Restauration — des rééditions nombreuses. Le libéral de la rue, de l'atelier et de la caserne est sentimental à la manière de Béranger : la polissonnerie bon enfant, l'anticléricalisme facile, le patriotisme vibrant, auxquels vient prêter appui le culte d'un Napoléon soudain promu modèle des libéraux, un épicurisme de boutiquier, un théisme vite satisfait ont fourni une espèce de « catéchisme » qui, dans « les souvenirs du peuple », remplacera bien souvent l'autre, celui des « hommes noirs » venus de Rome et dont le Dieu cruel est aussi éloigné que possible du « Dieu des bonnes gens ».

Mais le courant libéral se heurte au courant de la contre-révolution, dans lequel la masse des gens d'Eglise se laisse entraîner. Au sortir de ce qu'elle considère comme une période d'épreuves, l'Eglise de France réagit violemment contre la Révolution et ses séquelles. Plusieurs générations de prêtres et de catholiques vivront dans la hantise d'un retour de 1789 et de 1793, dans la nostalgie de l'Ancien Régime et de sa résurrection. Jusqu'à la fin du xixe siècle — et au-delà — la Révolution apparaîtra comme la racine du mal, plongeant dans une terre empoisonnée par le rationalisme, le voltairianisme, le laïcisme, la maçonnerie.

Sous Charles X (1824-1830), l'alliance du trône et de l'autel sera officialisée : une loi punit de mort le crime de sacrilège ; des missions spectaculaires sont prêchées à travers tout le pays : elles déchaînent parfois l'enthousiasme et provoquent des retours à Dieu, mais elles choquent souvent une opinion mal préparée à subir des pressions indiscrètes et dont les dispositions, en matière religieuse, ne sont pas sensiblement modifiées. Il faut dire que la religion officielle s'accommode dans la haute société d'une indifférence polie et aussi d'un gallicanisme virulent qui manifeste un sens obnubilé de l'Eglise, s'en prenant particulièrement à la Compagnie de Jésus, restaurée par Pie VII en août 1814.

### Pie VII et la Restauration

C'est précisément au gallicanisme de la Restauration que Pie VII est affronté dans l'affaire du « nouveau concordat ». Car Louis XVIII désire revenir au concordat de 1516 et abolir le concordat de 1801 pour lequel — ancien émigré qui a beaucoup côtoyé les évêques « légitimes » (ils sont encore dix-sept en 1815) — il éprouve une particulière aversion. L'ambassadeur extraordinaire à Rome, Cortois de Pressigny, ancien évêque de Saint-Malo, puis le comte de Blacas qui succède à Pressigny en 1816, ont reçu là-dessus des instructions devant lesquelles Rome rechigne, car Pie VII n'est pas disposé à détruire ce qui a été si laborieusement édifié sous Bonaparte. Cependant Blacas et Consalvi finissent par s'accorder, le 25 août 1816, sur un texte qui, revenant aux dispositions du concordat de 1516, abolit les Articles organiques, rétablit les sièges épiscopaux supprimés et dote les évêchés en biens fonds.

Mais l'application de ce « concordat de 1816 » se heurte à des obstacles de taille : refus de démissionner de cinq évêques de la Petite Eglise [14] et de quatre anciens constitutionnels en place ; surtout, opposition des milieux gallicans à la reconstitution des biens de mainmorte. Finalement, le 1ᵉʳ octobre 1816, Louis XVIII fait introduire dans une ratification du « concordat de 1816 » une réserve majeure concernant les libertés gallicanes : Pie VII bloque aussitôt les négociations. Habilement, Louis XVIII et le duc Richelieu, son Premier ministre, obtiennent que cinq des plus en vue des évêques d'Ancien Régime réfractaires au concordat de 1801 se rétractent dans une lettre de soumission adressée, le 8 novembre 1816, au pape ; on peut considérer cette lettre comme une étape capitale dans le déclin du gallicanisme.

Les négociations avec Rome reprennent alors et aboutissent à un nouveau concordat qui est signé le 17 juin 1817 par Consalvi et Blacas ; il est ratifié par la bulle *Commissa divinitus* : le nombre des archevêques est porté à dix-huit, le nombre des évêchés à soixante-quatorze. En août, le pape donne l'institution canonique à trente-quatre nouveaux prélats présentés par le roi.

Cependant le « concordat de 1817 », très ultramontain d'inspiration, suscite une telle émotion dans le monde politique et aussi dans les milieux gallicans [15] que, contrairement à Richelieu qui pense qu'il suffirait d'une ordonnance royale,

---

14. On appelle Petite Eglise les communautés de catholiques qui, à l'image de plusieurs évêques d'Ancien Régime, refusèrent d'accepter le Concordat de 1801. La dissidence a persisté jusqu'à nos jours, notamment dans le Poitou.

15. L'abbé Grégoire publie alors son *Essai historique sur les libertés de l'Eglise gallicane* (1818).

Pasquier, Decazes et Laîné convainquent le roi de recourir à la Chambre des députés laquelle, convoquée le 22 novembre, décide, après des débats houleux, de reprendre les tractations avec Rome, ce qui équivaut à un ajournement *sine die*. Reçu fraîchement par Pie VII et par Consalvi, l'envoyé extraordinaire de Louis XVIII, Portalis fils, ne peut rien. Le 23 août 1818, le pape explique que le « concordat de 1817 » étant pour le moment inapplicable, les archevêchés et évêchés fondés en 1801 resteront administrés par leurs titulaires. Cependant, par une loi du 10 mai 1821, le gouvernement français est autorisé à négocier avec Rome l'établissement de 30 nouveaux sièges : en effet, le 10 octobre 1822, Pie VII lance une nouvelle « bulle de circonscription », *Paternae caritatis,* qui sera publiée en France en vertu d'une ordonnance royale du 31 octobre. Pour le reste, le concordat de 1801 et ses articles organiques resteront substantiellement inchangés jusqu'en 1905 : ce maintien constitue en fait une revanche posthume pour l'impérial prisonnier de Sainte-Hélène, mort le 5 mai 1821.

Pie VII, dont le pontificat aura décidément été encombré par les affaires françaises, meurt, lui, le 20 août 1823, à l'âge de quatre-vingt un ans. Le conclave qui s'ouvre à Rome le 2 septembre dure plus de trois semaines, étant de nouveau marqué par les interventions du « parti des couronnes », dirigé en coulisse par l'ambassadeur d'Autriche Apponyi — qui jette l'exclusive sur le cardinal Severoli, un *zelante* — et par l'ambassadeur de France, le duc de Montmorency-Laval, qui soutient Castiglioni, un modéré. En définitive le 28 septembre 1823, la majorité se met d'accord sur un *zelante,* le cardinal delle Genga, un vieillard maladif mais d'une vigueur morale peu commune, qui prend le nom de Léon XII. Le nouveau pape choisit comme secrétaire d'Etat un vieux cardinal *zelante,* Somaglia, quitte à revenir bientôt à Consalvi dont l'expérience lui est indispensable : geste qui signifie que Léon XII est moins intransigeant qu'on ne l'a craint, encore que sa première Encyclique, signée le 3 mai 1824, soit dirigée contre la « secte moderne », c'est-à-dire le « tolérantisme », qui débouche nécessairement dans « l'indifférentisme ».

## Léon XII et Lamennais

Un mois plus tard, le 4 juin, poussé par les *zelanti* romains et par les ultra-royalistes de Paris, Léon XII expédie à Louis XVIII une lettre qui, aux Tuileries, fait l'effet d'un coup de foudre, le pape reprochant au roi de France — personnage assez sceptique il est vrai — de laisser les mauvaises doctrines se répandre et de s'entourer de collaborateurs trop gallicans. La réponse de Louis XVIII est très aigre-douce, mais le secrétaire d'ambassade Alexis Artaud — l'historien des papes — réussit à éviter un incident diplomatique. Consalvi, qui sait comment s'y prendre avec les très susceptibles Français, conseille à Léon XII plus de retenue dans ses rapports avec sa « Fille aînée ».

En 1824, Charles X — le frère de Louis XVI et de Louis XVIII — accède au trône de France. Avec ce « roi dévot » s'installe au pouvoir le « parti-prêtre » dont l'intransigeance théocratique exaspère l'opposition libérale et anticléricale. Au point qu'en janvier 1828, Charles X doit se séparer du ministère « ultra » de Villèle, qui est remplacé par le comte de Martignac. Celui-ci se laisse surprendre par un fort reflux du vieux gallicanisme, revivifié par l'un de ses représentants les plus brutaux, le comte de Montlosier, ennemi acharné des jésuites et de la Congrégation. Sous cette pression, Charles X se résigne, le 16 juin 1828, à signer deux ordonnances qui soumettent les écoles ecclésiastiques et les petits séminaires au régime de l'autorisation et obligent les congrégations non autorisées — en fait les jésuites — à se découvrir.

Alors, abdiquant pour une fois son traditionnel gallicanisme, l'épiscopat français en appelle à Rome, où le vicomte de Chateaubriand est nommé ambassadeur — il y arrive le 9 octobre 1828. Mais Léon XII s'abstient d'intervenir pour ne pas mettre dans l'embarras le roi Très chrétien ; le pape sait d'ailleurs que le gallicanisme est affronté, depuis plusieurs années, à l'adversaire le plus décidé qu'il ait jamais connu : Félicité de Lamennais (1782-1854). Ce prêtre génial a compris — il le dit, il l'écrit, il le clame — qu'entre les deux sectarismes — l'Eglise étouffée par le pouvoir allié et la contre-Eglise révolutionnaire — il y a place pour une Eglise libre, vivante. A une sainte Alliance hypocrite, qui fut signée, sans le pape, par des despotes, et qui cache mal le détachement des masses de l'Evangile, Lamennais oppose une rencontre des hommes dans les eaux vives et profondes d'un christianisme à la fois libre et largement ouvert à la source qui est à Rome. Dans sa Thébaïde bretonne de la Chênaie, il attire une foule enthousiaste de jeunes gens — clercs et laïcs — las de l'étouffante atmosphère de la Restauration ; beaucoup d'entre eux — Lacordaire, Montalembert, Gerbet, d'Alzon... — seront les bâtisseurs de l'Eglise de France contemporaine.

Lamennais se situe, en fait, dans le fil du courant traditionaliste et ultramontain, celui du doctrinaire Joseph de Maistre (1753-1821) qui, dans plusieurs de ses ouvrages — notamment *Du pape* (1819), *De l'Eglise gallicane dans son rapport avec le Souverain Pontife* (1821) — développe l'idée, pour lui fondamentale, que l'Eglise romaine et le pape sont les seules forces capables de s'opposer au flot destructeur des théories révolutionnaires et de « casser le cou au protestantisme ».

Félicité de Lamennais est autrement véhément et autrement écouté que Maistre. Quand Léon XII accède au trône pontifical, en 1823, Féli est déjà connu et admiré en France et dans la catholicité pour l'*Essai sur l'indifférence en matière de religion* (1817-1823), un ouvrage aux résonances pascaliennes, destiné à secouer l'apathie spirituelle et l'incuriosité intellectuelle des contemporains. Adversaire acharné du gallicanisme et considérant que la papauté est le centre vital d'un christianisme renouvelé, Lamennais ne laisse pas le Saint-Siège indifférent. A Paris même, le nonce Macchi lui est favorable et le protège des attaques violentes qui partent du camp gallican. Au cours d'un voyage en Suisse et en Italie, Féli est reçu par Léon XII, le 6 septembre 1824 : l'accueil est chaleureux. Très psychologue, le pape déclare que le fougueux prêtre breton est « un homme qu'il faut conduire avec les mains dans le cœur » ; s'il le trouve un peu *esaltato,* il reconnaît en lui « l'un de ces amants de la perfection qui, si on les laissait faire, bouleverseraient le monde ». Mieux : Lamennais lui apparaissant comme l'un des plus vigoureux défenseurs du Saint-Siège, Léon XII — peut-être pour le protéger du clergé gallican — songe à le retenir à Rome, voire à faire de lui un cardinal *in petto.* A la cour romaine, tout le monde ne partage pas cette admiration et certains ne se gênent pas pour déclarer que ce Français aux allures de prophète n'est qu'un gêneur prétentieux. Cependant Féli noue à Rome de solides amitiés : le cardinal Micara et le Père Ventura, un théatin, sont particulièrement sensibles au message mennaisien qui, pour l'essentiel, rejoint le message évangélique.

Rentré en France, Lamennais donne au public une nouvelle œuvre : *De la religion considérée dans ses rapports avec l'ordre politique et civil* (1825-1826), dont tout un chapitre — le chapitre VI — est consacré au Souverain Pontife : l'Eglise y est présentée comme une monarchie dont « le pape est l'unique souverain, étant seul investi de la plénitude de la puissance ». Pour Félicité, « rien de plus absurde que de nier l'infaillibilité du pape et de soutenir en même temps l'infaillibilité de l'Eglise qui ne peut être infaillible que par le pape ».

Violemment antigallican — les Quatre Articles de 1682 en sortent démantelés, anéantis — ce nouvel ouvrage fait l'objet à la fois d'un procès en correctionnelle que Lamennais perd, malgré l'éloquence de Berryer (25 avril 1826), et d'une déclaration signée par quatorze évêques réunis par le cardinal de La Fare, archevêque de Sens (11 avril), par laquelle ils se font les défenseurs, face à des « censeurs sans mission, sans autorité... », des « maximes reçues dans l'Eglise de France... ».

Félicité connaît bien une grande joie quand son ami Louis Lambruschini, archevêque de Gênes, religieux barnabite, est nommé nonce à Paris en février 1827. Mais le silence de Léon XII, après la signature par Charles X des ordonnances gallicanes de juin 1828, le jette dans la tristesse, voire le désespoir : « Rome, Rome où es-tu donc ? Qu'est devenue cette voix qui soutenait les faibles, réveillait les condamnés ? » se demande-t-il le 2 octobre 1828. Ce qui ne l'empêche pas, la même année, de jeter les bases, avec son frère Jean-Marie, d'une congrégation de prêtres dont l'enseignement, le zèle et la science devraient à la longue renouveler le clergé français. Cette compagnie prend symboliquement le nom de Congrégation de saint Pierre ; le premier chapitre de ses constitutions indique comme but premier à ses membres : « Rétablir dans les esprits l'autorité du Saint-Siège. » Elles portent d'ailleurs en épigraphe : « Tu es Petrus et super hanc petram aedificabo Ecclesiam meam... ».

*Pie VIII et la révolution de juillet*

Cependant, un nouvel ouvrage de l'infatigable Féli, *Des progrès de la Révolution et de la guerre contre l'Eglise* (1829) n'a pas le don de plaire à Lambruschini, qui en déplore l'orientation très antimonarchiste. Quand le nonce se déclare ainsi, le trône pontifical est vide, Léon XII étant mort le 10 février 1829. Le 31 mars, à l'issue d'un conclave sans incidents, est élu le cardinal qui avait été le candidat de la France en 1823, le grand pénitencier François-Xavier Castiglioni, soixante-quatre ans, qui, par référence à Pie VII — dont il partagea les souffrances — prend le nom de Pie VIII. Cet homme de doctrine est un infirme que la goutte oblige à tenir la tête penchée et tournée de côté. En choisissant comme secrétaire d'Etat le vieux cardinal Joseph Albani, qui passe pour être l'agent de l'Autriche, il mécontente le gouvernement français au point que l'impétueux Chateaubriand donne sa démission d'ambassadeur : il est remplacé, en décembre, par le comte Auguste de La Ferronnays.

Pie VIII qui, dans sa première encyclique, a clairement manifesté son horreur pour les « sophismes du siècle », est un diplomate-né. En ce qui concerne la France, il est affronté à deux événements face auxquels il manifeste une grande pondération.

D'abord, le pape se garde bien de prendre position dans la violente controverse qui oppose Félicité de Lamennais à l'archevêque de Paris, Mgr de Quélen, rendu furieux par les

## L'essor de l'ultramontanisme (1814-1846)

attaques de Féli contre les gallicans, qualifiés par lui de « veillards qui ne vivent que de souvenirs d'école, mélange de bêtise et de morgue, de niaiserie stupide, d'impuissance d'esprit »... Et tandis que l'archevêque réclame de Rome la condamnation de l'irrespectueux polémiste, celui-ci attend du pape qu'il blâme solennellement le gallicanisme : mais Pie VIII se tait.

Et voici que la révolution française de juillet 1830 — que Féli a annoncée et appelée de ses vœux — renverse la vieille monarchie des Bourbons et déchaîne à travers l'Europe une série de soulèvements populaires. Le vent de liberté qui souffle alors en trombe va porter les mennaisiens aux extrêmes : le 16 octobre 1830, ils lancent le journal l'*Avenir,* qui porte en épigraphe « Dieu et liberté », et va se faire l'éloquent défenseur de toutes les formes de libertés, du désengagement temporel de l'Eglise et de la libération des peuples catholiques opprimés (Pologne, Irlande) ; en décembre, Lamennais et ses amis fondent l'Agence générale pour la défense de la liberté religieuse qui prétend mettre en actes la devise chère à Féli : « L'Eglise libre dans l'Etat libre. »

A Rome, on ne partage pas, mais pas du tout, l'enthousiasme du prêtre breton, d'autant moins que la révolution des « Trois glorieuses », qui a fait de Louis-Philippe Ier, fils d'un régicide, un roi des Français, a présenté un caractère nettement anticlérical, voire antireligieux : des prêtres ont dû se cacher, des prélats ont gagné la frontière. A son habitude, Pie VIII a d'abord temporisé, laissant au temps le soin de l'éclairer. Mais il lui faut se prononcer : il ne le fait qu'en septembre 1830, dans le sens souhaité par Louis-Philippe, et ce malgré l'opposition déclarée de nombreux cardinaux, dont Micara et le vieux Pacca.

Faisant bon accueil au comte de Montesquiou-Fezensac qui, La Ferronnays ayant démissionné le 19 août, est chargé de lui remettre la lettre par laquelle le roi des Français lui fait connaître son avènement, Pie VIII, le 27 septembre, répond au « roi Très chrétien » — expression qui comble d'aise le fils de Philippe-Egalité — qu'il renouvelle au nonce Lambruschini ses lettres de créance, ce qui est une reconnaissance implicite de la légitimité du roi-bourgeois. Dans le même

temps, le pape prescrit aux évêques de France le ralliement
« au nouveau monarque élu par la nation », écartant les scrupules du très légitimiste Mgr de Quélen au sujet du serment
que, comme pair de France, il est tenu de prêter à Louis-Philippe. Ainsi donc, une fois encore, la papauté a préféré le
bien général à l'aventure.

Pie VIII ne survit pas longtemps à l'instauration de la
Monarchie de juillet : après une terrible agonie d'asthmatique
il s'éteint, au Quirinal, le 30 novembre 1830.

## Grégoire XVI et l'insurrection en Italie

Le conclave s'ouvre, le 14 décembre, dans des conditions
dramatiques : car, à peine Pie VIII est-il mort, que la Romagne, les Marches, l'Ombrie, comme le reste de l'Italie, s'agitent. La gravité de la conjoncture et aussi les habituelles pressions extérieures — exclusive de la France sur Macchi,
exclusive de l'Espagne sur Giustani... — font que le conclave
se prolonge indûment. Metternich, le gardien de l'ordre en
Europe, donne finalement son assentiment à la candidature
du cardinal dom Maur Cappellari, un moine camaldule très
austère, qui, quoique simple prêtre — Pacca le sacrera évêque — et malgré une répugnance que son confesseur, seul,
parvient à vaincre, est élu pape le 2 février 1831. Se référant à Grégoire VII, « champion médiéval de la liberté de
l'Eglise », Cappellari prend le nom de Grégoire XVI.

D'aspect rude et d'allure plébéienne mais de santé robuste
et d'une grande noblesse de cœur et d'esprit, le nouveau pape,
qui a soixante-six ans, va garder le pli et les habitudes de la
vie claustrale. D'une formation théologique bien supérieure
à celle de ses prédécesseurs, Grégoire XVI ignore le monde,
encore que, préfet de la Propagande, il ait été mêlé à maintes
négociations diplomatiques ; son intransigeance doctrinale face
au libéralisme qui, lors de son avènement, semble devoir
emporter la vieille Europe, se doublera d'une intransigeance
de forme qui aura du moins le mérite de dissiper « l'équivoque libérale ».

Il faut dire que la situation, telle que doit l'assumer le nouveau pape, n'est pas faite pour le disposer aux accommodements. L'Italie entière est en ébullition. Tandis que le duc de Modène, François IV, et la duchesse de Parme, Marie-Louise — la veuve de Napoléon I$^{er}$ — fuient leur capitale où a été proclamée une Convention populaire, à Bologne, le 8 février, un gouvernement provisoire proclame l'indépendance des Légations : les insurgés disposent d'une quinzaine de milliers d'hommes bien armés et commandés par d'anciens officiers de l'armée napoléonienne. Ils sont rejoints par les deux fils de Louis Bonaparte et de la reine Hortense — Napoléon-Louis, qui périra durant la campagne, et Louis-Napoléon, le futur Napoléon III — qui accompagnent Sercognani dans sa marche sur la capitale des Etats de l'Eglise ; le 25, Louis-Napoléon pousse même une pointe jusqu'à Civita Castellana, contraignant à la retraite les médiocres soldats pontificaux. Le 26, quarante et un députés des régions révoltées se réunissent en congrès, proclament l'émancipation complète de toute domination sacerdotale et l'union des provinces libres en état indépendant.

Débordé, Grégoire XVI a d'abord compté sur la conciliation, sur les mesures de clémence ; celles-ci s'avérant inopérantes, le pape recourt à la poigne de son nouveau secrétaire d'Etat, le cardinal Thomas Bernetti, mais la milice de volontaires que lève Bernetti se débande au premier danger. Alors le pape se résigne à appeler à la rescousse Metternich, tout heureux d'intervenir pour écraser une révolution d'inspiration manifestement « bonapartiste ». La campagne menée par les troupes autrichiennes contre des insurgés mal armés et mal organisés est courte : Ferrare, Ravenne, Bologne tombent entre leurs mains dès le 20 mars, Ancône le 25. Mais dès le 27 mars, au nom du gouvernement de Louis-Philippe, le comte de Saint-Aulaire proteste contre l'ingérence de l'Autriche. Si bien que se tient à Rome, sous les yeux mais sans la participation du pape, une conférence des grandes puissances qui, dans un mémorandum à Grégoire XVI, le 21 mai, lui indiquent les améliorations qui leur semblent indispensables au gouvernement de Rome et de l'Etat pontifical. Grégoire XVI s'incline et, pressé par la France, obtient de Metternich le rappel de ses troupes, le 31 juillet. Et les soulèvements de reprendre en Italie, et le pape de rappeler les Autrichiens : le 22 janvier 1832 Radetzki réoccupe donc Bologne. Nouvelle réplique de la France : le 23 février un corps expéditionnaire français s'empare par la force d'Ancône. Vienne menace, le pape proteste. Alors Casimir-Perier multiplie les apaisements et, le 3 avril, Saint-Aulaire et Bernetti se mettent d'accord : les Français ne quitteront Ancône — qui ne sera pas fortifiée — que lorsque les Autrichiens abandonneront les Légations : ce qui sera fait en 1838.

Désormais, les relations de Grégoire XVI avec la France de Louis-Philippe seront paisibles. Il faut dire que le pape assiste avec une joie non évidente au renouveau religieux et spirituel de la France des années 1830 et 1840 ; il est aussi le témoin heureux du mouvement du clergé français vers les doctrines et la liturgie romaines. Dans une lettre adressée à l'archevêque de Reims, le 6 août 1842, Grégoire XVI exprime le désir de voir se rétablir partout les constitutions de saint Pie V ; il applaudit à la vocation de Prosper Guéranger qui, devenu profès bénédictin à Rome, en 1837, fait approuver par le pape son projet de restauration de l'ordre bénédictin en France, à Solesmes. En 1840, Guéranger fait paraître le premier volume des *Institutions liturgiques* et, en 1841, le premier volume de *l'Année liturgique,* ouvrages dont on sait le rôle primordial qu'ils joueront dans le rétablissement et la généralisation de la liturgie romaine en France.

Rome devient peu à peu le pôle d'attraction du catholicisme français. C'est à Rome que, en 1838, au cours d'une cérémonie à Saint-Pierre, Louis Veuillot se convertit : Veuillot qui, cinq ans plus tard, entrera à *l'Univers,* la feuille dont il va faire l'organe du plus ardent ultramontanisme. A partir de 1841, les évêques de France prennent l'habitude de se rendre à Rome faire au pape leur visite *ad limina.*

Si bien que, recevant, en novembre 1840, Augustin Bonnetty, le fondateur des *Annales de philosophie chrétienne,* Grégoire XVI dit compter beaucoup sur la France « pour la défense de la propagation de la foi ». Le 27 avril 1843, lors d'une séance de l'Académie de la religion catholique, le cardinal Pacca s'écrie : « Il me semble que le Seigneur, enfin apaisé, destine aujourd'hui la France à être l'instrument de ses divines miséricordes... » En septembre de la même année, au cours d'un voyage qu'il fait à Civitavecchia, Grégoire XVI reçoit, sur *le Dante,* un vaisseau français mouillant dans les eaux pontificales, un accueil délirant.

D'autres petits faits illustrent le rapprochement sentimental qui s'opère entre le Saint-Siège et la France. Ainsi : l'érection canonique, en avril 1843, du chapitre de Saint-Denis ; l'approbation, par un bref du 10 mars 1845, du règlement de la maison de Saint-Louis des Français à Rome qui, d'hospice devient une communauté ecclésiastique desservie par douze chapelains dont le premier supérieur est l'abbé de Bonnechose, le futur archevêque de Rouen.

Un gros nuage, cependant, mais passager : la question des jésuites, religieux que les gallicans et les libéraux français veulent réduire au silence. Mais Rome est évidemment hostile à toute nouvelle mesure visant la Compagnie. Alors Guizot, qui est le maître de la France, envoie à Rome, comme ambassadeur, Pellegrino Rossi (1787-1848), un juriste d'origine italienne, un ancien partisan de Murat qui a été forcé de s'exiler en 1815. Naturalisé français, professeur à la faculté de droit de Paris, pair de France (1839), Rossi est reçu par Grégoire XVI le 11 avril 1845, mais il ne peut rien obtenir contre les jésuites ; sa seule satisfaction est de recevoir, quelques jours avant la mort du pape, le titre de comte romain.

### Grégoire XVI et Lamennais

Le tragique, c'est que celui qui a été à la source du renouveau du catholicisme en France et de l'ultramontanisme, Félicité de Lamennais, est précisément celui que Grégoire XVI va, par deux fois, foudroyer, privant ainsi l'Eglise romaine d'un de ses meilleurs serviteurs et d'un de ses rares prophètes.

Persuadé que le Souverain Pontife ne connaît pas le véritable état des choses, qu'il est trompé par les hommes qui l'entourent et par les rapports défavorables qui affluent des milieux gallicans et conservateurs contre lui, Féli, dont le journal, *l'Avenir,* est suspendu en novembre 1831, décide de retourner à Rome : en agissant ainsi il met la prudente cour pontificale dans un grand embarras, d'autant plus que le voyage romain de Lamennais, de Montalembert et de Lacordaire — ces « pèlerins de la liberté » — va obliger le Saint-Siège à prendre position sur des questions qu'il laissait librement débattre. Aussi Lamennais et ses compagnons, qui arrivent à Rome le 30 décembre 1831, ne sont-ils reçus par Grégoire XVI que le 13 mars 1832 : encore l'entretien est-il court — un quart d'heure — et sans intérêt, ne consistant qu'en propos bénins et en bénédictions de médailles et de chapelets.

L'attitude du Saint-Père laisse à Lamennais une impression douloureuse : Lacordaire, homme attentif aux signes des temps, quitte le maître. Celui-ci, qu'accompagne toujours le jeune Montalembert, ronge son frein dans la Ville éternelle, tandis que les consulteurs de la congrégation romaine des Affaires ecclésiastiques extraordinaires examinent les doctrines de *l'Avenir.* Le 9 juillet, lassés du mutisme romain, et à court d'argent, Lamennais et Montalembert quittent Rome et, tandis qu'ils se dirigent, par Venise, vers la Bavière, la congrégation des cardinaux donne sa réponse : les doctrines de *l'Avenir* — droit à la révolte, séparation de l'Eglise et de l'Etat, exaltation des libertés modernes... — sont déclarées blâmables ; elles doivent faire l'objet d'un document pontifical qui rappellera la vérité catholique. Le 30 août 1832, à Munich, où il a été accueilli chaleureusement, Lamennais prend connaissance de l'encyclique *Mirari vos,* que Grégoire XVI a signée le 15 : ni Lamennais ni ses collaborateurs ne sont nommés ou cités, mais c'est leur pensée qui, globalement et sans restrictions, est condamnée par Rome. Sur le moment, Lamennais réagit comme un fils soumis de cette papauté qu'il n'a cessé de désigner comme le cœur même de l'Eglise : il souscrit à une déclaration de soumission ; *l'Avenir* ne reparaîtra pas ; l'Agence pour la défense de la liberté religieuse ferme ses portes.

## L'essor de l'ultramontanisme (1814-1846)

Mais, dans le silence de la Chênaie, Féli ne peut s'empêcher d'évoquer le pape — « immobile dans les ténèbres qu'on épaissit autour de lui... » — et son entourage constitué, selon lui, de « frénétiques imbéciles qui invoquent les Tartares pour rétablir en Europe ce qu'ils appellent l'ordre, et qui adorent le sauveur de l'Eglise dans le Néron de la Pologne... » (A la comtesse de Senfft, 10 février 1832.)

Car, depuis juin 1831, la Pologne, la sainte Pologne si chère aux catholiques français, expie dans le sang et la honte sa révolte de décembre 1830 contre le tsar, son maître tout-puissant. Et voici que, le 9 juin 1832, Grégoire XVI — dont l'excuse est qu'il vient d'être lui-même atteint par une révolution — adresse aux évêques de Pologne un bref qui leur enjoint de « respecter les puissances établies, même lorsqu'elles sont infidèles à Dieu » et qui blâme ceux qui, « sous prétexte de l'intérêt de la religion, ont précipité dans un abîme de maux leur patrie en brisant tous les liens de la soumission légale ».

Aux yeux de Lammenais, ce bref est une insulte à la « sainte liberté ». Hanté par le spectre de Nicolas Ier et par les martyrs polonais, il en arrive à penser et à dire que le Saint-Siège n'est plus dans le sens de l'histoire et que « Rome n'est plus dans Rome ». Mais son cher Montalembert — tant d'autres ont déjà abandonné le maître — le supplie de ne pas prononcer les paroles fatales. Le 5 août 1833, Lamennais lui redit sa décision de se taire ; mieux : la veille il a envoyé au pape une lettre où il s'est soumis en tant que chrétien, mais non en tant que citoyen. Il récidive le 11 décembre, en adhérant une fois encore à *Mirari vos*. Mais la meute gallicane, Mgr d'Astros en tête, ne le lâche pas.

Si bien que, le 30 avril 1834, la résistance de Lamennais s'effondre : ce jour-là sort, sous son nom, un petit livre de feu — *les Paroles d'un croyant* — qui stigmatise toutes les puissances de la terre, y compris la papauté, coupables aux yeux de l'auteur de sacrifier les humbles et les pauvres aux appétits du despotisme. La réponse de Grégoire XVI ne se fait pas attendre : cet « ouvrage peu considérable par son volume, mais immense par sa perversité » est condamné, dès le 7 juillet 1834, par l'encyclique *Singulari nos*.

Lamennais va rompre définitivement avec l'Eglise de Rome. Mais il ne sera ni un Luther, ni un Arnauld : ses disciples ne le suivront pas et lui-même ne les attirera pas dans un schisme. La soumission sans équivoque des mennaisiens se situe d'ailleurs dans la ligne ultramontaine du maître ; elle illustre le fait — nouveau si on le compare aux ruptures des XVI$^e$ et XVII$^e$ siècles — que le magistère du pape est désormais reconnu par l'élite du catholicisme français. En définitive, la grande victime de cette affaire est le gallicanisme, qui ne se relèvera plus des coups portés par Lamennais et ses disciples.

15.

## Pie IX pontife et roi.
## L'agonie du gallicanisme (1846-1878)

Le lundi 1ᵉʳ juin 1846, Grégoire XVI meurt, de la manière qu'il a désirée, en religieux. Mais la sainteté évidente du pape défunt ne peut empêcher que des manifestations de joie n'éclatent dans l'Italie libérale, à Rome même où les prisonniers politiques laissent libre cours à leur haine de la papauté.

Le désir de réforme dans les Etats pontificaux et les aspirations nationales en Italie sont tels qu'il paraît impensable que le successeur de Grégoire XVI ne soit pas un homme ouvert. De fait, au sein du conclave qui s'ouvre le 14 juin, un fort courant, dirigé par le cardinal Bernetti, se constitue en faveur de l'élection d'un pape originaire des Etats pontificaux et sensible aux idées modernes. C'est ainsi que, au candidat de l'Autriche et des *zelanti*, le cardinal Lambruschini, les *porporati* préfèrent le cardinal Jean-Marie Mastaï, cinquante-quatre ans, évêque d'Imola : il est élu dès le 16 juin et prend le nom de Pie IX, en souvenir de son bienfaiteur Pie VII.

### L'expédition de Rome

Le nouveau pape est un homme pieux, instruit, excessivement sensible, conciliant, d'une gaîté douce et bienveillante. Sa famille passe pour très libérale. Pie IX l'est-il lui-même ?

On peut se le demander à la lecture de sa première encyclique, *Qui pluribus* (9 novembre 1846), où sont dénoncés les principes fondamentaux du libéralisme : dénonciation reprise de Grégoire XVI, mais en termes beaucoup plus conciliants. C'est cette bienveillance de ton que la chrétienté, subjuguée et enthousiasmée, retient, avec d'autant plus de facilité que les mesures prises par Pie IX dans ses Etats constituent une rupture avec le passé immédiat : amnistie pour les condamnés politiques et pour les émigrés ; création d'une *Consulta di stato,* assemblée consultative composée de laïcs choisis par le pape, d'un conseil des ministres, composé moitié de laïcs, moitié d'ecclésiastiques, d'une garde civique, formée sur le type de la garde nationale française ; et aussi liberté de la presse. Une liberté qui permet à un journal français de paraître à Rome, selon le vœu de plusieurs prélats français désireux de faire connaître aux lecteurs francophones les décisions et les activités du Saint-Siège. Intitulé d'abord *le Capitole,* cette feuille devient, le 1ᵉʳ juin 1848, *la Correspondance de Rome* (1848-1861) : elle est imprimée par Bertinelli, via Sistina ; ses correspondants parisiens sont les libraires Sagnier et Bray.

Pie IX apparaît alors aux Italiens comme l'homme providentiel, le libérateur rêvé par Gioberti et Balbo, celui qui va à la fois purger la péninsule des étrangers (les Autrichiens), assurer son unité politique et la doter d'un régime constitutionnel. Les républicains français saluent avec joie cet événement étonnant : l'avènement d'un « pape libéral » ! En fait, la politique de Pie IX s'avère incohérente, à l'image du pontife, personnage extrêmement impressionnable et impulsif et en définitive irrésolu, sensible à la popularité mais aussi aux conseils contradictoires de son entourage et notamment de ses deux secrétaires d'Etat successifs, les cardinaux Pasquale Gizzi (1846-1848) et Giacomo Antonelli (1849-1876).

Il n'empêche que c'est au cri de *Viva Pio Nono !* que les Milanais, en mars 1848, se révoltent contre les Autrichiens. Mais comment dès lors le pape peut-il concilier, dans son cœur et dans ses paroles, la cause nationale à laquelle, en tant que souverain italien, il est attaché, et l'amour que, comme père commun des fidèles il se doit de manifester à l'Autriche, par ailleurs puissance éminemment catholique, pilier de l'Eglise romaine en Europe centrale ?

Ne croyant pas pouvoir se solidariser avec une intervention militaire dirigée contre l'Autriche et qui lui paraît incompatible avec sa mission universelle, Pie IX, le 29 avril 1848, déclare solennellement, au cours d'un consistoire extraordinaire, qu'il lui est impossible de considérer les Autrichiens comme des adversaires.

Cette allocution fait l'effet d'un coup de tonnerre : non seulement les patriotes italiens tombent de haut et réalisent que l'idéal néoguelfe d'une fédération italienne présidée par le pape est impossible ; mais beaucoup se disent que, puisqu'il y a incompatibilité entre les fonctions religieuses du pape et ses obligations de prince italien, il faut supprimer une souveraineté temporelle nuisible à la patrie.

A Rome, d'un seul coup, les partisans de Mazzini, tenant d'une république romaine, occupent le haut du pavé ; le pape, paralysé par ses contradictions, ne peut rien contre l'anarchie qui monte dans ses Etats. Alors, croyant pouvoir donner satisfaction à la fois aux gens d'ordre et à la bourgeoisie libérale, il désigne comme chef du ministère le comte Pelegrino Rossi, redevenu romain en 1846. Ce libéral modéré mais doctrinaire, hostile à la politique piémontaise, se rend tout de suite impopulaire en rétablissant la censure sur les dessins et caricatures, sans pour cela se concilier la droite et les jésuites, qui craignent qu'il n'abolisse certains privilèges ecclésiastiques. Aussi Rossi laisse-t-il peu de regrets lorsque, le 15 novembre 1848, il est abattu par des individus qu'on ne peut identifier, à l'entrée du Parlement.

Ce meurtre précipite les événements : tandis que les démocrates romains réclament la formation d'un ministère qui leur soit acquis, les manifestations se multiplient, hostiles aux Autrichiens et aux cardinaux. Dans un premier temps, le 16 novembre, Pie IX cède et charge l'abbé piémontais Antonio Rosmini de constituer le ministère. Puis, dépassé, il se décide, le 24 novembre, à quitter Rome et à se réfugier, le 27, dans la forteresse de Gaëte, en territoire napolitain. Sans doute a-t-il l'intention de passer en France, mais l'Autriche et

Antonelli, craignant qu'un tel séjour n'apparaisse comme une consécration du régime républicain, finissent par le convaincre de rester sous la protection du roi de Naples, Bourbon détesté par les Italiens à cause de sa politique réactionnaire et de ses accointances avec l'Autriche.

A Gaète, Pie IX reste indécis : tandis que Rosmini l'incite à ne pas couper les ponts avec le Parlement de Rome, Antonelli refuse de recevoir les délégations romaines qui viennent prier le pape de rentrer ; et non seulement il fait désavouer par Pie IX le gouvernement provisoire de Rome, qui réplique en convoquant une constituante, mais le 4 décembre, il invite les puissances européennes à intervenir par les armes afin de rétablir le pouvoir temporel du pape.

La Constituante romaine, le 9 février 1849, par 120 voix contre 9 et 4 abstentions, proclame la République romaine. Elle déclare aboli le pouvoir temporel du pape, mais assure à celui-ci « toutes les garanties nécessaires pour son indépendance dans l'exercice de sa puissance spirituelle ». Elle confie le pouvoir exécutif à un triumvirat et, dans les jours qui suivent, décide : la confiscation des biens de l'Eglise, la liberté de l'enseignement et de la presse, l'égalité de tous les citoyens devant la loi.

Comme on pouvait s'y attendre, les événements romains provoquent en France une profonde émotion. Car, depuis l'abdication de Louis-Philippe Ier, le 24 février 1848, la France aussi est en république. Une république qui fut d'abord fraternelle et démocratique, à l'avènement de laquelle l'Eglise avait été largement associée et qui, par la bouche de son ministre des Affaires étrangères, Lamartine, le 4 mars, a « déclaré la paix à l'Europe » et s'est engagée à ne pas intervenir dans les affaires des voisins, de l'Italie notamment. Mais, très vite, dès les élections d'avril 1848 à l'Assemblée nationale, ç'avait été la fin de « l'ère des bons sentiments », le reflux vers la droite. La manifestation populaire du 15 mai et surtout l'insurrection ouvrière des 22-26 juin, en permettant l'installation au pouvoir de Cavaignac en attendant Louis-Napoléon Bonaparte — élu président de la République le 10 décembre — consacrent le triomphe, sur les « républicains de la veille » et

## L'agonie du gallicanisme (1846-1878)

les démocrates sociaux, du grand parti de l'ordre, noyauté par des catholiques engagés, en tête le comte de Montalembert et le vicomte de Falloux.

Dès qu'on apprend la fuite de Pie IX, les catholiques et le clergé, dans leur immense majorité, prennent fait et cause pour le pape, contre la République romaine, la haine qu'ils éprouvent pour la révolution et la république sociale en général venant fortifier celle que, d'instinct, ils portent à Mazzini et à ses amis. L'assassinat de Rossi par des inconnus n'arrange rien : « A l'autorité du souverain légitime de Rome, ... a succédé le triomphe sanglant de l'émeute, et le ministère de l'assassinat » ! lit-on dans *l'Ami de la religion*.

A l'Assemblée nationale, le nom de Pie IX est sur toutes les lèvres. C'est le représentant Bixio, le 30 novembre, qui dramatise l'atmosphère en présentant l'Italie et Rome en proie à une « faction démagogique », et en attribuant aux « démagogues romains... le lâche assassinat de M. Rossi ». Après lui Cavaignac, aux applaudissements de la droite, apprend à l'Assemblée — qui n'a pas été consultée — que M. de Corcelles, représentant du peuple, a accepté « la mission de se rendre en Italie, escorté par quatre frégates à vapeur, portant à leur bord 3 500 hommes dirigés sur Civitavecchia, avec la mission de faire rendre à Sa Sainteté sa liberté personnelle... » et d'ajouter : « Il appartient à l'Assemblée de déterminer la part qu'elle voudra faire prendre à la république dans les mesures qui devront concourir au rétablissement d'une situation régulière dans les Etats de l'Eglise. »

Le 30, la discussion s'engage. Avec sa fougue et son éloquence habituelles, Montalembert félicite Cavaignac d'« avoir étendu l'épée de Charlemagne pour sauver l'indépendance de l'Eglise menacée dans son chef ». A quoi Ledru-Rollin réplique en reprochant à la droite, qui n'a pas bougé quand Milan a été submergée par les armées de Radetzki, ni quand Messine a été saccagée et brûlée, d'entrer en transes lorsqu'il s'agit du pape, dans la personne duquel elle se refuse à distinguer le prince temporel et le chef spirituel. Et puis, ajoute Edgar Quinet : « Comprimer la révolution romaine, c'est attenter dans son principe à la nationalité italienne et frapper du même coup la révolution du 24 février » ; et d'invoquer contre Cavaignac, comme vient de le faire solennellement le ministère romain présidé par Muzzarelli, l'article 7 du préambule de la constitution française qui dit que « les armées françaises ne seront jamais employées au détriment de la liberté des peuples ». Rien n'y fait : par 480 voix contre 63, l'initiative de Cavaignac est approuvée. Elle sera sans suite immédiate : le pape restera à Gaète malgré l'intervention personnelle du cardinal Giraud, archevêque de Cambrai, qui séjourne à Gaète du 17 janvier au 25 mars 1849.

Quand, le 10 février, la République romaine est proclamée, la République française refuse de reconnaître cette jeune sœur et — suprême apostasie aux yeux des démocrates — ne cache pas sa volonté de la combattre au sein de ce que Ledru-Rollin, scandalisé, appelle une « nouvelle sainte Alliance ».

L'événement qui détermine la France à aller de l'avant, c'est l'annonce de la victoire remportée à Novare, le 24 mars 1849, sur l'armée de Charles-Albert par les Autrichiens. Les vainqueurs menaçant de marcher sur Rome, Odilon Barrot, Premier ministre, se déclare, le 28, décidé « à sauvegarder, avec l'intégrité du territoire du Piémont, l'intérêt et la dignité de la France ».

Le 30 mars, Bixio, au nom du Comité des Affaires étrangères, présente à l'Assemblée une résolution dans ce sens : elle est votée par 444 voix contre 220. Le 16 avril, s'appuyant sur ce vote, il demande aux représentants le vote d'un crédit de 1 200 000 francs pour l'entretien, sur le pied de guerre, pendant trois mois, d'un corps d'armée qui occuperait un point de l'Italie centrale où « une crise est imminente », et il réclame l'urgence. Il n'est pas question de renverser la République romaine et de rétablir le pape dans ses pouvoirs ; mais Ledru-Rollin dénonce le piège.

Les événements lui donnent raison, car le corps expéditionnaire français, 3 000 hommes commandés par Oudinot, débarque le 25 avril, sans opposition, à Civitavecchia. L'assemblée romaine décide alors de résister et, le 9 mai, appelle au *triumvirat* Mazzini, Armellini et Saffi. Les Français, qui marchent vers Rome, sont en effet accueillis à coups de canon. Oudinot riposte.

A Paris, Jules Favre déclare avoir été « joué » et, sur sa proposition, l'Assemblée, par 328 voix contre 241, vote un ordre du jour de blâme pour le gouvernement et décide d'envoyer comme médiateur le consul Ferdinand de Lesseps, qui arrive à conclure une trêve entre les Romains et Oudinot. En fait, celui-ci, encouragé par le prince-président, qui considère l'expédition comme « une question d'honneur militaire », voit passer ses troupes de 3 000 à 30 000 hommes. D'ailleurs, les catholiques français poussent vigoureusement à l'action. Tandis que se multiplient les écrits qui fondent historiquement et théologiquement la souveraineté temporelle du pape, les « adresses des catholiques de France à S.S. Pie IX » affluent à Gaète ; la presse catholique se déchaîne contre « les chevaliers du poignard » qui dirigent « la malheureuse Rome »

Et voici que l'Assemblée constituante française disparaît, et que les élections du 13 mai 1849 donnent, au sein de la Législative, la majorité au « parti de l'ordre », désireux de restaurer la souveraineté temporelle du pape. Lesseps, aussitôt désavoué, rentre à Paris, tandis qu'Oudinot est autorisé à attaquer Rome ; l'offensive française commence le 3 juin.

A Paris, les républicains sont atterrés et furieux. Le 11 juin, Ledru-Rollin demande à l'Assemblée de mettre le président et ses ministres — notamment Tocqueville, nouveau ministre des Affaires étrangères — en accusation, pour forfaiture. En vain : la mise en accusation est rejetée par 361 voix contre 202. Alors, les représentants de la Montagne, la presse républicaine et le Comité démocratique socialiste en appellent au peuple et organisent, le 13 juin, une manifestation pacifique — dite du Conservatoire des arts et métiers — destinée à faire pression sur l'assemblée. Feignant d'y voir une insurrection, le gouvernement fait balayer la manifestation par la troupe ; la répression est très dure et prive la république sociale de ses chefs.

Cependant, devant Rome bombardée, mais défendue courageusement par Garibaldi, les Français progressent. Le 15 juin, Mazzini, dans une lettre à M. de Gérando, chancelier de la légation française à Rome, stigmatise une certaine France qui « combat des hommes qui l'aiment et qui, hier encore, avaient foi en elle ; qui cherche à incendier une ville qui ne lui a rien fait ; qui joue, par ses généraux, la partie de l'Autriche et n'a pas le triste courage de l'avouer »... Le 30 juin, la défense romaine, devenue impossible, cesse. Le 3 juillet, au moment où l'assemblée romaine promulgue la constitution républicaine, Oudinot entre dans Rome, qu'il met en état de siège, et dissout immédiatement la Constituante. Les combats du siège ont fait, du côté des Français, cent onze morts dont neuf officiers. Le 14 juillet, sans consulter la population, Oudinot rétablit par édit le gouvernement temporel du pape.

Mais le pape est toujours à Gaète. A quelles conditions rentrera-t-il à Rome ? Le prince-président, dans une lettre fameuse adressée, le 18 août, au colonel Edgar Ney, indique bien les réformes qu'il attend du pape : amnistie générale, sécularisation de l'administration, code Napoléon et gouvernement libéral. Mais le tollé des cléricaux français est tel que Louis-Napoléon se désavoue implicitement. Si bien qu'Antonelli, soutenu par l'Autriche, estime qu'il peut se montrer irréductible. La véritable réponse à la lettre à Edgar Ney c'est le *Motu proprio* du 18 septembre 1849, qui ne souffle mot des libertés politiques tout en promettant quelques réformes administratives et une amnistie restreinte.

En France, la majorité réagit dans le même sens. Tocqueville, ministre des Affaires étrangères, décidé à laisser les troupes françaises à Rome pour assurer le retour puis la protection du pape, dépose une demande de crédits supplémentaires pour couvrir les dépenses de l'expédition. Le 19 octobre 1849, les crédits sont votés, par 467 voix contre 168.

Le 12 avril 1850, le pape rentre à Rome, qui restera gardé par l'armée française.

L'expédition de Rome n'a pas seulement des prolongements diplomatiques, du fait qu'elle ouvre la « question romaine », laquelle empoisonnera durant vingt ans la politique française. Elle a des conséquences graves sur le plan religieux ; car aux yeux des libéraux du monde entier — et particulièrement des républicains italiens et français — la forfaiture de la République française égorgeant la République romaine est surtout le fait de l'Eglise et des catholiques de France qui, pas un instant, n'ont voulu examiner le bien-fondé du pouvoir temporel du pape face aux exigences nationales et libérales des patriotes romains et italiens.

*Pie IX et Napoléon III*

Dans la nuit du 1ᵉʳ au 2 décembre 1851, Louis-Napoléon Bonaparte, président de la République française, se rend maître du pouvoir et impose une constitution autoritaire qui est massivement plébiscitée, le 20 décembre : l'opposition démocrate et socialiste est durement réprimée. Dans son ensemble, l'Eglise de France applaudit. Pie IX lui-même se réjouit officiellement de cette nouvelle victoire de la « cause de l'ordre » et du « principe d'autorité ». Recevant, le 1ᵉʳ janvier 1852, les officiers du corps d'occupation français, le pape fait l'éloge de l'armée française et, si on en croit *l'Univers* (7 janvier 1852), le journal ultramontain de Louis Veuillot, Pie IX aurait déclaré à propos du coup d'Etat : « Le ciel vient d'acquitter la dette de l'Eglise envers la France ».

Aussi Louis-Napoléon, étranger à la tradition gallicane — qui reste forte en France — verse-t-il volontiers dans l'ultramontanisme. En février 1852 il rétablit le poste d'auditeur de Rote [16] pour la France, poste resté sans titulaire depuis 1847, et il le confie à l'abbé Gaston de Ségur, fils de la célèbre comtesse. Ce prêtre, qui est l'un des chefs de l'ultramontanisme, contribuera fortement, en 1853, à la fondation du séminaire français de Rome, que prendront en charge les Pères du Saint-Esprit. Ultramontain aussi est l'ambassadeur de France auprès du Saint-Siège de 1849 à 1857, le comte de Rayneval.

---

16. L'auditeur de Rote, prélat domestique du pape, est, en fait, à Rome, l'agent ecclésiastique officieux du gouvernement qui l'a nommé. Devenu aveugle Mgr de Ségur sera remplacé, en 1855, par l'abbé Charles de La Tour d'Auvergne, peu influent.

Le 6 novembre 1852, à la quasi-unanimité, le Sénat vote le rétablissement de l'Empire français au profit de Louis-Napoléon devenu Napoléon III : celui-ci, le 21 novembre, est encore largement plébiscité. A Rome, on se montre, cette fois, plus circonspect. Sans doute, Pie IX ne fait-il aucune difficulté à accréditer le nonce auprès du nouveau souverain ; mais lorsqu'il est pressenti pour aller sacrer à Paris Napoléon III, comme Pie VII l'avait fait en 1804 pour Napoléon I<sup>er</sup>, le pape met comme condition une révision fondamentale des Articles organiques : cette exigence hérisse l'entourage très gallican de l'Empereur et fait abandonner le projet de sacre.

Il n'empêche que, jusqu'en 1859, le régime impérial favorisera de diverses manières un clergé qui, dans l'ensemble, lui est dévoué : inobservation de fait de la plupart des Articles organiques ; liberté laissée aux évêques de se rendre à Rome ; amélioration sensible de la situation matérielle et financière du clergé ; large dotation de la Grande aumônerie, réorganisée en 1858 ; rétablissement des processions et des missions ; décrets facilitant la reconnaissance des congrégations de femmes ; législation pénale très adoucie en faveur des ministres du culte ; liberté d'expression — dans un régime de censure — laissée aux évêques dans leurs mandements ; nomination d'évêques manifestement ultramontains, tel Gerbet à Perpignan... Bref, l'Eglise de France, adulée, confortée dans son influence au niveau des paroisses et des écoles, et dont les cadres se gonflent confortablement, connaît, dans les dix premières années de l'Empire, une prospérité jamais connue, mais qui lui sera violemment reprochée par ceux-là mêmes — libéraux, républicains, socialistes... — qui ont à souffrir du même régime, et par l'intelligentsia positiviste et anticléricale dont l'influence grandit dans le pays.

La guerre de Crimée (1854-1856) pose Napoléon III, époux depuis 1853 de l'Espagnole Eugénie de Montijo — une catholique fervente — comme le défenseur, contre les Russes, des catholiques d'Orient, notamment dans les Lieux Saints ; cette guerre renforce donc l'entente entre la France et le Saint-Siège. Au point que l'Empereur caresse l'espoir de voir Pie IX venir à Paris baptiser son fils, le prince impérial, né en 1856. Mais l'entourage de l'Empereur, qui est favorable à la cause italienne, se montre très réticent : aussi est-ce le cardinal légat Patrizi qui, le 14 juin, vient assister au baptême, Pie IX se contentant d'être, de loin, le parrain de l'enfant impérial.

## L'inquiétante Question romaine

Mais déjà, en posant incidemment, le 8 avril, devant le Congrès de Paris, la question italienne, Napoléon III a fait naître des inquiétudes à Rome où l'on sait que l'unité de la péninsule ne peut se faire qu'au détriment de l'Etat pontifical. Cependant, il faut attendre l'année 1859 pour qu'une grave altération intervienne dans les relations entre le Saint-Siège et la France.

Sans doute l'Empereur — dont la position, dans la Question romaine, sera constamment ambiguë — affirme-t-il volontiers qu'il reste le garant de « l'indépendance spirituelle du Saint-Père, garantie par la puissance temporelle du Saint-Siège » : une brigade française n'est-elle pas en permanence à Rome ? Mais la parution, le 24 février 1859, de la brochure officieuse *l'Empereur Napoléon III et l'Italie,* manifeste l'intention de l'Empereur d'aider le Piémont à affranchir l'Italie de la domination autrichienne. Le fait qu'est préconisée la formation d'une confédération italienne présidée par le pape — un pape qui introduirait dans ses Etats une administration séculière — n'apaise pas les inquiétudes du Saint-Siège, inquiétudes que partagent les catholiques français ultramontains : en tête, Louis Veuillot.

Les faits semblent leur donner raison : le 26 janvier 1859, le traité franco-piémontais — consécutif à l'entrevue de Plombières entre Cavour et Napoléon III en 1858 — décide en effet de la campagne d'Italie, qui est menée par les Français et les Sardes du 26 avril au 11 juillet 1859. Cette campagne aboutit au traité de paix de Zurich (10 novembre), qui assure la Lombardie à Victor-Emmanuel ; mais Cavour, qui suit l'évolution de l'Italie centrale et espère plus (la Vénétie), est déçu et démissionne. Rappelé au pouvoir par le roi (janvier 1860), à la suite des soulèvements de Toscane, de Parme, de Modène, de Bologne, de la Romagne et des Légations, qui réclament leur annexion au Piémont, Cavour obtient de Napoléon III l'organisation d'un plébiscite (mars 1860) qui lui permet de prononcer l'annexion de l'Italie centrale, moyennant l'abandon de Nice et de la Savoie à la France (avril 1860).

Ainsi donc, non seulement Napoléon III ne s'oppose pas à l'amputation de l'Etat pontifical mais, comme il est alors question de réunir une conférence européenne pour régler le problème italien, l'Empereur inspire (22 décembre 1859) une nouvelle brochure de La Guéronnière : *le Pape et le Congrès,* où il est conseillé à la papauté de renoncer à sa souveraineté territoriale hors de Rome. Mais Pie IX ne l'entend pas ainsi : par l'Encyclique *Nullus certi,* du 19 janvier 1860, il flétrit les attentats commis contre sa souveraineté, exige la restitution de la Romagne et appelle les évêques du monde catholique à « enflammer » les fidèles pour « la défense de l'Eglise catholique et du Saint-Siège » et le « maintien du pouvoir civil de ce même siège et du patrimoine de saint Pierre ».

La France catholique prend feu pour celui que l'auteur anonyme d'une des innombrables brochures qui, des rangs des catholiques, répliquent à La Guéronnière, désigne comme *Pape et roi* (Dentu, 1861), quitte à provoquer le gouvernement impérial et à l'amener à des mesures de rétorsion contre l'Eglise de France. Les pétitions au Sénat se multiplient ; en dix ans, le denier de saint Pierre atteindra, en France, la somme de quatre millions de francs-or. Et quand, en février 1860, Pie IX décide de réorganiser l'armée pontificale, c'est à un Français, le général Christophe de Lamoricière, qu'il s'adresse : celui-ci lève dans toute l'Europe catholique plusieurs milliers de volontaires, appelés familièrement « zouaves pontificaux » : le contingent français — plusieurs centaines de jeunes hommes — se recrute surtout dans l'aristocratie et la bourgeoisie légitimiste de l'Ouest et du Nord.

Armée généreuse, certes, mais improvisée et hétérogène qui, dès le premier choc, et malgré la vaillance de la brigade de Pimodan, cède devant les Piémontais, le 18 septembre, à

*L'agonie du gallicanisme (1846-1878)*

Castelfidardo ; Lamoricière lui-même capitule à Ancône, le 29 septembre. Une double défaite qui transforme en martyrs les zouaves morts et qui précipite la désaffection de nombre d'évêques à l'égard de l'Empereur dont le gouvernement réagit fermement : ainsi Mgr Pie, évêque de Poitiers, qui, reprenant un mot de Montalembert, a qualifié Napoléon III de « Pilate de la papauté », est condamné devant le Conseil d'Etat pour abus.

Et cependant, paradoxalement, si Rome reste au pape, c'est parce que la garnison française, qui y caserne depuis 1850, constitue son dernier rempart. Ce qui n'empêche pas les Marches et l'Ombrie de voter leur rattachement au royaume de Sardaigne (novembre), qui est érigé en royaume d'Italie (14 mars 1861) au profit de Victor-Emmanuel par le premier Parlement italien, lequel déclare Rome capitale du royaume. Pour satisfaire l'opinion catholique, Cavour propose alors, mais sans succès, le principe de « l'Eglise libre dans l'Etat libre ». Le refus du pape incite Garibaldi à résoudre la Question romaine par la force, mais il est vaincu par les troupes italiennes (Aspromonte, 29 août 1862). Pour satisfaire à la fois les Italiens et sa propre opinion publique, Napoléon III s'engage alors à évacuer Rome dans un délai de deux ans, à condition que Victor-Emmanuel II renonce à l'occuper (convention de septembre 1864). Mais, l'évacuation des Français étant réalisée, le gouvernement italien laisse Garibaldi masser des troupes aux frontières des Etats pontificaux, afin de pouvoir intervenir ensuite pour son propre compte. L'action de Garibaldi entraîne le retour des troupes françaises (brigade de Failly) qui, victorieuses à Mentana (3 novembre 1867), occupent de nouveau Rome et garantissent son indépendance.

Ce succès des chassepots français au profit du pape soulève l'enthousiasme dans les milieux catholiques [17], où l'on célèbre

---

17. Mais les vainqueurs de Mentana, les « papelins », seront parfois très mal reçus, à leur retour dans leurs garnisons, par les gens du peuple et les républicains : ainsi à Paris, à Lyon, à Lille surtout où le 59e de ligne doit être déplacé.

à l'envi les *Gesta Dei per Francos*. D'ailleurs, la peur de l'opposition républicaine, socialiste et anticléricale rapproche de nouveau l'Empire et l'Eglise de France, une Eglise où l'ultramontanisme gagne rapidement du terrain grâce à l'action décidée des « intransigeants » — Louis Veuillot, le P. d'Alzon, Dom Guéranger, Mgr de Ségur... — qui se montrent de plus en plus hostiles à la timidité taxée de lâcheté des libéraux et des néo-gallicans : Montalembert, Dupanloup, Gratry, Maret, Darboy, Falloux, de Broglie..., catholiques sincères qu'effraie une dévotion au pape qui tourne parfois à la papolâtrie.

Il est certain qu'au cours des années qui précèdent le premier concile du Vatican (1870) certains se laissent aller, en matière d'autorité pontificale, à de véritables abus de langage. Un journal de Nîmes, évoquant la définition par Pie IX du dogme de l'Immaculée-Conception, n'écrit-il pas en 1865 : « Louis XIV avait prononcé ce mot célèbre : " L'Etat c'est moi ! " Pie IX a fait plus : il a dit en action, avec plus de raison que lui : " L'Eglise c'est moi ! " » Et E. Lafond, revenant d'un pèlerinage à Rome, d'évoquer le « vice-Dieu de l'Humanité ». Il est vrai que Mgr Bertrand, évêque de Tulle, n'hésite pas à présenter le pape comme « le Verbe incarné qui se continue... ».

### Un ultramontanisme sentimental et contesté

Parti de la base, de la conscience du peuple chrétien, le mouvement ultramontain finira par englober la masse de l'épiscopat français. Ayant reçu une forte chiquenaude entre 1843 et 1850, au temps du nonce Fornari, le romanisme atteint une puissance inconnue sous le pontificat de Pie IX qui, réagissant contre l'effacement auquel la papauté a dû se résigner au cours des siècles précédents, rêve de refaire de Rome le centre vivant, fort et rayonnant d'une Eglise répandue dans le monde entier grâce au mouvement missionnaire, mouvement très largement français [18].

---

18. En 1900, 75 pour 100 des missionnaires catholiques seront français.

Comment, du reste, l'évêque, une fois nommé, échapperait-il à l'influence de Rome qui l'enserre de toutes parts ? C'est de Rome qu'il a désormais tout à attendre, et non seulement la pourpre, mais encore les faveurs de son propre gouvernement. Le contrôle du Saint-Siège pèse maintenant sur ses moindres actes. Le progrès des moyens de communication — chemins de fer, télégraphe — a modifié non seulement les rapports économiques et politiques des peuples, mais aussi les conditions du gouvernement moral des âmes. Les voyages *ad limina,* que proscrivaient les rois de France et que les Articles organiques interdisent encore théoriquement, sont devenus une obligation à laquelle on ne peut plus se soustraire. Une constitution de Sixte Quint prescrivait aux évêques une visite à Rome tous les quatre ans : Pie IX fait revivre cette règle, tombée en désuétude. Il recommande même, alléguant les facilités de communication, de ne pas s'en tenir au délai fixé par Sixte Quint ; il réclame avec insistance la visite de Mgr Darboy, archevêque de Paris, qui montre peu d'empressement à se rendre à Rome. La correspondance avec le pape, entravée autrefois de mille manières, s'étend tellement qu'elle enlève au titulaire d'un diocèse beaucoup de son initiative et de son autorité : il prend l'habitude de demander des ordres là où, jadis, il décidait souverainement. Pie IX ne perd pas une occasion de rappeler à ses « vénérables frères dans l'épiscopat » qu'il est leur chef et leur maître et qu'il les enseigne et les gouverne comme ils enseignent et gouvernent les fidèles, avec cette différence que, pour eux, il n'y a pas d'appel. Quand les prêtres ou les laïcs ont recours à son autorité contre leurs décisions, ces décisions ne sont pas toujours irréformables, et la cause est souvent tranchée contre eux. Aussi les évêques n'essaient-ils pas de remonter le courant ; seul peut-être, dans tout l'épiscopat français, un prélat essentiellement politique, Mgr Darboy, tenta d'opposer, avec quelque suite, une résistance prudente et modérée au mouvement ultramontain.

C'est aussi par la parole que Pie IX agit sur les évêques, le clergé et les laïcs de France. L'âme française, vive, impressionnable, facilement entraînée par l'éloquence, a été vite gagnée par la parole du pape, libre, familière, pleine de bonhomie dans les audiences, impétueuse et ardente dans les allocutions publiques, toujours émue et touchante. De grandes assises se tiennent presque périodiquement dans des circonstances solennelles : définition de l'Immaculée-Conception en 1854, canonisation des martyrs japonais en 1862, fêtes du centenaire de saint Pierre en 1867, jubilé sacerdotal du pape en 1869, jubilé épiscopal en 1877. Les évêques sont convoqués : ils arrivent suivis d'une foule de prêtres et de laïcs. Tout, dans ces réunions, la magnificence des cérémonies, les adresses du corps épiscopal, les discours véhéments de Pie IX, est fait pour surexciter les esprits et frapper vivement les imaginations. Les fêtes de 1862 pour la canonisation des martyrs japonais sont particulièrement grandioses. Le 6 juin, Pie IX prêche à la Sixtine en français et en latin devant quatre mille prêtres ; l'un d'eux entonne l'oraison liturgique : *Oremus pro pontifice nostro Pio...*, que les quatre mille voix chantent en chœur. Pie IX fond en larmes. « Nous parcourions notre Rome, dit un témoin oculaire, en l'embrassant d'un cœur filial..., nous allions d'un sanctuaire à l'autre, nous informant des lieux où Pie IX passerait, pour nous incliner devant le fort de Sion. »

Le pontificat de Pie IX peut donc être considéré comme capital sur le plan ecclésiologique, car il a modifié les rapports hiérarchiques des différentes classes du peuple chrétien ; en subordonnant plus étroitement les évêques au Saint-Siège il a diminué leur autorité effective et le prestige moral qu'ils avaient sur leurs ouailles : par contre, il a relâché les liens qui pesaient sur le clergé inférieur, et il a grandi le rôle et l'importance des laïcs, reconnaissant, par l'Encyclique *Inter multiplices* (23 mars 1853), l'utilité des journalistes dans l'Eglise. En même temps, par la suppression des liturgies particulières et l'introduction de la liturgie romaine, Pie IX établissait dans toute la France, et entre la France et Rome, l'unité de prières et de rites tant désirée, effaçant ainsi les dernières traces de l'ancien particularisme gallican. Et puis, la direction imprimée à la piété, la faveur et les encouragements accordés à des dévotions nouvelles, ou jusque-là peu répandues en France, ont contribué à transformer la physionomie du catholicisme français, et à lui donner un aspect bien différent de celui qu'il avait eu dans les siècles précédents ; on pense naturellement au culte du Sacré-Cœur et surtout au culte de la Vierge Marie auquel les apparitions de La Salette (1846) et de Lourdes (1858) vont donner un éclat et un rayonnement inconnus. Il y a eu en France plus de vierges couronnées durant le pontificat de Pie IX que durant tout le reste du siècle.

Les catholiques libéraux français — dont l'organe est *le Correspondant* — essaient bien de réagir : en tête, le fougueux Montalembert qui, invité, en 1863, à venir prendre la parole au premier Congrès des catholiques belges, à Malines, fait, devant 4 000 auditeurs subjugués, le procès de la théocratie et déclare ne voir l'avenir de l'Eglise que dans la « solidarité de la liberté et du catholicisme ». A Rome, où on est de plus en plus irrité par les usurpations du nouvel Etat italien et par les déclarations anti-infaillibilistes de théologiens allemands comme Doellinger, on réagit mal : en mars 1864, Montalembert reçoit de Pie IX une lettre de blâme. Peu après, le 8 décembre 1864, l'Encyclique *Quanta Cura,* flanquée d'un Syllabus, catalogue de quatre-vingts propositions liées aux « principales erreurs » du temps, vient opposer aux velléités libérales des catholiques français une dure réponse dont Mgr Dupanloup, dans une brochure célèbre intitulée *la Convention du 15 septembre et l'Encyclique du 8 décembre* (24 janvier 1865), essaie d'amortir l'effet en distinguant habilement, dans le document papal, la thèse et l'hypothèse.

Mais le Syllabus, qui va devenir la charte du catholicisme ultramontain, a aussi le don d'amplifier la vague de l'anticléricalisme démocrate, positiviste et scientiste en France ; d'autant plus que la parution de *la Vie de Jésus* de Renan (24 juin 1863) provoque, de la part de l'Eglise de France, des réactions plus virulentes qu'éclairées. Plus que jamais, aux yeux de toute une intelligentsia nourrie de l'enseignement de Comte, de Darwin, de Claude Bernard, de Berthelot, de Quinet, de Charcot, de Paul Bert, la foi et la science, l'Eglise et le progrès semblent incompatibles. Le cléricalisme, c'est déjà l'ennemi qu'Alphonse Peyrat, en 1863, en attendant Léon

Gambetta en 1877, dénonce avec véhémence : *le Clergé au pilori* de Halt (1855) ; *Crimes, délits, scandales au sein du clergé* (1861) ; *les Immoralités des prêtres catholiques,* d'Emile Alexis (1868), sont quelques titres d'une immense littérature assez bassement anticléricale. Face à cette vague montante, Mgr Dupanloup dénonce *l'Athéisme et le péril social* (1866) qui menacent de submerger la France.

La papauté est évidemment enveloppée dans cette haine. Ici encore les pamphlets sont nombreux : *La Papimanie,* de G. Mabru (1861) ; *l'Agonie de la papauté,* d'Odysse Barot (1868) ; *la Fin du papisme,* de J.M. Cayla (1869) ; *Histoire des papes, crimes, meurtres, empoisonnements... depuis saint Pierre,* de Maurice La Chatre (10 vol, 1855) ; *Histoire des Papes,* de Magen (1856) ; *Pasquin et Marforio, histoire satirique des papes,* de Mary Lafon (1862)... Mais, après tout, il s'agit d'auteurs secondaires.

Or, les plus grands écrivains n'épargnent pas le pape. Dans son grand ouvrage, *De la justice dans la révolution et dans l'Eglise* (1858), qui est un formidable réquisitoire contre la religion chrétienne, Proudhon — dont l'influence est grande dans le peuple — dénonce le but du « système de Rome » : « Abrutir la race française par la tyrannie, l'ignorance et la superstition ».

Quant à Victor Hugo, dans ses terribles *Châtiments,* que les Français du Second Empire s'arrachent, il stigmatise dix fois Pie IX-Mastaï coupable, à ses yeux, d'avoir cautionné le coup d'Etat de Louis-Napoléon. La courte « chanson » que voici est d'une impertinence qui fait mal :

« Un jour Dieu sur sa table
Jouait avec le Diable
Du genre humain haï ;
Chacun tenait sa carte :
L'un jouait Bonaparte
Et l'autre Mastaï.
« Un pauvre abbé bien mince !
Un méchant petit prince,
Polisson hasardeux !

> Quel enjeu pitoyable !
> Dieu fit tant que le diable
> Les gagna tous les deux.
> « Prends, cria Dieu le père,
> Tu ne sauras qu'en faire !
> Le Diable dit : "Erreur !"
> Et, ricanant sous cape,
> Il fit de l'un un pape
> De l'autre un empereur. »

### « Sauvez Rome et la France »

Dans un tel contexte, le premier concile du Vatican, que Pie IX annonce dès 1867 et dont le but avoué, face à la montée des périls, est de définir solennellement la primauté et l'infaillibilité du pontife romain, ne pouvait se préparer que dans une atmosphère passionnée. Du côté des anticléricaux, on ricane plus fortement (« Je suis l'autorité, je suis la certitude, Et mon isolement, Dieu, vaut ta solitude », fait dire Victor Hugo à Pie IX). Du côté des catholiques, on est plus que jamais divisé. La minorité, constituée par les évêques, les prêtres et les catholiques libéraux et néo-gallicans — Dupanloup, Darboy, Gratry, Loyson, Maret, Falloux, Montalembert, etc. —, en se déclarant non ou peu favorables à l'opportunité de la définition de l'infaillibilité, prêtent le flanc aux violentes attaques des « infaillibilistes » — Mgr Pie, Dom Guéranger, qui publie *De la monarchie pontificale* (1870), le P. d'Alzon, Mgr de Ségur, Louis Veuillot... — qui voient en eux des « hérétiques ».

On retrouve les mêmes divisions au sein du groupe des soixante-dix archevêques et évêques de France qui, du 8 décembre 1869 au 18 juillet 1870, participent au concile œcuménique, dit premier concile du Vatican, à Saint-Pierre de Rome. Quand Mgr de Ségur, infaillibiliste déclaré, écrit, le 14 décembre 1869, que « la voix des rares dissidents se perd dans la majorité et l'harmonie du chœur », et que « cela ressemble à un flageolet et à un mirliton au milieu de l'océan », il s'abuse. Car, d'une part les débats conciliaires furent loin d'être aussi unanimes : et d'autre part, si Mgr Pie joua un rôle essentiel dans la rédaction du schéma *de Ecclesia* — le seul qui fut mené jusqu'au bout —, des Pères de la minorité comme Darboy et Dupanloup purent faire entendre des paroles sensées.

Quoi qu'il en soit, lorsque, comme le pape l'a souhaité, est votée, le 18 juillet 1870, par 533 Pères sur 535 présents, la constitution *Pastor aeternus,* qui définit l'infaillibilité pontificale, une soixantaine d'évêques, dont la moitié de Français, ont déjà quitté Rome, pour éviter d'avoir à émettre publiquement un vote négatif, mais non sans avoir expliqué les motifs de leur abstention dans une lettre personnelle au pape. D'ailleurs, en vertu du principe gallican qui veut qu'une définition prononcée par le pape et ratifiée par l'ensemble de l'épiscopat doit être considérée comme infaillible, tous les évêques français de la minorité se soumettront très rapidement aux décisions du concile.

En fait, celui-ci n'est pas terminé et le pape souhaite qu'il reprenne ses travaux à l'automne. Mais, dès le 19 juillet 1870, la France est en guerre contre l'Allemagne : elle doit donc retirer la brigade qu'elle entretient à Rome depuis 1849. Dès lors les événements se précipitent, donnant aux catholiques de France l'impression que la colère de Dieu se déchaîne sur leur nation devenue infidèle par l'« impiété » de beaucoup de ses membres à sa vocation de « fille aînée de l'Eglise ». Le 2 septembre 1870, l'armée française est écrasée à Sedan : l'Empereur est prisonnier ; le 4, il est déchu et la République — la République honnie des catholiques — est proclamée à Paris. Assurés que la France ne peut plus rien pour Rome, les Italiens, après une brève résistance de l'armée pontificale, s'emparent, le 20 septembre, de la capitale des papes et en font la capitale du royaume d'Italie ; écartant les garanties offertes par Victor-Emmanuel II, Pie IX se considère comme la victime d'une sacrilège spoliation et donc comme captif en son palais ; le 20 octobre il renvoie le concile *sine die.*

Au début de 1871, nouvelle catastrophe : la défaite définitive de la France qui doit, en février, se donner une Assemblée nationale — dont la majorité sera monarchiste et catholique — chargée d'entériner les préliminaires de paix accablants, lesquels comportent notamment la cession au jeune Empire allemand de l'Alsace-Lorraine (1ᵉʳ mars 1871). Là-dessus éclate la Commune de Paris (18 mars-27 mai 1871), mouvement communaliste et ouvrier, né des souffrances du siège de la capitale ; mais l'anticléricalisme de certains de ses membres et les excès de la Semaine sanglante vont la faire considérer, par l'immense majorité des clercs et des catholiques, comme un effet des « convulsions de l'enfer ».

La Commune écrasée, les catholiques français se fixent un double but, conforme à leur vocation retrouvée dans la douleur et la pénitence. Il s'agit, d'une part, pour conjurer à tout prix l'enracinement d'une République qui ne pourra être que laïque, d'aboutir à la restauration de la monarchie très chrétienne, en la personne du comte de Chambord, petit-fils de Charles X, que beaucoup appellent déjà « Henri V » : mais le « candidat légitime », en octobre 1873, gâte ses chances, qui sont réelles, par un manifeste en faveur du drapeau blanc : l'occasion d'une restauration monarchique ne se représentera plus.

Dans le même temps, la Question romaine rebondit, les catholiques français ne pardonnant pas à l'Italie d'avoir, au mépris des conventions les plus formelles, profité des malheurs de la France pour s'emparer de Rome. Leur attachement pour Pie IX s'est accru à proportion de ses épreuves ; et, il faut dire, c'est essentiellement sur la France que le pape compte pour le défendre et le secourir. Il est vrai que Thiers (1871-1873) puis Mac-Mahon (1873-1879), successifs chefs de l'Etat, sont aussi convaincus de la nécessité de l'indépendance du Saint-Siège que la majorité de l'Assemblée nationale : dès mars 1871, le comte d'Harcourt est nommé ambassadeur de France auprès du pape.

Cependant l'épiscopat et le peuple catholique veulent plus et mieux. D'abord, ils multiplient les manifestations d'amour au « pape captif », au « pape-roi » : quand, le 16 juin 1871, Pie IX célèbre la 25ᵉ année de son pontificat, la députation française, conduite par Mgr Forcade, évêque de Nevers, dépose aux pieds du pape une adresse de deux millions de signatures, accompagnée d'une importante offrande en argent.

Et Pie IX de déclarer : « La France est imprimée dans mon cœur... Je l'aimerai toujours. »

Et puis, au cours des innombrables pèlerinages à Paray-le-Monial, Chartres, Lourdes, La Salette... qui, en 1872, 1873, 1874, jalonnent l'histoire de « la France repentante », décidée à faire revivre les gestes des croisés, un chant populaire revient comme un leitmotiv :

> « Pitié, mon Dieu : c'est pour notre patrie
> Que nous prions au pied de cet autel ;
> Les bras liés et la face meurtrie,
> Elle a levé ses regards vers le ciel.
> Pitié, mon Dieu : sur un nouveau Calvaire,
> Gémit le chef de votre Eglise en pleurs :
> Glorifiez le successeur de Pierre
> Par un triomphe égal à ses douleurs !
>
> Dieu de clémence,
> O Dieu vainqueur !
> Sauvez Rome et la France
> Au nom du Sacré-Cœur ! »

Dans les innombrables lettres d'affection que Pie IX reçoit de France, il est fréquemment question de petites gens, de vieilles femmes, de religieuses qui font le sacrifice de leur vie pour que triomphe la cause du pape prisonnier.

Il y a mieux : de partout affluent sur le bureau de l'Assemblée nationale des pétitions ou des injonctions sommant la France d'intervenir militairement en Italie. Ce qui a pour effet de dresser contre l'Eglise les républicains français et aussi la presse italienne qui réclame, elle, une guerre préventive contre la France. Les *zelanti* ne s'arrêtent pas pour autant : à leur tête, Louis Veuillot, qui réclame une nouvelle croisade pour le rétablissement du pouvoir pontifical et accuse journellement l'Assemblée de lâcheté ; il prétend que Pie IX lui-même attend anxieusement des nouvelles de France et qu'il se lève parfois la nuit pour prier en disant : « O Francia ! nobilissima Francia !... »

Mais Thiers ne veut pas risquer la France encore meurtrie

dans une nouvelle guerre qui entraînerait probablement l'Allemagne aux côtés de l'Italie. Sa politique consiste donc à tenir la balance à peu près égale entre le Quirinal et le Vatican. Quand, le 24 mai 1873, le très catholique maréchal de Mac-Mahon devient président de la République et prend comme Premier ministre le très catholique duc de Broglie, Bismarck — ce « dogue de l'Europe » — s'irrite : il se plaint ouvertement des « pèlerinages monarcho-papistes » qui attisent la haine de l'Allemagne ; une virulente pastorale de l'évêque de Périgueux, Mgr Dabert, publiée par *l'Univers,* le 10 janvier 1874, met le chancelier allemand hors de lui ; sa colère inquiète tellement le gouvernement français que Bismarck obtient la suspension de *l'Univers* : aussitôt, Pie IX envoie à Louis Veuillot une lettre de sympathie.

L'Italie — poussée par l'Allemagne — obtient le départ de la frégate française *l'Orénoque* qui, depuis 1870, stationnait dans le port de Civitavecchia, prête à transporter le pape où il voudrait : « Tout est consommé », rugit Louis Veuillot, qui ajoute : « Le chef de l'Eglise du Christ, désarmé, dépouillé et entouré d'ennemis furieux a vu, sous le pieux Mac-Mahon, se retirer d'auprès de lui la dernière ombre visible de la main de la France placée là par Adolphe Thiers. »

Une dernière fois, en mars 1877, mais alors qu'une Chambre des députés républicaine a, depuis un an, remplacé l'Assemblée nationale monarchique, Pie IX — aux prises avec une Allemagne prête au Kulturkampf et avec une Italie qui dépouille l'Eglise de ses immunités — fait appel aux évêques du monde catholique, et particulièrement aux Français, contre ses ennemis. Quelques évêques français répondent présent, mais Mgr Ladoue, évêque de Nevers, se montre tellement malhabile — il réclame de Mac-Mahon un engagement implicite et communique sa lettre au maréchal à tous les maires de son diocèse — que l'opposition républicaine, dirigée par Gambetta, arguant de « la levée de boucliers cléricale », provoque une crise grave. Le 16 mai 1877, le président de la République dissout la Chambre dans l'espoir d'y voir revenir une majorité de droite ; mais les élections d'octobre sont encore favorables aux républicains qui, en janvier 1879, deviennent aussi majoritaires au Sénat. Cette victoire décisive entraîne la démission de Mac-Mahon et la consécration définitive d'une République pour qui la Question romaine n'est plus qu'une affaire classée.

D'ailleurs, depuis le 7 février 1878, Pie IX est mort, après trente-deux ans de pontificat, pleuré par la France catholique mais en rupture ouverte avec presque tous les gouvernements des grands Etats européens. Depuis le 20 février 1878, Léon XIII est pape : il sera réservé à son génie de donner aux grands principes formulés par son prédécesseur « les applications à la fois parfaitement orthodoxes et pourtant adaptées au monde nouveau » (R. Aubert).

# 16.

# Léon XIII et la jeune République française (1878-1903)

Le conclave qui, le 20 février 1878, élit pape le cardinal camerlingue Joachim Pecci, devenu Léon XIII, est le plus court qu'on ait connu depuis longtemps, puisque l'élection est acquise dès le troisième jour. Même si l'on tient compte de l'exclusive de la France contre le cardinal Luigi Bilio, on peut affirmer que la supériorité de Joachim Pecci était telle que son élection s'imposait, malgré son âge : soixante-sept ans.

Physiquement et intellectuellement, Léon XIII ne ressemble guère à Pie IX, homme tout en rondeurs et dont l'intransigeance s'était renforcée avec l'âge. Le grand journaliste Charles Benoist, en 1890, décrit ainsi Léon XIII : « La tête est puissante, le front est magnifique, les yeux étincellent et vraiment illuminent ; sous le nez très grand et très fort, une bouche largement fendue comme en balafre, des lèvres fines, noirâtres, violacées, couleur de mûres ; les mains décharnées, exsangues, transparentes. Une cire. »

## Une politique de conciliation

On ne pourra pas taxer le nouveau pontife de « libéralisme », car il se référera en permanence au Syllabus. Cependant le pape Pecci, non seulement parle d'un autre ton au monde moderne mais il inaugure, dans ses encycliques — notamment *Immortale Dei* (1885) et *Libertas* (1888) — une réhabilitation du temporel, une distinction du permanent et du variable, une théologie de l'Etat et de la société civile qui en reconnaît la consistance propre dans leur ordre.

Tout de suite, la France apparaît à Léon XIII comme le terrain d'élection d'une politique qui veut avant tout éviter l'irréparable. Ceci s'explique par la place privilégiée que la France occupe dans le monde, dans l'Eglise et dans le cœur des papes, donc de Léon XIII qui l'appelle volontiers « la colonne de l'Eglise » [19] ; mais aussi par la situation très paradoxale de l'Eglise de France qui, dans le même temps qu'elle connaît, sur le plan des institutions et des œuvres, une prospérité inégalée [20], est aux prises avec une législation résolument laïque, obtenue et appliquée par la jeune République française.

Ces dispositions conciliantes n'échappent pas aux chefs du parti républicain français Gambetta, ce « commis-voyageur de la République » ; dans une lettre à son amie Léonie Léon, datée du 20 février 1878, il note à propos de l'élection de Léon XIII : « Je salue cet avènement plein de promesses. Le nouveau pape ne rompra pas ouvertement avec la tradition et les déclarations de son prédécesseur ; mais sa conduite, ses actes, ses relations vaudront mieux que ses discours et, s'il ne meurt pas trop tôt, nous pouvons espérer un mariage de raison avec l'Eglise. »

Dieu sait, cependant, si les conditions de ce mariage s'avéreront difficiles, et cela dès le début, du fait surtout de la République laïque. Mais Léon XIII tiendra bon : les liens avec la France ne seront pas rompus, malgré les efforts des contre-révolutionnaires — les Veuillot, les Freppel, les Keller, les Pie, les Chesnelong... — qui, dans les premières années de

---

19. Dans son premier discours public, le 28 février 1878, en présence des délégués des jeunes universités catholiques françaises, Léon XIII dit : « Dieu ne peut manquer de bénir une nation capable de si nobles sacrifices et l'histoire écrira encore de belles pages sur les *Gesta Dei per Francos.* »

20. En 1878, la France compte 60 000 prêtres séculiers et 160 000 religieux et religieuses.

la République, dirigent l'opinion catholique : il est vrai que la disparition, en quelques années, des meilleurs chefs de la contre-révolution — Mgr Pie et le P. d'Alzon en 1880, Mgr de Ségur en 1881, Chambord et Veuillot en 1883 — facilite la politique conciliatrice de Léon XIII.

*A l'épreuve de l'offensive laïque*

L'offensive laïque éclate au printemps de l'« année terrible » 1880 qui voit Jules Ferry, président du Conseil et ministre de l'Instruction publique, amorcer la laïcisation des institutions et de l'enseignement. La grande bataille entre catholiques et républicains se joue autour d'un article — l'article 7 — d'un projet de loi de Jules Ferry concernant l'enseignement supérieur. Cet article interdit tout enseignement aux membres des congrégations non autorisées. Sont ainsi visés plusieurs dizaines de milliers de religieux et de religieuses, et particulièrement les 1 600 Jésuites français et les 24 collèges fondés par eux depuis 1850.

Le Sénat rejette bien l'article 7. Mais le gouvernement, s'appuyant sur la législation de la révolution et du consulat, prend deux décrets qui paraissent le 29 mars 1880 au *Journal officiel* : le premier a trait à la société non autorisée « dite de Jésus », qui devra se dissoudre et évacuer ses établissements dans un délai de trois mois ; le second oblige toute congrégation non autorisée à demander l'autorisation dans le même délai, sous peine de dissolution.

Naturellement, la réaction des catholiques et de l'épiscopat français est très violente. Le bâtonnier Edmond Rousse ayant publié, en juin, une consultation déniant à l'Etat le droit d'empêcher des Français de vivre en commun, plus de 2 000 avocats y adhèrent. Quant aux supérieurs des congrégations intéressées, à l'unanimité pour les hommes, à la majorité pour les femmes, ils se refusent à présenter les demandes d'autorisation imposées.

Les décrets sont du 29 mars. Jour pour jour, trois mois plus tard, le 29 juin, commence à Paris, rue de Sèvres, l'expulsion des jésuites : une expulsion qui va s'étendre à toutes les résidences de la compagnie puis, à partir d'octobre, aux communautés des autres congrégations touchées par les décrets. Au total : 261 couvents crochetés, 5 643 religieux chassés. Près de 400 magistrats — dont plusieurs avocats généraux et procureurs de la République — ont démissionné pour ne pas être associés à ce qu'ils considèrent comme une iniquité.

Léon XIII, lui, prend soin d'abord de nommer à la nonciature de Paris, où il sera en poste d'octobre 1879 à novembre 1882, un Polonais maladif, « tout en tête » mais délié, Mgr Wladimir Czacki, qui a pour mission essentielle d'empêcher toute rupture avec la France. Familier des salons républicains, Czacki entreprend d'arrêter la guerre contre l'Eglise par des négociations directes avec les chefs du parti républicain ; s'il ne peut empêcher l'expulsion violente des religieux, il obtient que l'expulsion soit épargnée aux congrégations des femmes. Mais quand il regagnera Rome, en 1882[21] il dénoncera « l'intransigeance fanatique » du clergé français qui, il est vrai, trouve quelque excuse dans l'attitude de Léon XIII dont les réactions modérées et prudentes exaspèrent plus d'un catholique militant. Quand, en 1881 et 1882, Ferry met en place une législation scolaire laïque, le pape conseille aux évêques de France de n'y opposer qu'une résistance légale et sans violence.

Le pape sort cependant de sa réserve lorsque, en 1883, éclate l'affaire des manuels scolaires, ces manuels d'instruction morale et civique que le gouvernement veut imposer en place des catéchismes. Dans une lettre confidentielle adressée, le 12 juin 1883, au président de la République Jules Grévy, Léon XIII, s'autorisant de sa prédilection pour la France, expose paternellement au président ses doléances et ses appréhensions au sujet de la situation religieuse dans ce pays.

---

21. Il sera remplacé à Paris par Mgr Di Rende, de tendances plutôt légitimistes. A Rome, l'ambassadeur de France auprès du pape durant cette période délicate (1882-1896) fut le très habile comte Edouard Lefebvre de Béhaine.

Dans sa réponse, le 7 août, Grévy déplore, lui, les dangers du cléricalisme antirépublicain : « Dans ce funeste conflit de passions contraires, écrit-il, je ne puis malheureusement que fort peu sur les ennemis de l'Eglise ; mais Votre Sainteté peut beaucoup sur les ennemis de la République. Si elle daignait les maintenir dans cette neutralité politique qui est la grande et sage pensée de son pontificat, Elle nous ferait faire un pas décisif vers un apaisement si désirable... »

Cet échange de correspondance ne met fin ni aux divisions des catholiques — les contre-révolutionnaires de *l'Univers* combattant violemment les « mitoyens » libéraux du *Correspondant* —, ni au développement de la législation laïque : sécularisation des cimetières, suppression des prières publiques avant l'ouverture du Parlement, instauration du divorce, laïcisation des services publics...

Léon XIII recourt alors à une forme d'intervention plus solennelle. Les premiers mots — *Nobilissima Gallorum gens* — de l'Encyclique qu'il adresse à l'épiscopat français, le 8 février 1884, témoignent de l'inaltérable admiration et de la confiance que le pape porte à la « Fille aînée de l'Eglise », à la « très noble nation française », qui « s'est acquise dans l'Eglise catholique un renom de mérites dont la reconnaissance ne périra pas et dont la gloire ne vieillira pas... », et cela par « le grand nombre des choses remarquables accomplies, soit dans la paix soit à la guerre... ». Ce rappel met le pape à l'aise pour déplorer les attaques dont l'Eglise est l'objet en France.

Dans la réalité, la politique de conciliation de Léon XIII ne produit que peu de fruits, du fait de la tension permanente entre l'Eglise de France et l'Etat républicain ; cette tension inquiète Léon XIII qui craint qu'elle n'aboutisse à une séparation. A l'approche des élections législatives d'octobre 1885, le pape déplore les excès de zèle des intransigeants, d'Eugène Veuillot, par exemple, qui a succédé à son frère Louis à la tête de *l'Univers*, et qui songe à constituer une ligue de la contre-révolution. Plus solide est le projet d'un parti catholique — qui s'appellerait Union catholique — élaboré par Albert de Mun. Mal accueilli par les royalistes, pour qui le seul parti catholique ne peut être que le parti monarchiste, et par la presse républicaine qui parle de « jobarderie », ce projet, chaleureusement appuyé par *l'Univers* et *la Croix,* est discrètement désavoué par Léon XIII. Le pape, en effet, ne veut pas qu'on fasse de la religion un monopole politique ; il considère, au contraire, que la foi religieuse peut se trouver dans tous les partis et qu'elle doit être respectée par chacun d'eux. Prié par la nonciature d'abandonner son dessein, le comte de Mun fait connaître aussitôt sa renonciation par une note communiquée à la presse.

D'ailleurs, les élections de 1885, qui divisent la nouvelle Chambre en trois fractions inégales — conservatrice, opportuniste, radicale — accentuent en fait la tendance à l'apaisement manifestée depuis 1883. L'Encyclique *Immortale Dei* du 19 novembre 1885, sur la constitution des Etats, se situe dans cette ligne, elle qui condamne les excès de langage pouvant susciter de réels obstacles à l'action évangélisatrice de l'Eglise dans les temps modernes. Aussi quand le pape, le 1ᵉʳ janvier 1888, célèbre solennellement son jubilé sacerdotal — il a été ordonné en 1837 — la France officielle se réjouit : le 8 janvier, M. de Béhaine, ambassadeur de France, présente au pape les vœux du président Carnot ; le même jour Léon XIII reçoit plus de 2 000 pèlerins français à qui le pape redit l'amour qu'il porte à la France. Cet amour, le Souverain Pontife l'a témoigné l'année précédente, aux 2 000 ouvriers conduits par le cardinal Langénieux, Albert de Mun et Léon Harmel, et venus de toutes les provinces de France ; il le redit, le 13 avril 1888, aux 8 000 pèlerins français recrutés par MM. de Damas et Chesnelong.

*Vers le ralliement*

Mais déjà la France est prête à céder au mirage du boulangisme. Les catholiques, après avoir témoigné du mépris pour Georges Boulanger, ce « général d'estaminet », se laissent en effet entraîner par Albert de Mun dans « la brèche ouverte » au flanc de la République honnie, cette République qui, le 9 juillet 1889, obtiendra le vote de la « loi des curés sac au dos », « des séminaristes à la caserne ». Cette fois encore, Léon XIII reste sur la réserve : si bien que la débâcle du boulangisme, à partir du 27 janvier 1889, n'affecte pas trop l'image de l'Eglise aux yeux des républicains.

En sorte que si les élections législatives de septembre-octobre 1889 scellent naturellement la défaite des partis monarchistes — qui se sont commis avec Boulanger —, elles profitent surtout aux républicains modérés, tenants de la paix religieuse. Chez les catholiques partisans d'un rapprochement avec eux, on voit le marquis de Castellane faire l'essai loyal d'un ralliement à la République, et on entend un Albert de Mun reconnaître que le nombre de ceux qui font opposition à la République, par principe ou à parti pris, diminue chaque jour. Mieux : un mois après les élections, un jeune député de droite de la Haute-Garonne, Jacques Piou, proclame la nécessité de se placer à l'avenir sur le terrain constitutionnel : et de jeter les bases d'une droite indépendante, qui ne recueille l'adhésion que d'une dizaine de parlementaires.

Chez les républicains modérés et opportunistes, que la peur du socialisme rejette vers le centre, la volonté d'apaisement en matière religieuse est plus manifeste encore ; un Challemel-Lacour, un Ferry même, en appellent à une politique « de bon sens et de calme », favorable au ralliement à la République des électeurs monarchistes. On entend le président du Conseil, Pierre Tirard, dans sa déclaration à la rentrée des Chambres, le 21 novembre 1889, souligner que « la France, par les dernières élections, a surtout manifesté la résolution d'entrer dans une ère définitive d'apaisement ». Quant à Eugène Spuller, un autre gambettiste, il entreprend, dans *la République française,* son journal, une généreuse campagne en faveur d'une « politique féconde de conciliation et de réparation », la République devant, selon lui, imiter le Henri IV de l'Edit de Nantes.

Léon XIII observe avec joie ces « heureux symptômes » ; mais il sait bien qu'il faut aller au-delà et convier franchement le clergé et les catholiques français à accepter la République et à former, avec tous les hommes de bonne volonté, une grande « ligue du bien public ».

Mais, ne voulant mettre son autorité en jeu que lorsque les esprits auront été préparés à lui obéir, le pape, en avril 1890, charge le cardinal Place, archevêque de Rennes, de préparer une lettre pastorale dans laquelle il indiquerait aux catholiques français leur ligne de conduite. Le cardinal de Rennes se révélant trop timide, Léon XIII se tourne vers le vigoureux archevêque d'Alger, le cardinal Charles Lavigerie, qui se trouve alors à Paris, fort occupé de son œuvre antiesclavagiste. Lavigerie se rend à Rome où, entre le 10 et le 14 octobre 1890, il voit plusieurs fois Léon XIII qui lui demande d'accomplir un geste significatif dans le sens du ralliement du clergé et des catholiques français à la République.

Rentré à Alger, Lavigerie s'exécute : le 12 novembre 1890, en l'absence du gouverneur général Tirman, le cardinal offre, dans sa résidence de Saint-Eugène, un banquet à l'état-major de l'escadre française de la Méditerranée, commandée par l'amiral Victor Duperré, et à toutes les autorités civiles et militaires locales. A l'heure des toasts, le cardinal se lève, imité par ses convives, et lit un texte entièrement écrit qui comporte ce passage... « Lorsque la volonté d'un peuple s'est nettement affirmée, que la forme d'un gouvernement n'a rien en soi de contraire, comme le proclamait dernièrement Léon XIII, aux principes qui seuls peuvent faire vivre les nations chrétiennes et civilisées ; lorsqu'il faut, pour arracher son pays aux abîmes qui le menacent, l'adhésion sans arrière-pensée à cette forme de gouvernement, le moment vient de déclarer enfin l'épreuve faite ; et pour mettre un terme à nos divisions, de sacrifier tout ce que la conscience et l'honneur permettent, ordonnent à chacun de nous de sacrifier pour le salut de la patrie. » L'assistance, évidemment peu préparée, est tellement stupéfaite qu'elle se rassoit en silence.

En France, les républicains modérés applaudissent au « toast d'Alger » — pour Spuller c'est même « l'événement capital de la fin du XIXe siècle » — ; mais les monarchistes se déchaînent contre « l'Africain ». L'épiscopat, désemparé, réagit mal, n'osant généralement pas prendre position ou laissant

Mgr Freppel, le très royaliste évêque d'Angers, écrire : « Aucune invitation, d'où qu'elle vienne, ne nous fera changer d'avis. » Quant au recteur de l'Institut catholique, Mgr d'Hulst, il ne décolère pas contre Lavigerie.

Tout le monde d'ailleurs se tourne vers Rome où se bousculent, durant l'année 1891, les royalistes et les partisans de la politique nouvelle qui viennent prendre le vent. Jacques Piou, le 10 janvier, voit Léon XIII qui lui demande d'obtenir du cardinal Langénieux, archevêque de Reims, une déclaration semblable à celle d'Alger ; mais Langénieux, monarchiste de cœur, se dérobe. Quant au cardinal Richard, archevêque de Paris, il se contente de préconiser une Union pour la France chrétienne, noyautée par des monarchistes : un grand nombre d'évêques français adhèrent à cette formule hybride et sans portée.

*L'Encyclique aux Français*

On attend toujours de Rome une prise de position officielle. Il y a bien eu, le 28 novembre 1890, une lettre du cardinal Mariano Rampolla, secrétaire d'Etat depuis 1887 : adressée à l'évêque de Saint-Flour, elle pouvait passer pour une approbation discrète du toast d'Alger ; et aussi, le 9 février 1891, un bref de Léon XIII au cardinal Lavigerie dont l'action « en faveur des besoins du temps » est louée par le pape, mais en termes fort généraux. Tout cela est bien léger. Ce qui est regrettable car un grave incident éclate, en octobre 1891, qui menace de détériorer gravement les relations entre Rome et Paris. Au cours du pèlerinage qui, en septembre et octobre 1891 — six mois après *Rerum Novarum* —, amène à Rome quelque vingt mille ouvriers français, auxquels se sont joints des membres de l'A.C.J.F.[22], des jeunes pèlerins, qui ont manifesté avec un peu trop d'intempérance leur amour du pape, sont conspués et quasiment lynchés par des patriotes ita-

---

22. L'A.C.J.F. a été fondée en 1886.

liens. Le ministre des cultes, Armand Fallières, réagit maladroitement en adressant aux évêques, le 4 octobre, une circulaire les invitant à s'abstenir « pour le moment » de toute participation aux pèlerinages ouvriers. La réaction de l'archevêque d'Aix, Mgr Gouthe-Soulard, est tellement violente — dans une lettre publique il accuse le gouvernement d'être livré à la franc-maçonnerie — que Fallières cite l'archevêque devant la Cour d'appel de Paris. Cinquante évêques et tout l'état-major monarchiste se solidarisent avec l'impétueux prélat qui, le 24 novembre, est condamné à 3 000 F d'amende. Acclamé à Paris, Gouthe-Soulard télégraphie au cardinal Rampolla que « Jésus-Christ, la papauté, les libertés de l'Eglise ont été victorieusement défendus » ; et de rentrer à Aix où il passe sous des arcs de triomphe.

Malgré les efforts du nouveau nonce, Mgr Dominique Ferrata (1891-1896) — qui est l'homme de la pensée de Léon XIII en matière de conciliation —, la politique du ralliement est bien compromise : monarchistes et radicaux s'en réjouissent. D'autant plus que, le 21 janvier 1892, les cinq cardinaux français métropolitains (Lavigerie n'a pas été consulté) ont la malheureuse idée de publier une déclaration, inspirée par Mgr d'Hulst, recteur de l'Institut catholique de Paris, orléaniste affiché ; sans doute, il y est question d'une « acceptation franche et loyale des institutions existantes », mais la politique religieuse de la République y est aussi violemment attaquée.

Alors « sonne l'heure du pape ». Le 17 février 1892 paraît, dans *le Petit Journal,* sous la signature d'Ernest Judet, une interview de Léon XIII au cours de laquelle celui-ci a déclaré, entre autres : « La République est une forme de gouvernement aussi légitime que les autres. » Mieux, trois jours plus tard, la presse parisienne publie l'Encyclique *Au milieu des sollicitudes*[23] que le pape a signée le 16 février 1892 et qui est adressée à l'épiscopat, au clergé et à tous les catholiques de

---

23. Le fait que cette encyclique soit, exceptionnellement, rédigée directement en français (elle sera ensuite transcrite en latin) est incontestablement une marque de sympathie pour la France.

## Léon XIII et la République française (1878-1903)

France. Elle définit une attitude souhaitable qu'un peu abusivement on a appelée « le ralliement » à la République.

Après avoir redit son « affection pour la France et son noble peuple », Léon XIII rappelle aux Français qu'une « grande union leur est nécessaire » et que, s'ils veulent y parvenir, il est urgent qu'ils mettent de côté « les divergences politiques sur la conduite à tenir envers la République actuelle ». Sans doute, cette République édicte-t-elle des lois antichrétiennes, mais distinguant, comme ses prédécesseurs, « les pouvoirs établis » — qui doivent être respectés — et la législation — qui doit être combattue « par tous les moyens honnêtes et légaux » —, le pape invite l'Eglise de France à ne pas s'opposer au régime actuel de leur pays.

La presse monarchiste ayant déclaré, à la suite de l'Encyclique aux Français, que Léon XIII avait été mal informé, le Souverain Pontife précise sa pensée : le 3 mai, dans une lettre aux cardinaux français ; le 22 juin, dans une lettre à Mgr Fava. « Sans contester aux catholiques le droit de travailler à la restauration de la monarchie, il ne les autorise pas à en user parce qu'il estime que leur action pour son rétablissement nuit au plus grand de tous les intérêts, celui de la foi et du culte en France » (A. Dansette). Le pape souhaite en outre que les « honnêtes gens » de France constituent un grand parti conservateur, non confessionnel, qui opposerait une forte barrière « à l'irréligion des radicaux ».

Evidemment, l'Encyclique aux Français bouleverse le monde catholique où le « ralliement » à la République opère de nouveaux clivages qu'il est difficile de distinguer nettement. Théoriquement, tout l'épiscopat s'incline, ce qui signifie que le gallicanisme est bien mort ; pratiquement, beaucoup d'évêques, sensibles surtout à la politique anticléricale de la République, restent sur la réserve. Le clergé est très divisé, les « ralliés » déterminés n'étant nombreux que chez les jeunes clercs.

Chez les laïcs monarchistes, même déchirement. Ceux qui sont plus monarchistes que catholiques — Cazenave de Pradines, d'Haussonville, Cassagnac — résistent ; la plupart de ceux qui sont catholiques avant d'être monarchistes se retirent, comme Chesnelong et Keller, ou obéissent comme Albert de Mun qui, avec Etienne Lamy, Jacques Piou et quelques autres ralliés, essaie de constituer un groupe électoral qui, lors des élections du 14 novembre 1893, essuie un échec. Ils n'ont, en effet, que 35 élus, parmi lesquels l'abbé Jules Lemire à Hazebrouck. Piou, Lamy et de Mun sont battus. Mais le report des voix des électeurs catholiques s'est fait souvent au profit des républicains modérés qui, unis aux ralliés, constituent une nouvelle majorité parlementaire, située au centre-droit de la Chambre. C'est le retour au pouvoir du parti de l'ordre, mais sa cause est désormais dissociée de celle de la monarchie.

« *L'esprit nouveau* »

Sur le plan de l'engagement social des catholiques, l'incitation du pape au « ralliement » a des conséquences plus importantes, la prise en compte de *Au milieu des sollicitudes* complétant la prise en compte d'une encyclique un peu antérieure (15 mai 1891), *Rerum novarum,* consacrée à la condition des ouvriers. Les matériaux de cette encyclique ont été élaborés, entre 1885 et 1891, par l'Union de Fribourg, constituée de catholiques sociaux venus des grands pays d'Europe, mais dominée par l'école française des « gentilshommes sociaux », Albert de Mun, René de la Tour du Pin, Robert de Roquefeuil. En proposant comme remèdes à la « misère imméritée » de la classe ouvrière la nécessité d'une législation sociale, l'application d'un « juste salaire », l'association ouvrière, voire le syndicalisme, *Rerum Novarum* fournit — enfin — à l'Eglise une doctrine sociale.

De la conjonction de l'enseignement des deux Encycliques naît un mouvement jeune et ardent, à la fois républicain et social, la démocratie chrétienne, qui se recrute aussi bien chez les laïcs — Lancry, Leclercq, Coulazou, Gonin... — que chez les clercs, ces fameux « abbés démocrates » — Lemire, Naudet, Six, Fourié, Gayraud, Garnier... — qui sont surtout sensibles à la « déchristianisation » populaire. Violemment

*Léon XIII et la République française (1878-1903)* 243

pris à partie par les catholiques possédants abandonnés par la plupart des évêques, les démocrates chrétiens et les abbés démocrates seront échaudés par l'encyclique *Graves de communi* (21 janvier 1901) par laquelle Léon XIII déniera à la démocratie chrétienne le droit d'être autre chose qu'une bienfaisante action religieuse sous l'égide des autorités sociales.

Mais, au lendemain des élections de 1893, on n'en est pas là : la politique de conciliation entre l'Eglise et la République connaît alors son second souffle. C'est « l'esprit nouveau », « un esprit haut et large de tolérance, de bon sens et de rénovation intellectuelle et morale », comme le définit Eugène Spuller, ministre des cultes dans le cabinet Casimir-Perier, dans une déclaration faite à la Chambre le 3 mars 1894. En fait, cet « esprit nouveau » auquel, dans une lettre à Léon XIII, le 5 février 1896, le président de la République Félix Faure fait référence, ne peut se développer un peu largement qu'au temps du cabinet que préside, du 29 avril 1896 au 15 juin 1898, Jules Méline, qui, pour appliquer sa politique financière, s'appuie volontiers sur les ralliés.

Mais « l'atmosphère d'apaisement » que Méline invoque constamment comme un talisman est loin d'être dégagée. Pour préparer les élections législatives de 1898, il faudrait qu'enfin se constitue le « parti des honnêtes gens » dont Léon XIII souhaite, depuis 1892, la formation. Albert de Mun s'avérant par trop contre-révolutionnaire, un seul réformateur s'impose : Etienne Lamy qui, en 1896, est mandé à Rome où Léon XIII le charge de la mission de constituer ce parti. Mission quasi impossible car, de retour à Paris, Lamy s'aperçoit qu'il est un général sans armée : les catholiques sont dispersés en des groupes disparates et s'agitent dans la confusion. Il se forme bien une éphémère fédération électorale, hétéroclite et sans cohésion, que Lamy préside, mais son influence sur le résultat des élections de mai 1898 est faible : en effet, la gauche laïque sort fortifiée de ces élections, tandis que les républicains modérés ou progressistes perdent soixante-trois sièges.

Léon XIII, qui a encore donné des gages d'affection à la France — sa « fille aînée » — à l'occasion de la célébration du 14ᵉ centenaire du baptême de Clovis, le 6 janvier 1896, et lors de la concession d'un jubilé extraordinaire, le 8 janvier, est proprement désolé. Dans une lettre adressée, le 6 juin 1898, à Etienne Lamy, le pape ne cache pas que « le résultat n'a pas répondu pleinement aux communes espérances » ; une fois de plus, il supplie les catholiques français de « se placer résolument sur le terrain des institutions ».

*L'affaire Dreyfus et la nouvelle offensive laïque*

Mais déjà « l'affaire Dreyfus », en rejetant la masse des catholiques français dans le camp du nationalisme antirévisionniste et antisémite, va rendre inopérante la politique de conciliation de Léon XIII. Pire : elle va souder un Bloc des gauches face à un « cléricalisme » dont les porte-parole les plus intempérants sont les assomptionnistes de *la Croix*. Ces derniers, à l'issue d'un procès retentissant, en janvier 1900, voient leur congrégation officiellement dissoute ; si Léon XIII déplore cette condamnation, il n'en critique pas moins les manifestations imprudentes qui l'accompagnent. En ce qui concerne Alfred Dreyfus lui-même, Léon XIII n'est guère sorti de la réserve que lui commande une querelle proprement française, querelle qui illustre cruellement la distinction de Péguy entre la mystique et la politique. Cependant, le 13 mars 1899, dans une interview au *Figaro*, le pape blâme implicitement l'agitation nationaliste et royaliste [24] en déplorant « la déraison des luttes partisanes ». Quand Dreyfus sera réhabilité et réintégré dans l'armée, le 12 juillet 1906, *l'Osservatore Romano* (14 juillet) écrira : « Non seulement nous nous inclinons devant la sentence, mais encore nous en sommes enchantés et nous nous en félicitons avec celui qui en est le héros ». Mais il ne semble pas que Léon XIII ait répondu à la lettre — en latin — que, si on en croit *The Sunday special* du 5 décembre 1897, Lucie-Eugénie Dreyfus aurait envoyée au

---

24. De cette agitation est née, en 1899, l'Action française dont la réplique, dans le camp républicain, fut la Ligue des droits de l'homme.

« vicaire du Christ » en faveur de son mari, alors à l'Ile du Diable.

Le 22 juin 1899, fort du soutien du Bloc des gauches — majoritaire au Parlement — et investi d'une mission de « défense républicaine », l'avocat Pierre Waldeck-Rousseau, un modéré que l'affaire Dreyfus a jeté à gauche, constitue un gouvernement où lui-même assume le ministère des Cultes. Ce grand bourgeois froid et austère est avant tout un légiste qui, après l'agitation nationaliste des dernières années, prétend rétablir l'Etat républicain dans sa grandeur et son autorité. Ni sectaire, ni franc-maçon, admirateur de Léon XIII à qui il a rendu visite au printemps de 1899, Waldeck-Rousseau croit cependant ne pouvoir rétablir l'unité morale du pays qu'en contrôlant et combattant l'éducation congréganiste.

Or, les congrégations, plus nombreuses qu'en 1789, se sont multipliées en France au mépris du concordat de 1801 et au point qu'elles constituent, aux yeux des républicains, « un Etat dans l'Etat » ; de plus, elles ont accumulé en toute impunité des biens de mainmorte et disposent d'un patrimoine immobilier qui avoisine le milliard de francs.

Aussi, dès le 14 novembre 1899, le président du Conseil dépose-t-il un projet de loi sur les associations qui situe les congrégations hors du droit commun, sous le régime de l'autorisation. De longs débats parlementaires s'ensuivent que ponctuent des protestations pontificales. Le 3 mars 1900, Léon XIII fait part au président de la République, Emile Loubet, de ses « vives appréhensions », et de ce que seraient pour lui, « arrivé au soir de la vie », la peine et l'amertume... de voir s'évanouir, sans porter leurs fruits, toutes les « intentions bienveillantes » du Saint-Siège à « l'égard de la nation française et de son gouvernement »... Le 5 mai, Loubet s'efforce de démontrer que le gouvernement français a toujours respecté le concordat et que la cause des troubles actuels réside dans l'action politique antigouvernementale d'une partie du clergé et de plusieurs congrégations de France ; et Loubet de demander la bénédiction apostolique pour sa famille et lui-même.

Cependant, la loi sur les associations, votée le 1ᵉʳ juillet 1901, est promulguée le 9 juillet ; elle comporte deux volets : la faculté de se constituer, selon des formalités très simples, à toute association dont le but ne serait pas contraire à la constitution de l'Etat ; la soumission des congrégations religieuses au contrôle de l'Etat qui, pour les autoriser ou non, se prononcera en fonction de leur utilité. Toute congrégation devra, sous peine de dissolution, demander une autorisation qui exigera le vote d'une loi ; même autorisée, une congrégation peut toujours être dissoute par décret ministériel.

Dès le 6 juillet, par une note de Nisard, ambassadeur de France près le Saint-Siège, à Théophile Delcassé, ministre français des Affaires étrangères, Léon XIII constate que « l'approbation définitive et la promulgation de la loi sur les associations ont malheureusement démontré que la confiance du Saint-Père était inspirée seulement par sa grande affection pour la France, puisqu'elle ne s'est pas trouvée correspondre avec la réalité des choses » ; aussi a-t-il ordonné au cardinal Rampolla de protester en son nom contre « une injuste loi de représailles et d'exception ». Réponse de Waldeck-Rousseau, le 3 septembre 1901 : tout ce qui touche au « régime extérieur des congrégations » relève de l'Etat, gardien du concordat ; de toute manière, dans l'application de la loi du 1$^{er}$ juillet 1901, le gouvernement s'inspirera « de l'esprit de la plus large tolérance et du libéralisme le plus bienveillant ». Ce qui rassure le pape, qui est encore et toujours fidèle — certains le lui reprochent amèrement — à la politique de conciliation. Il faut croire que les congrégations sont, elles aussi, rassurées, puisque près de cinq cents d'entre elles déposent une demande d'autorisation.

Cependant, la perspective des élections législatives d'avril-mai 1902 incite les catholiques modérés et les ralliés, encouragés par Léon XIII, à former enfin un groupe parlementaire qui ait un peu de consistance : ainsi naît, le 5 juillet 1901, l'Action libérale dont le chef est Jacques Piou que seconde, non pas Etienne Lamy, qui s'est définitivement retiré, mais Albert de Mun, un rallié certes, mais qui reste étranger à l'esprit du ralliement. En fait, l'Action libérale reste aux mains du vieux parti conservateur. Les résultats des élections sont, d'ailleurs, pour elle et pour l'Eglise de France, désastreux : la gauche anticléricale l'emporte au point d'assurer au gouvernement une majorité de quatre-vingt-sept sièges ; les ralliés ne sont que trente-cinq. Cependant, conseillé encore par Léon XIII, Jacques Piou qui, quoique battu, ne se décourage pas, élargit son groupe en une Action libérale populaire qui, en 1906, groupera 250 000 cotisants.

Le 4 juin 1902, malade et se sentant dépassé sur sa gauche, Waldeck-Rousseau démissionne, préconisant comme successeur Emile Combes ; dès le 7 juin, ce dernier est investi avec le ministère de gauche qu'il a formé et dans lequel lui-même assure l'Intérieur et les Cultes.

Emile Combes — « Questo Combes ! », comme dira Léon XIII avec une accentuation significative —, est un petit vieillard alerte à qui son passage au séminaire des Carmes et ses fortes connaissances théologiques et canoniques — jointes à un anticléricalisme passionné et à un gallicanisme pointilleux — fournissent des armes particulièrement efficaces. Il en use tout de suite contre les congrégations, faisant de la loi de 1901 un instrument de destruction de l'enseignement congréganiste puis des congrégations elles-mêmes. Il poursuit d'abord toutes les infractions à la loi, condamnant par décret à la fermeture des centaines d'écoles ouvertes sans autorisation par des congrégations autorisées. Puis, à la suite de violentes discussions à la Chambre, du 18 au 25 mars 1903, toutes les demandes d'autorisations présentées par les congrégations sont repoussées, sauf cinq. En attendant que, le 7 juillet 1904, l'enseignement soit interdit à tout congréganiste.

Tout en persistant dans la volonté de conciliation, Léon XIII multiplie les notes de protestation, avec d'autant plus de vigueur que l'affaire des congrégations se double, à partir de décembre 1902, d'une nouvelle application abusive des Articles organiques, Combes réclamant la disparition, dans les bulles pontificales de nomination des évêques, de l'expression « nobis... nominaverit », voulant ainsi mettre fin à la traditionnelle politique d'« entente préalable » en cette matière.

La réaction de Léon XIII est si vive que, durant dix-huit mois, deux nominations épiscopales resteront en suspens.

Ce qui incite Théophile Delcassé à publier, le 22 juin, un Livre jaune de vingt-six pièces, qui embrasse la période qui s'étend du 22 mai 1899 au 24 juillet 1902, sur les relations entre la France et le Saint-Siège. Mais Léon XIII, qui est entré dans sa 94ᵉ année et que la politique religieuse de la France affecte même physiquement, n'aura guère le temps d'en prendre connaissance : il meurt le 20 juillet 1903, entouré de la vénération universelle.

En ce qui concerne la France, on peut considérer avec René Rémond que : « si le catholicisme français a eu, au XXᵉ siècle, cette ouverture, cette hardiesse et cette solidité de pensée qu'on se plaît à lui reconnaître, il le doit largement à l'impulsion venue de Léon XIII dans des moments difficiles où, tout autant que de résister, il importait de préparer l'avenir ».

CINQUIÈME PARTIE

# Les papes et la France depuis la séparation

# 17.

## *Pie X, Benoît XV et la France laïque (1903-1922)*

Dès que la mort de Léon XIII est officiellement connue, la fièvre du conclave s'abat sur Rome. Le candidat des Français est le cardinal Mariano Rampolla, secrétaire d'Etat, dont la francophilie est manifeste ; un autre *papabile,* le cardinal Girolamo Gotti passe, lui, pour germanophile.

A l'une des congrégations générales, un des cardinaux français se trouva voisin d'un collègue étranger qu'il ne connaissait pas et avec lequel il engagea la conversation suivante : « Votre Eminence est sans doute archevêque en Italie ? Dans quel diocèse ? — Non parlo francese ! — In quanam diocesi es archiepiscopus ? — Sum patriarca Venetiæ. — Non loqueris gallice ? Ergo non es papabilis, siquidem papa debet gallice loqui. — Verum est, Eminentissime Domine ! non sum papabilis ! Deo gratias ! »

Or, il s'agit du cardinal Giuseppe Sarto, patriarche de Venise, qui, quoique peu connu, rassemble, le 31 juillet 1903, cinq voix, Rampolla venant en tête avec vingt-quatre voix, Gotti le suivant avec dix-sept. Au second tour, Rampolla rassemble vingt-neuf voix ; au troisième il se maintient, mais Sarto en a vingt et une. C'est alors que le cardinal Puzyna, archevêque de Cracovie, au nom de l'empereur d'Autriche, prononce l'exclusive contre Rampolla. Bien que le conclave ne soit pas lié par ce veto, c'est vers Sarto, un évêque étranger à la politique, que la majorité se tourne alors. En effet, le

4 août 1903, il est élu et devient, à soixante-huit ans, le pape Pie X. De haute taille, la tête ronde, les yeux d'un bleu clair, l'allure simple et belle, le nouveau pape, qui est d'origine populaire, est pétri de modestie ; mais il a aussi une idée très haute de ses responsabilités et de ses devoirs. Cet ancien curé de village saura être un « archange au glaive de feu ». Sa première Encyclique *E supremi* (4 octobre 1903) est un document essentiellement religieux où le pape annonce sa volonté de revendiquer pour Dieu la plénitude de son domaine sur toute créature et de tout restaurer en Jésus-Christ.

S'appuyant sur une curie romaine de plus en plus puissante [25] et sur un jeune secrétaire d'Etat, l'Espagnol Rafaël Merry del Val, Pie X, convaincu que, dans un monde moderne disloqué, la papauté est le symbole même de la stabilité et de l'équilibre, renforce la centralisation pontificale. Il nomme des nonces qui sont plus des pasteurs et des théologiens que des diplomates, capables de le renseigner exactement sur la température religieuse de la nation où ils sont en poste. Les visites *ad limina* des évêques doivent désormais se faire à date fixe et s'accompagner d'un rapport précis.

## Pie X et « les deux France »

A l'égard de la France — dont il apprendra la langue — Pie X, comme ses prédécesseurs, multipliera les paroles d'affection, mais il dira aussi volontiers qu'il y a deux France : la France catholique et l'autre, la laïque, qui lui donnera bien des soucis. Recevant, le 24 septembre 1903, les élèves du séminaire français de Rome, le pape pleure en évoquant la « persécution » à laquelle est en butte la France chrétienne, celle, dit-il, qui « ne cesse de mériter ce beau nom de fille aînée de l'Eglise ».

Avec « l'autre France », celle qui, en 1903, a pour chef Emile Combes, Pie X ne développera pas une politique de

---

25. Le nouveau droit canon énoncera que, par l'expression « Saint-Siège », il faut entendre non seulement le pape mais aussi les congrégations romaines.

conciliation comme son prédécesseur. On s'en convainc dès le premier heurt entre le Saint-Siège et le gouvernement français. Ce heurt n'a pas pour origine les mesures de Combes contre les congrégations — dont le sort est scellé en 1904 —, ni la question de l'institution des évêques, mais un événement à première vue secondaire : la visite du président de la République Emile Loubet à Victor-Emmanuel III, à Rome, du 24 au 29 avril 1904. Cette visite, qui répond à celle que le roi d'Italie a faite à Paris en octobre 1903, s'inscrit dans le programme diplomatique de Théophile Delcassé, soucieux de détacher l'Italie de la Triplice.

Loubet, qui est catholique, craint ce voyage, pourtant inévitable. Il n'a pas tort. Ayant exprimé le désir d'être reçu par Pie X, le président se heurte à un protocole datant de Léon XIII qui acceptait de recevoir au Vatican les monarques et les princes protestants en visite au Quirinal, résidence du roi d'Italie, mais qui, soucieux de maintenir, comme Pie IX, ses droits au pouvoir temporel, s'était toujours refusé à étendre cette tolérance aux chefs des Etats catholiques. « On accordera au gouvernement français de l'époque qu'une telle distinction devait, à bien des égards, lui paraître aussi anachronique qu'inadmissible. Outre qu'elle établissait, au profit de l'Allemagne par exemple, des inégalités singulièrement dangereuses dans l'ordre des relations internationales, elle lui attribuait à lui-même, en la personne du premier magistrat de la nation, un caractère que sa politique anticléricale justifiait bien peu. » (C. Ledré.)

Lorsque le bruit s'accrédita définitivement d'un échange de visites officielles entre le président de la République et le roi Victor-Emmanuel, le cardinal Rampolla, secrétaire d'Etat de Léon XIII, avait fait prévenir le ministre des Affaires étrangères Delcassé des graves conséquences que la venue d'Emile Loubet ne manquerait pas d'entraîner. Tel fut l'objet des notes du cardinal à l'ambassadeur de France auprès du Vatican (1er juin 1903), Nisard, et au nonce apostolique Lorenzelli (8 juin).

La réaction du cardinal Merry del Val, à la suite du voyage présidentiel, devait être autrement violente. Dans une note confidentielle adressée à toutes les chancelleries, le 28 avril, le secrétaire d'Etat de Pie X proteste, avec une véhémence peu diplomatique, contre « une visite qui avait été précisément recherchée par le gouvernement italien dans la supposition qu'elle affaiblirait les droits et offenserait la dignité du Saint-Siège ». Cette protestation, non destinée à la publicité, est communiquée le même jour à Nisard : Delcassé, le 6 mai, en accuse réception en rejetant en bloc l'argumentation du Vatican.

L'affaire en serait restée là si, le 17 mai 1904, *L'Humanité*, que vient de fonder Jean Jaurès, n'avait publié, en première page, « le texte authentique et certain » de la lettre du Saint-Siège aux gouvernements au sujet du voyage de Loubet ; c'est le prince de Monaco, alors en difficulté avec Rome, qui l'a communiquée à Jaurès. On y lit une phrase d'une particulière gravité, qui est la seule innovation écrite — une innovation importante — du cardinal Merry del Val : « Et si malgré (le voyage du président), le nonce pontifical est resté à Paris, cela est dû uniquement à de très graves motifs d'ordre et de nature en tout point spéciaux. » Or cette phrase ne figurait pas dans la note reçue au Quai d'Orsay. Aussi, stigmatisant cet « acte insensé et antinational », Jaurès s'arroge-t-il le droit de dicter au gouvernement son devoir : « Depuis que le pape a envoyé cette note, la rupture diplomatique de la papauté et de la France est virtuellement accomplie. Il ne reste plus au gouvernement de la République française qu'à déduire, sans fièvre mais sans faiblesse, les conséquences nécessaires de la provocation intolérable lancée par Pie X à deux grands peuples à l'occasion de leur rapprochement. L'entière émancipation de la France, débarrassée enfin de toute ingérence politique de l'Eglise, n'est pas seulement la condition absolue de son libre développement intérieur ; elle apparaît maintenant comme une nécessité nationale. »

Le 19 mai, Aristide Briand, dans le même journal, stigmatise le « trucage inqualifiable » dont s'est rendu coupable le Vatican ; le 21 mai, il réclame une sanction diplomatique : « Le rappel de notre ambassadeur, de quelque manière qu'il ait lieu, est le moins que la France républicaine puisse exiger en la circonstance. Ce sera le premier pas fait dans la voie de la séparation. Nous nous chargeons de faire les autres ». La série s'achèvera par un article, aussi brutal qu'hypothétique, de Viviani sur le pape, hier plein de superbe et qui ne serait plus aujourd'hui « qu'un pauvre vieillard larmoyant », effrayé de ses maladresses et « prêt à jeter par-dessus bord le plus compromis de ses collaborateurs »...

De son côté Nisard a exigé du cardinal Merry del Val qu'il se prononce sur l'authenticité du texte publié par *L'Humanité*. Le cardinal biaisant, le gouvernement français, le 21 mai, met son ambassadeur en congé : seul un chargé d'affaires, Robert de Courcel, reste à Rome. Le 27 mai, Delcassé explique aux députés qu'à une rupture complète il a préféré un moyen terme : la mise en congé de l'ambassadeur est approuvée par 427 voix contre 96.

Les relations entre le Vatican et Paris s'alourdissent encore, peu après, des « affaires de Laval et de Dijon ». Mgr Geay, évêque de Laval, et Mgr Le Nordez, évêque de Dijon, prélats que boude ou récuse la majorité conservatrice de leurs diocésains, sont suspects au Saint-Siège pour des motifs touchant à la discipline ecclésiastique. Aussi le pape convoque-t-il à Rome, sous menace de suspense, l'évêque de Dijon, et invite-t-il l'évêque de Laval à démissionner (mai-juillet 1904). Or, non seulement les deux prélats refusent d'obtempérer, mais ils communiquent au gouvernement certaines lettres reçues du Vatican.

Emile Combes, qui estime que le loyalisme de ces deux évêques républicains est le véritable motif de leurs difficultés, et qui est maintenant pressé de rompre complètement avec le Saint-Siège, proteste auprès de celui-ci contre le fait qu'une déposition d'évêque, même partielle, est en opposition avec le pacte concordataire, et « qu'un nonce du pape n'a pas le droit de correspondre directement avec les évêques français ». Le secrétaire d'Etat ayant renouvelé à Mgr Le Nordez et à Mgr Geay l'injonction de se rendre à Rome, et les explications du 26 juillet — le cardinal distingue nettement le concordat des Articles organiques — n'étant pas considérées comme suffisantes par le gouvernement français, le conseil des ministres, le 29 juillet, et malgré l'opposition de Delcassé, répond par un acte de rupture. Celle-ci est signifiée verbalement, le 30, par Robert de Courcel au cardinal Merry del Val qui s'entend dire : « obligé de constater que le Saint-Siège maintient les actes accomplis à l'insu du pouvoir avec lequel il a signé le concordat, le gouvernement de la République a décidé de mettre fin à des relations officielles qui, par la volonté du Saint-Siège, se trouvent être sans objet ».

Cependant, Emile Combes n'a pas la satisfaction de régler lui-même la mise en place de la séparation de l'Eglise et de l'Etat. L'attention, durant les dernières semaines de l'année 1904, est en effet accaparée par « l'affaire des fiches » qui éclabousse le général André, ministre de la Guerre, et finit par avoir raison du cabinet Combes, qui démissionne le 18 janvier 1905. Le 24, Maurice Rouvier, un gambettiste qui, lui, fut éclaboussé par Panama, constitue un gouvernement de radicaux et de modérés dans lequel le portefeuille de l'Instruction publique, des Beaux-arts et des Cultes est assumé par Jean-Baptiste Bienvenu-Martin, président du nouveau groupe radical-socialiste et membre de la délégation des gauches.

## La séparation

Dès le 9 février Bienvenu-Martin dépose sur le bureau de la Chambre un projet de loi de séparation des Eglises et de l'Etat ; le 10, 343 députés, contre 189, adoptent l'ordre du jour des gauches qui commence par ces mots : « La Chambre constatant que l'attitude du Vatican a rendu la séparation inévitable... »

Evidemment, face à cet événement grave, les catholiques français sont partagés. Certains, libéraux ou monarchistes, souhaitent la fin d'un régime qui empêche l'Eglise d'exercer librement sa mission, auprès des pauvres notamment ; les démocrates, qui ont tout fondé sur la conciliation entre l'Eglise et la République, craignent, eux, la mainmise des puissants et des riches sur une Eglise complètement détachée de l'Etat. Dans sa majorité, l'épiscopat reste favorable — comme le

Saint-Siège d'ailleurs — au concordat, qui garantit à leurs yeux la bonne entente entre l'Eglise et la société civile.

Quoi qu'il en soit, le 21 mars 1905 s'ouvre, devant la Chambre, la discussion de la loi de séparation déposée par Bienvenu-Martin et dont le rapporteur est Aristide Briand, un socialiste nouvellement élu, que la Chambre apprécie tout de suite pour le charme de sa voix et l'originalité de son expression et qui, en l'occurrence, se révèle comme un *debater* de grande envergure. S'appuyant sur la doctrine de l'Assemblée constituante de 1789, qui avait proclamé que l'Eglise avait seulement la gestion mais non la propriété des biens du clergé, Briand va revendiquer pour la République le droit de supprimer le budget des cultes. Mais il est convaincu que le projet de loi qu'il rapporte peut et doit assurer la séparation et la paix dans le respect loyal et complet des droits de chacun.

En butte aux attaques de la droite — notamment de deux députés du Nord Groussau et Plichon —, et aux mises en garde des modérés — Alexandre Ribot, Louis Barthou — Briand doit aussi se garder d'une minorité combative — radicaux socialistes, socialistes jaurésistes, socialistes révolutionnaires — qui exige de lui moins de mansuétude à l'égard du « bloc romain ». Les longs débats, les plus longs de l'histoire du régime, sont donc des débats d'idées, d'ailleurs de haute tenue : le monde catholique tout entier est encore une fois tourné vers cette France déconcertante qui, « fille aînée de l'Eglise », s'apprête à devenir la principale puissance laïque du monde.

C'est le 9 décembre 1905, par 341 voix contre 233, que le projet Bienvenu-Martin devient la loi de séparation, le Sénat s'étant auparavant — le 6 décembre — prononcé majoritairement (181 voix contre 102) en sa faveur. Le 11 décembre la loi est publiée au *Journal officiel* : elle déclare ne reconnaître ni ne salarier aucun culte, mais elle institue un régime dans lequel l'Etat, considérant la religion comme une manifestation individuelle, d'ordre privé, lui laisse toute liberté, sous le droit commun. Il est stipulé que les responsables légaux des établissements du culte devront attribuer leurs biens à des associations nouvelles, dites « cultuelles » parce qu'elles se conformeront aux règles d'organisation générale du culte dont elles se proposent d'assurer l'exercice. Ainsi donc la loi apporte aux catholiques une liberté multiforme : de réunion, de la plume, de la parole, et aussi la liberté du choix des dignitaires, de modification des circonscriptions, de la fondation d'églises et de chapelles. En revanche, le catholicisme et son clergé sont désormais ignorés par l'Etat ; la suppression du budget des cultes va brutalement les réduire à la pauvreté. Il y a bien les « cultuelles », mais beaucoup se demandent si elles ne vont pas échapper à la hiérarchie ecclésiastique, pour devenir un fief des laïcs.

La loi de séparation, sans provoquer dans l'immédiat des troubles graves, divise d'autant plus les catholiques français que Rome se tait. Bien sûr, Pie X et Merry del Val sont hostiles à la séparation ; mais ils attendent, pour se prononcer, la publication d'un règlement d'administration publique qui pourrait bien avoir l'allure de nouveaux Articles organiques.

Or, précisément, le 29 décembre 1905, un décret d'administration publique paraît qui réglemente l'application des inventaires des biens ecclésiastiques, inventaires que la loi avait prévus et qui s'imposent avant la dévolution aux associations cultuelles. Ce ne serait pas trop grave, si une instruction de la direction générale de l'enregistrement, datée du 2 janvier 1906, ne comportait pas une petite phrase — « les prêtres devront être présents à l'opération d'ouverture des tabernacles » — qui enflamme l'opinion catholique et provoque, de la part du clergé et des fidèles, en de nombreux endroits, lors des inventaires, une résistance farouche qui appelle, de la part des autorités, de véritables voies de fait. Aussi quand, le 6 mars 1906, un boucher de Boeschepe, dans les Flandres, tombe mortellement blessé au cours d'une bagarre, Clemenceau, ministre de l'Intérieur, fait-il cesser les inventaires.

*L'intransigeance de Pie X*

Il est vrai que les élections législatives de mai 1906, en

renforçant considérablement le Bloc des gauches, permet enfin à Clemenceau de constituer un gouvernement (1906-1909) au sein duquel il garde le portefeuille de l'Intérieur, les Cultes et la Justice revenant à Aristide Briand. La politique conciliatrice de ce dernier est tout de suite mise à rude épreuve[26]. En effet, par l'encyclique *Vehementer nos,* du 11 février 1906, Pie X, après avoir rappelé l'union ancienne de la France et du Saint-Siège, dénonce dans l'abrogation unilatérale du concordat de 1801 une violation du droit des gens.

L'assemblée plénière des évêques de France, qui se tient à l'archevêché de Paris du 30 mai au 1<sup>er</sup> juin 1906, tout en donnant son adhésion à *Vehementer,* accepte le principe des associations cultuelles prévues par la loi, étant précisé que leurs statuts feront du curé le maître de la situation. Dans le même temps, Ferdinand Brunetière prend l'initiative d'envoyer aux évêques une lettre-supplique en faveur de l'acceptation de la loi de 1905 ; cette lettre, signée par vingt-trois personnalités, parmi lesquels plusieurs académiciens — Georges Goyau, Thureau-Dangin, de Vogüé, Edmond Rousse, d'Haussonville... —, d'où le nom de « cardinaux verts » donné aux signataires. Publiée par *le Figaro,* le 26 mars, cette supplique déplaît fort à Rome et provoque la réplique de catholiques comme Albert de Mun, Jacques Piou, Jean Lerolle, président de l'A.C.J.F., qui exaltent la résistance et sont appuyés par *la Croix.*

La décision n'appartient qu'au Saint-Siège : le 10 août 1906 est publiée l'Encyclique *Gravissimo officii* par laquelle Pie X condamne purement et simplement tout accommodement avec la loi de 1905 : les associations cultuelles ne pourront donc pas voir le jour.

Au cours d'une nouvelle assemblée, tenue du 4 au 7 septembre 1906, l'épiscopat français adhère, bien sûr, à *Gravissimo,* puis recherche les moyens de pourvoir à l'organisation du culte : en fait, il se borne à organiser le denier du culte.

---

26. Le 1<sup>er</sup> janvier 1906, le Saint-Siège publie un Livre blanc comportant 47 documents relatifs à la séparation et s'échelonnant de mars 1900 à juillet 1904.

Le 11 décembre expire le délai fixé par la loi pour la constitution des « cultuelles ». La position de Briand et de Clemenceau s'avère dès lors délicate ; finalement, le gouvernement français, qui refuse de donner prise à l'accusation de persécution, fait admettre, le 28 octobre, la thèse selon laquelle le culte pourrait être exercé légalement, même sans associations cultuelles : les catholiques seraient simplement soumis à la loi de 1881 sur les réunions publiques, loi qui rend nécessaire la déclaration préalable.

Un avis du Conseil d'Etat, le 31 octobre, admet cette interprétation de la loi de 1905. Mais Rome interdit toute déclaration. Si bien que Clemenceau, toujours vif, fait expulser l'auditeur de nonciature [27], Mgr Montagnini, tandis que les infractions à la loi de 1881 créent « le délit de messe ». Cependant, Briand, renonçant une fois encore à créer de nouveaux incidents, dépose un projet de loi qui est voté le 2 janvier 1907 : les départements et les communes reçoivent la libre disposition des évêchés, presbytères et séminaires qui sont leur propriété et dont la jouissance n'a pas été réclamée par une association conforme à la loi de 1905 ; l'affectation cultuelle est conservée à l'église, à charge pour le curé ou un groupement de fidèles d'entretenir l'édifice.

Pour la troisième fois Pie X intervient et, dans une lettre — *Une fois encore* — adressée aux catholiques français, le 6 janvier 1907, réprouve la loi du 2 janvier. De nouveau réunis, les évêques français, le 30 janvier, signent une importante déclaration où ils se prononcent en faveur d'un contrat de jouissance. Mais les pourparlers entamés avec le gouvernement échouent, et Briand doit se contenter de régulariser l'occupation des églises par les curés en les faisant autoriser, par la loi du 28 mars 1907, à tenir les réunions du culte sans faire de déclaration. Le 13 avril 1908, une dernière loi règle le contentieux ouvert par la dévolution des biens : elle prévoit notamment que les mutualités ecclésiastiques — préconisées par l'abbé Lemire —, pourront recueillir les biens des caisses de retraite ecclésiastiques et les fondations pour messes. Mais,

---

27. Le nonce Lorenzelli a quitté Paris dès la rupture du concordat.

dans une lettre aux cardinaux français, Pie X, fidèle à sa ligne intransigeante, interdit la formation de ces mutualités.

Si bien qu'on pourra dire que la France est désormais dotée du régime de séparation le plus radical du monde. Un régime qui fait faire un progrès énorme à l'ultramontanisme ; car, privée de tout son patrimoine et ayant conquis une extraordinaire liberté vis-à-vis du pouvoir civil, l'Eglise de France est désormais totalement soumise à Rome. Par la logique même des choses, le pape a hérité de tous les droits abandonnés par l'Etat. En droit comme en fait, les évêchés sont devenus de libre collation pontificale. Aussi, sans nulle consultation préalable — même pas de l'épiscopat — Pie X pourvoit directement aux quatorze sièges qui sont vacants au moment de la séparation. Et c'est une cérémonie unique dans l'histoire de l'Eglise de France qui s'accomplit le dimanche 25 février 1906, dans la basilique vaticane : l'ordination épiscopale de ces quatorze évêques — dont onze sont d'anciens élèves de Saint-Sulpice — par le pape lui-même.

En rayant du code les Articles organiques du concordat 1801, la loi de séparation rend aux évêques de France le droit de se réunir en assemblée plénière. Mais l'assemblée de 1906 est étroitement liée aux décisions de Rome qui se méfie de ce genre d'aréopage et en interdit en fait la tenue après 1907. La politique électorale de Pie X témoigne elle aussi de la même orientation centralisatrice et autoritaire. Le pape, contrairement à Léon XIII, a une notion si extensive du spirituel qu'il est conduit à lui annexer le politique, si bien que les catholiques français seront invités à « s'unir sur le terrain exclusivement religieux sous l'étendard de la croix ». De plus en plus réservé à l'égard de l'Action libérale populaire, de la Démocratie chrétienne et du Ralliement, Pie X rêve de constituer en France un parti catholique — le « Grand Parti de Dieu » — qui serait contrôlé par les évêques, inspirateurs des Unions catholiques diocésaines, très conservatrices, qui sont fondées à partir de 1909 mais dont l'influence s'avérera très limitée.

Cette orientation, si elle ne gêne ni l'action sociale des catholiques — A.C.J.F., Action populaire, Semaines sociales

— ni la renaissance intellectuelle et spirituelle du catholicisme français, favorise par contre un courant intégriste, conservateur, antiparlementaire, dont l'*Action française* de Charles Maurras, très influente dans les milieux ecclésiastiques et à Rome, constitue l'élément moteur. Elle explique aussi, partiellement, le blâme que, le 25 août 1910, par la lettre *Notre charge apostolique,* Pie X inflige au *Sillon* de Marc Sangnier, mouvement démocratique et social dont les contours doctrinaux assez vagues et l'indépendance à l'égard de la hiérarchie ne sont pas de mise au sein d'une Eglise plus que jamais centralisée.

Quand éclate la crise moderniste née, au début de ce siècle, « de la rencontre brutale de l'enseignement ecclésiastique traditionnel avec les jeunes sciences religieuses » (E. Poulat), Pie X se montre tout aussi ferme. C'est en France, pays passionné d'idées, que le modernisme trouve son terrain d'élection, et aussi son « personnage éponyme » : l'exégète Alfred Loisy (1857-1940). Le décret pontifical *Lamentabili sane exitu* (4 juillet 1907), qui s'en prend notamment aux positions hétérodoxes relatives au magistère de l'Eglise, à l'inspiration des Livres saints, au développement du dogme, et l'Encyclique *Pascendi* (8 septembre 1907), qui y ajoute l'agnosticisme et l'immanence vitale, condamnent en fait des propositions de Loisy. Mais des philosophes comme Maurice Blondel († 1949), Edouard Le Roy († 1954) et l'oratorien Lucien Laberthonnière († 1932), des historiens comme Henri Bremond († 1933) et Louis Duchesne († 1922) ont aussi — et parmi bien d'autres — à pâtir d'une réaction romaine antimoderniste sans doute indispensable mais qui aurait pu ne pas s'appuyer sur un système de délations dont Pie X, s'il ne l'a pas encouragé, a du moins toléré l'existence.

*Benoît XV et la France en guerre* (1914-1918)

Les dernières années de Pie X s'écoulent dans l'obsession de la guerre mondiale dont le spectre, au moment des guerres balkaniques (1912-1913), grandit à l'horizon. Lorsque le cardinal Merry del Val entre, le matin, dans les appartements du Souverain Pontife pour travailler avec lui et lui exposer les affaires en cours, Pie X lui réplique fréquemment : « Cela est de peu d'importance à côté de ce qui vient... *Vien in guerone* : elle vient la guerre. »

En effet, le vieux pape aura la douleur, au début d'août 1914, de voir quelques-unes des plus grandes nations européennes — dont deux puissances catholiques : la France et l'Autriche — se jeter l'une contre l'autre en un conflit qui durera plus de quatre ans et fera plus de dix millions de morts. Pie X ressent de ce choc un effroi et une douleur qui vont hâter sa fin. Se plaçant d'emblée au-dessus de la mêlée, il répond à l'ambassadeur d'Autriche-Hongrie qui l'invite à bénir les troupes de la double monarchie : « Je bénis la paix. » Mais il sera donné à son successeur d'assumer le terrible poids d'une Europe chrétienne se déchirant et s'ensanglantant dans une guerre fratricide. Pie X meurt, en effet, le 20 août 1914.

Ce successeur, c'est le cardinal Jacques della Chiesa, un Génois de soixante ans, archevêque de Bologne qui, élu pape au troisième jour du conclave, le 3 septembre 1914, prend le nom de Benoît XV. Ce diplomate formé à l'école de Rampolla est de chétive stature, de nature timide et réservée : mais le nouveau pape est aussi profondément religieux et d'une intelligence prompte et souple. Tout naturellement, mais dans les limites d'une autorité uniquement spirituelle, Benoît XV va s'efforcer, face aux nations belligérantes, d'agir en pacificateur, dans un souci de neutralité que seules la passion ou la mauvaise foi mettront en doute ; il s'efforcera aussi de soulager les misères nées de la guerre, notamment celles des prisonniers et des évacués.

Dans sa première Encyclique, *Ad beatissimi* (1er novembre 1914), le pape lance un appel solennel au monde en guerre : « A voir ces peuples armés les uns contre les autres, se douterait-on qu'ils descendent d'un même Père, qu'ils ont la même nature et font partie de la même société humaine ? » La fête de Noël 1914 lui fournit une nouvelle occasion d'appeler la paix sur l'Europe. Mais lorsque Benoît XV fixe au dimanche 7 février une journée de prières pour hâter le retour de la paix, l'opinion française, très sensible au mythe de « la France, soldat de Dieu », réagit mal : on voit, en effet, dans la formule de prière préconisée par le pape une manifestation amollissante et délétère susceptible de relâcher l'effort des armées de la nation.

Dès lors, « la rumeur infâme » selon laquelle Benoît XV serait soumis à l'influence des Empires centraux, et particulièrement de l'Autriche-Hongrie, ne cessera de gagner du terrain en France. Elle se fortifie en 1915 de ce qu'on a appelé « l'incident Latapie ». Le 22 juin 1915, Louis Latapie publie dans le journal parisien *la Liberté* une interview que lui a donnée Benoît XV. Et le reporter de mettre sur les lèvres du pape des déclarations particulièrement choquantes pour la cause des alliés. Exploitée par la presse de gauche, et même par des hommes pondérés comme Aristide Briand et Paul Deschanel, cette conversation produit un déplorable effet dans tous les milieux, y compris les milieux cléricaux. A l'archevêque de Paris, le cardinal Amette, qui lui en fait la remarque, Benoît XV, le 11 juillet, envoie une mise au point par laquelle le pontife réfute les dires de M. Latapie qui, écrit-il, « n'a reproduit dans son article ni Notre pensée ni Notre parole... »

Mais le mal est fait : la légende du « pape allemand » résistera, en France, et notamment dans les zones de combat et les régions occupées, aux plus nobles et aux plus explicites interventions pontificales en faveur de la paix : lettre du pape aux peuples belligérants et à leurs chefs (8 août 1915) ; lettre du cardinal Gasparri, secrétaire d'Etat, à Mgr Baudrillart (14 septembre 1915) dans laquelle des négociations de paix sont proposées sur la base de l'évacuation des territoires français (y compris l'Alsace-Lorraine) et belges occupés par les armées allemandes ; lettre de Benoît XV au cardinal Pompili (4 mars 1916) en vue d'une campagne de prières pour la paix. Mais le document le plus significatif est la note pontificale du 1er août 1917, dans laquelle Benoît XV formule des propositions précises à base de désarmement simultané et réciproque et d'un arbitrage librement consenti. Devant cette proposition de « paix blanche », une certaine presse française parlera, au mieux, d'« une sorte de neutralité mystique, laquelle, malgré la

noblesse de l'intention, n'est acceptable par aucun Français »
(*Le Figaro,* 6 mars 1916) ; au pire, le pape sera présenté
comme un agent des puissances centrales pressées de clore une
lutte coûteuse et, pour elles, sans issue (*la Revue de Paris,*
15/10-1/11/18). Pour Clemenceau, « le père la Victoire »,
la tentative de médiation de Benoît XV n'est qu'une manœuvre destinée à sauver l'Autriche-Hongrie d'un effondrement
imminent. Aussi le « Tigre » se refusera-t-il à tolérer la présence d'un représentant du Saint-Siège dans les conférences de
la paix. C'est à peine si le cardinal Ceretti, l'observateur
romain envoyé à Paris, pourra prendre contact avec quelques
politiciens français et italiens au sujet des missions.

## *L'aménagement de la séparation*

Pour les observateurs attentifs, il est évident que l'absence
de représentation diplomatique de la France au Vatican a nui
à ses intérêts et à son « image de marque » durant les hostilités. Il est vrai que, depuis longtemps, les inconvénients pour
une nation à majorité catholique, d'une séparation absolue
— presque sans équivalent dans le monde — sont devenus
évidents et intolérables à des personnalités non prévenues
comme Aristide Briand, Joseph Reinach ou Anatole de Monzie. Mais, malgré l'Union sacrée proclamée en 1914 et cimentée par la fraternité des tranchées (25 000 prêtres et religieux
ont été mobilisés en quatre ans, 4 600 ont été tués), il ne faut
pas compter sur la Chambre issue des élections de mai 1914
pour renouer les liens séculaires qui unissent la France au
siège romain. Quant à Georges Clemenceau, président du
Conseil à la fin de la guerre et lors de la signature des traités
de paix (1919), il reste muré dans son animosité existentielle
à l'égard de l'Eglise romaine, animosité que renforce sa rancune personnelle à l'encontre de Benoît XV.

Or voici qu'un double événement renverse la tendance au
profit d'un aménagement de la séparation. Les 16 et
30 mai 1919, les élections législatives portent à la Chambre
(la « Chambre bleu horizon », dira-t-on) une **forte majorité**

conservatrice — 433 sièges contre 180 à la gauche — dite « Bloc national », qui compte de nombreux catholiques. Le 16 janvier 1920, malgré un courant favorable à Georges Clemenceau, est élu président de la République Paul Deschanel, un modéré qui n'a jamais célé son désir de voir se renouer les liens de la France avec le Vatican. L'ex-socialiste Millerand, président du Conseil du 27 janvier au 23 septembre 1920, est dans les mêmes dispositions. Et malgré les réticences d'une partie de son entourage, Benoît XV est formellement désireux de se prêter à des négociations. En canonisant Jeanne d'Arc, le 16 mai, le pape manifeste solennellement l'intérêt qu'il porte à la France.

De son côté, Millerand, en mars 1920, envoie un chargé d'affaires au Vatican, Jean Doulcet, un diplomate catholique qui, après deux mois, parvient, avec le cardinal Gasparri, secrétaire d'Etat, à un accord qui comporte deux points essentiels : l'envoi d'un ambassadeur au Vatican et d'un nonce apostolique de 1re classe qui sera doyen du corps diplomatique, à Paris ; le maintien du *statu quo* en ce qui concerne la législation française en matière de culte, d'enseignement et d'association.

Le 11 mars 1920, Millerand dépose un projet de loi demandant l'ouverture d'un crédit destiné à rétablir l'ambassade de France à Rome. Rapporté par Georges Noblemaire, le projet est voté par la Chambre, à la suite d'un large débat, par 391 voix contre 179, le 30 novembre 1920.

Mais, au Sénat, l'opposition laïque s'avère autrement redoutable. Aussi le 17 mai 1921, Aristide Briand, qui a remplacé Millerand, lui-même successeur de Deschanel à l'Elysée, passe outre à la décision de la Commission sénatoriale d'ajournement et signe un décret qui titularise Célestin Jonnart à l'ambassade du Vatican. Le 18 décembre, le Sénat, de mauvais gré, ratifiera ce choix. Le rétablissement de l'ambassade au Vatican a pour corollaire le rétablissement de la nonciature à Paris : le 1er août 1921, Mgr Ceretti, qu'accompagne comme auditeur Mgr Valerio Valeri, est solennellement installé à ce poste.

Les négociations entre Paris et le Vatican restent cependant ouvertes, car deux points importants restent à régler. Le pre-

*Pie X, Benoît XV et la France laïque (1903-1922)* 267

mier a trait aux nominations épiscopales : Benoît XV accepte qu'à l'avenir le nonce communique le nom de l'élu du Saint-Siège au gouvernement français et reçoive ses objections d'ordre politique. Le second point est relatif au système qui permettrait d'assurer à l'Eglise en France l'acquisition des biens indispensables à l'exercice du culte. Au début, le Saint-Siège décide que les associations cultuelles pourront être autorisées ; mais la majorité — intégriste — de l'épiscopat français s'oppose à cette formule qui, à ses yeux, désavoue la politique de Pie X et fait le jeu de la République. Finalement, et tardivement, le 18 janvier 1924, sous Pie XI, un compromis sera accepté de part et d'autre, sous la forme d'associations diocésaines qui seront présidées de droit, dans chaque diocèse, par l'évêque. Celui-ci déléguera à l'association diocésaine la gestion des biens ecclésiastiques et la capacité de recevoir legs et fondations.

# 18.

# L'apogée du catholicisme français sous Pie XI et Pie XII (1922-1958)

*Pie XI et la pacification religieuse*

Benoît XV meurt le 22 janvier 1922. Le conclave qui s'ouvre à Rome le 2 février se clôt le 6, avec le quatorzième tour de scrutin et l'élection de l'archevêque de Milan, Achille Ratti, soixante-cinq ans, qui choisit le nom de Pie XI. Trapu, vif, autoritaire, ce savant doublé d'un alpiniste va se révéler l'un des plus grands pontifes des temps modernes, l'un des plus lucides, l'un des plus actifs. « La paix du Christ dans le règne du Christ », ce thème de sa première Encyclique, *Ubi arcano Dei* (23 décembre 1922), Pie XI ne se lassera pas de le détailler en paroles et en actes, utilisant tous les moyens dont il dispose, y compris les plus modernes, comme les congrès, les expositions, les messages radiophoniques.

Le petit homme blanc qui, se levant dans la forêt des bras levés, osera défier, au nom de l'Evangile, toutes les dictatures — fascisme, hitlérisme, communisme stalinien — sera aussi celui qui, avec décision, mettra fin à l'irritante et stérile Question romaine, en obtenant la création de l'Etat libre du Vatican (1929).

Comme ses prédécesseurs, mais dans un contexte beaucoup plus détendu, Pie XI aura des rapports privilégiés avec la France. Un des premiers documents de son pontificat n'est-il pas la lettre apostolique du 2 mars 1922 par laquelle il institue Notre-Dame de l'Assomption patronne principale de la France et sainte Jeanne d'Arc patronne secondaire ? Le nouveau pape est très attiré par la spiritualité française dont la sérénité correspond à son propre besoin d'équilibre. Quand il promulgue, en 1935, une Encyclique sur le sacerdoce, c'est dans le clergé français qu'il prend des modèles : Vincent de Paul, Jean Eudes, Olier, Bérulle, le curé d'Ars. Quand il sanctionne — et cela lui arrive fréquemment — les conclusions des procès qui proposent à la vénération de l'univers des saints dont les vertus sont proclamées héroïques, les **Français et les Françaises** figurent largement — pour la moitié environ — dans ces béatifications et canonisations. C'est ainsi qu'il magnifie en Louise de Marillac (1934) « la charité française » ; en Bernadette Soubirous (1933) « la messagère du ciel en un lieu d'élection : la terre de France »[28].

Surtout, Pie XI fait de Thérèse de Lisieux, dont « la petite voie » a séduit son cœur de prêtre, non seulement la patronne de ses chères missions[29] mais aussi « l'étoile » de son pontificat : deux ans après avoir béatifié Thérèse (1923), il la canonise, en pleine année sainte, le 17 mai 1925, avec une solennité sans pareille : et pour la première fois depuis le 29 juin 1870, le soir de ce grand jour, la basilique et la colonnade de Saint-Pierre sont illuminées. Lors du deuxième anniversaire de la canonisation de sa chère « petite grande sainte », le 17 mai 1927, Pie XI inaugurera, dans ses jardins, une statue de Thérèse offerte par le Carmel de Lisieux.

Cependant, l'homme décidé qu'est le pape Ratti ne se confine pas, à l'égard de la France, en de pieuses cérémonies. Quand il est élu les négociations avec le gouvernement français au sujet des « cultuelles » sont dans l'impasse, du fait surtout des réticences de la majorité — conservatrice ou d'Action française — de l'Assemblée des cardinaux et arche-

---

28. Pie XI fera élever une « grotte de Lourdes » dans les jardins du Vatican.

29. Entre 1922 et 1939, le nombre des circonscriptions dépendant de la Propagation de la foi passe de 318 à 529.

vêques de France qui, depuis 1910, se réunit deux fois par an, sous la présidence de son doyen. Le gouvernement de Raymond Poincaré — qui a succédé à Aristide Briand en janvier 1922 — et aussi le Conseil d'Etat se montrant favorables aux associations diocésaines, Pie XI tranche par l'Encyclique *Maximam gravissimanque* du 18 janvier 1924 qui autorise et encourage les « diocésaines », sans cesser d'ailleurs de déplorer la loi de séparation.

Mais, bientôt, les résultats des élections législatives de mai 1924 semblent donner raison aux nostalgiques du passé, à ceux qui considèrent toujours la République comme un « régime abject » : la victoire du Cartel des gauches — radicaux et socialistes — permet à Edouard Herriot de constituer, le 14 juin, un gouvernement dont le programme marque un certain retour à une laïcité qu'on croyait dépassée. En prétendant introduire en Alsace et en Lorraine — provinces que la France vient de récupérer — « l'ensemble de la législation républicaine », c'est-à-dire les lois laïques de 1901 et 1904 et la loi de séparation de 1905 ; en voulant appliquer de nouveau les lois combistes à des congrégations religieuses dont des milliers de membres ont combattu, sous le drapeau français en 1914-1918 ; en annonçant son intention de ne pas maintenir l'ambassade française près le Saint-Siège, Edouard Herriot provoque, chez les catholiques français, et aussi chez les prêtres et religieux anciens combattants, une formidable levée de boucliers. Deux machines de guerre sont mises en place : la D.R.A.C. (Droits des religieux anciens combattants) et surtout la F.N.C. (Fédération nationale catholique), présidée par le général de Castelnau — le « capucin botté » comme l'appellent ses adversaires — et constituée, dès le début de 1925, de quatre-vingt-deux groupements diocésains rassemblant plusieurs centaines de milliers de catholiques.

En fait, rien ne se passe : pas plus qu'il ne poursuit l'introduction des lois laïques en Alsace-Lorraine, Herriot — accaparé par ses soucis financiers et par sa vaine lutte contre « le mur de l'argent » — ne tente sérieusement de dissoudre les congrégations non autorisées. Quant à la suppression de l'ambassade au Vatican, elle est bien votée par la Chambre le

2 février 1925, mais le cabinet Herriot est renversé avant que la question ne vienne en discussion au Sénat.

Les catholiques de la F.N.C. — appuyés sur la majorité des évêques — ne désarment pas, d'autant moins que la politique scolaire du Cartel — « l'école unique » — les inquiète. Mais ils ne se rendent pas compte que l'anticléricalisme de Herriot n'est qu'un feu de paille et que, depuis Combes, les mentalités ont évolué vers la paix religieuse, « la fraternité des tranchées » ayant joué un rôle modérateur.

Il n'empêche que la déclaration des cardinaux et archevêques de France de mars 1925 est un acte manifeste d'hostilité à l'égard de la République. Pie XI, par l'intermédiaire du cardinal Dubois, archevêque de Paris, qui prend la parole à Notre-Dame lors du carême 1925, se désolidarise officiellement de cette déclaration. Mieux : en mai 1926, le pape remplace à la nonciature de Paris Mgr Ceretti — qui est la bête noire de l'Action française — par Mgr Maglione ; celui-ci va suggérer à Rome, pour les sièges épiscopaux vacants, des personnalités marquantes, dégagées des formations politiques conservatrices. Le 4 décembre de la même année, des accords sont signés entre le Vatican et Poincaré relativement au rôle privilégié de la France qui, malgré la disparition, en 1923, des Capitulations, reste, aux yeux du pape, la protectrice des chrétiens d'Orient.

Si bien que, à la veille des élections d'avril 1928, l'Assemblée des cardinaux et archevêques se montre beaucoup plus prudente ; par une consultation du cardinal Gasparri, secrétaire d'Etat, publiée dans *la Croix* du 4 mars, le Saint-Siège réitère les directions données aux catholiques français par Léon XIII dans l'Encyclique *Au milieu des sollicitudes* de 1892.

Dès lors, on ne doit pas s'étonner que Poincaré introduise dans le projet de budget de 1929 deux articles qui autorisent la dévolution aux associations diocésaines de ce qui reste des anciens biens ecclésiastiques non recueillis par l'Eglise après la séparation, et qui prévoient la restitution, par décret, à diverses congrégations missionnaires, du droit d'avoir en France leur siège social. Ces articles, votés par la Chambre en mars 1929, mais qui ne viendront jamais en discussion au Sénat, symbolisent une volonté d'apaisement que l'avenir ne remettra pas en question.

## Un second ralliement

Ainsi se dessine, autour de 1925, un second ralliement, beaucoup plus vigoureux et décisif que le ralliement préconisé en 1892 par Léon XIII. On peut cependant se demander si ce ralliement des années 1920 aurait été aussi massif sans la condamnation dont Pie XI, en 1926, frappa l'Action française, ce mouvement qui restait « l'expression la plus achevée de l'osmose entre nationalisme et religion » (R. Rémond).

Dans les derniers jours d'août 1926, l'Action française entre dans le processus de sa condamnation par Rome : en effet, Pie XI a sorti des tiroirs un dossier relatif à la mise à l'index de sept ouvrages de Charles Maurras, dossier que Pie X, en janvier 1914, avait volontairement « enterré ». Recourant à un procédé familier au Saint-Siège, le pape et le nonce Ceretti s'adressent d'abord au vieil archevêque de Bordeaux, le cardinal Andrieu qui, le 27 août 1926, dans le bulletin religieux de son diocèse, *l'Aquitaine,* dresse, avec beaucoup de maladresse d'ailleurs — il attribue à tous les dirigeants de l'Action française les idées de Charles Maurras — le catalogue des erreurs du mouvement fondé par ce dernier à l'époque de l'affaire Dreyfus. Le 5 septembre, Pie XI envoie une lettre d'approbation au cardinal Andrieu. Et comme son intervention étonne et scandalise plus d'un catholique, voire plus d'un évêque favorable à l'Action française, le pape, avec une vigueur que d'aucuns taxent de brutalité, prend les décisions les plus graves : le 27 décembre 1926, dans une allocution consistoriale il fait obligation aux catholiques de rompre avec la ligue d'Action française et son journal ; le 29, un décret du Saint-Office donne le texte de la mise à l'index de sept livres de Maurras et du journal *l'Action française* ; le 8 mars 1927, la Pénitencerie apostolique fixe les sanctions, allant jusqu'au refus de l'absolution et des sacrements, contre les insoumis et les contrevenants.

Ces mesures jettent évidemment l'Eglise de France dans un tragique embarras et provoquent des situations souvent dramatiques. Entre les démocrates chrétiens, qui soutiennent à fond le pape [30] et les catholiques maurrassiens, la lutte, qui divise les familles, les maisons d'éducation, les séminaires, les communautés, prend des allures violentes ou sournoises, les dénonciations jouant leur rôle habituel.

Du côté des dirigeants de l'Action française, on passe rapidement de la douleur étonnée à l'appel véhément et à une colère qui se déchaîne contre Rome, en empruntant à l'anticléricalisme le plus éculé les spectres familiers : Galilée, la Saint-Barthélemy, Alexandre VI, etc. A un mouvement qui se veut le seul représentant patenté du nationalisme, la condamnation romaine apparaît comme une mesure antifrançaise, comme le fruit d'un complot « briando-romano-boche »... [31]

Pourquoi tant de clercs et de catholiques, en France et aussi en Belgique, sont-ils alors attachés à l'éthique et à la politique de l'Action française ? D'une part, ils sont reconnaissants à Charles Maurras d'avoir élaboré une doctrine essentiellement contre-révolutionnaire, antiparlementaire et décentralisatrice, où la monarchie reprend sa place naturelle, celle qu'elle n'aurait jamais dû perdre au profit du jacobinisme anticlérical et faussement libéral. Voici que catholiques conservateurs et maurrassiens se trouvent des ennemis communs : les « métèques », ces corps étrangers dont il est nécessaire de purger la France éternelle : juifs, protestants, francs-maçons, socialistes internationaux...

D'autre part, le clergé sait gré aux militants royalistes d'être au premier rang de la « défense religieuse ». Car, positiviste

---

30. Francisque Gay, fondateur de *la Vie catholique* et leader des anciens sillonnistes, constitue, en 1928, les « Volontaires du pape » : 6 000 d'entre eux seront reçus par Pie XI lors de l'année jubilaire 1929.

31. Auprès des ultra-nationalistes, Pie XI, qui comme Briand, avait préconisé l'évacuation de la Ruhr par les Français, passait pour un héritier direct de Benoît XV.

agnostique, Maurras a observé que la prospérité de la société française est conditionnée par le retour non seulement à la forme politique mais aussi à l'« habitude religieuse » qui l'ont assurée dans le passé.

Ici apparaît le troisième motif de l'attachement de tant de catholiques à l'Action française : la rigueur de la pensée maurrassienne, son tour systématique, qui apportent une certitude à des esprits troublés par tant de bouleversements. On comprend dès lors pourquoi plusieurs grands convertis — Psichari, Maritain, Bernanos... — ont d'abord été maurrassiens. Et puis, le nationalisme intégral de Maurras trouve son complément naturel dans le catholicisme intégral : on peut en trouver la preuve dans la création, au sein de l'institut d'Action française, d'une « chaire du Syllabus ».

Alors, pourquoi Pie XI a-t-il si brutalement condamné un mouvement et une pensée auxquels s'étaient ralliés tant de prêtres et de catholiques ?

Premier danger : son nationalisme belliqueux et sa conception positiviste de la science politique dont les lois s'élaborent en dehors de la lumière de la morale naturelle et de la religion. Second danger : la vision que Maurras a de l'Eglise. Ce qu'il admire en elle, c'est la hiérarchie, l'unité, l'harmonie, l'ordre. Ce « romain » voit dans l'Eglise de Rome la charpente indispensable de l'ordre né de la civilisation gréco-romaine et parachevé par les rois de France. Donc : hors de l'Eglise romaine, garante de l'ordre social, point de salut... politique ; car, comme le déclare Maurras à ses disciples : « Politiquement, soyez catholiques ; métaphysiquement, soyez ce que vous voulez. »

C'est ici qu'apparaît le troisième danger, le plus pernicieux, distillé par la doctrine maurrassienne : le danger d'un catholicisme déchristianisé. Déchristianisé, ce catholicisme l'est parce qu'il est coupé de ses racines bibliques, évangéliques. Pour Maurras, adorateur de la clarté, l'axe vital passe par Athènes, Rome, Paris. Tout ce qui vient de l'Orient, de Jérusalem, est, selon lui, source d'anarchie, de désordre.

Maurras n'a rien à faire du « Christ hébreu », moins encore d'Abraham et du Peuple de Dieu ; il est reconnaissant à l'Eglise romaine d'avoir, au nom de l'ordre, gommé volontairement le caractère subversif de l'Evangile.

Toutes les inimitiés, toutes les haines de Maurras et des maurrassiens découlent de cette conception de la religion, en même temps que de leur nationalisme intransigeant. Haine de la révolution : donc du libéralisme, du romantisme (Rousseau, Tolstoï), du jacobinisme centralisateur (Napoléon), de la démocratie, et plus particulièrement de cette démocratie-chrétienne (« les anarchistes chrétiens ») contre qui Maurras conduisit tant de batailles (celle du *Sillon,* de *la Vie catholique,* de *l'Aube*). Haine des francs-maçons, que le régime de Vichy — maurrassien d'inspiration — humiliera de la manière qu'on sait. Haine des protestants, « kantiens », « diviseurs d'esprits », « briseurs de formes », romantiques et individualistes. Ce que Maurras reproche le plus à la réforme, c'est la reconquête du christianisme par le prophétisme sémite.

Car le « métèque des métèques », aux yeux des maurrassiens orthodoxes, ceux qui, en 1940, à Vichy, commettront une législation antijuive, comme aux yeux des dissidents cruels de *Je suis partout,* futurs fournisseurs des fours crématoires, c'est le juif. L'antisémitisme de l'Action française, qui se voulait seulement « doctrinaire et cérébral », était lourd de tous les excès et de tous les holocaustes.

La haine — le mot n'est pas trop fort — que les gens de l'Action française vouèrent à Pie XI tient en partie à l'attitude philosémite d'un pontife qui, un jour, prononça cette phrase, fulgurante dans sa nouveauté et son évidence : « Spirituellement, nous sommes des sémites. » Celui que les nazis qualifiaient de « Judenpapst » (le pape des juifs), celui que L.-F. Céline appelait grossièrement « Isaac Ratisch » et Rebatet : « le vieux gredin Ratti, auteur de la première Encyclique judéophile de l'ère chrétienne », fut pour l'Eglise de France, après Léon XIII et avant Jean XXIII, un pape libérateur.

Car, même si elle garde des amitiés fidèles, l'Action française — qui sera relevée de sa condamnation par le Saint-Office, sous Pie XII, le 5 juillet 1939 — ne retrouvera plus, après 1926, l'audience d'autrefois. Désormais, l'Eglise de France, « se détournant de la contemplation morose du passé », va s'engager, guidée par Pie XI, sur les voies de l'avenir. Dans les années 1930 le catholicisme français va connaître son âge d'or, une « nouvelle Pentecôte » sous la conduite de chrétiens adultes qui ont nom : Mounier, Maritain, Mauriac, Fumet, Tessier, Bidault, Borne, Madaule, Izard, Folliet, Gay, etc., et qui, donnés à une action temporelle incarnée dans la démocratie mais intellectuellement et spirituellement très nourrie, sont soucieux de témoigner de leur foi dans une société dont ils acceptent le pluralisme et de confronter leur temps avec les données évangéliques. Le catholicisme français, très centré sur Rome, donne alors l'impression d'être, enfin, passé à l'âge adulte, l'Action catholique spécialisée, dont Pie XI fut le promoteur, et le syndicalisme indépendant, que Pie XI cautionna en 1929 dans la personne du jeune évêque de Lille, Achille Liénart, contribuant largement à le sortir du ghetto où il s'était enfermé.

## Le cardinal Pacelli et la vocation de la France

On a dit que Pie XI, à l'époque du Front populaire (1936-1938), prit quelque distance avec le mouvement catholique démocrate en France. C'est probablement sa crainte du communisme qui, lors des grèves avec occupation d'usines, l'amène, le 31 mai 1936, à faire une allusion voilée contre *l'Aube,* le journal de Francisque Gay et, le 27 août 1937, à suspendre la publication de l'hebdomadaire *Sept,* dirigé par les Dominicains, mais que remplace *Temps présent,* le 5 novembre. Il est certain qu'on discerne alors un contrôle beaucoup plus strict de Rome sur l'Action catholique, les syndicats chrétiens, les Semaines sociales et la presse catholique. Mais dans le même temps on assiste à la promotion décisive du laïcat et, sur le plan des relations entre le Vatican et les derniers gouvernements français de la IIIe République — Léon Blum, Camille Chautemps, Edouard Daladier, Paul Reynaud —, à une détente telle qu'elle confine parfois à l'amitié.

Dans une conférence donnée aux ambassadeurs, en présence du nonce Mgr Valerio Valeri, le 20 janvier 1939, le cardinal

Jean Verdier, archevêque de Paris, de 1929 à 1940, ira jusqu'à saluer « le nouvel axe Eglise-France » : « N'est-ce pas un spectacle singulier, s'écrie-t-il, que celui de cette nation qui passait pour la plus anticléricale de toutes, qu'on appelait la citadelle de l'anticléricalisme, et qui est aujourd'hui à côté du pape pour défendre les suprêmes valeurs de la civilisation chrétienne ?... »

Il est certain que la montée des fascismes, et notamment du nazisme, contribue alors à rapprocher la France laïque de la vieille Eglise. Ce rapprochement, tout moral d'ailleurs, semble s'incarner en la personne du cardinal Eugenio Pacelli, secrétaire d'Etat de Pie XI depuis 1930[32]. Peu de temps après avoir reçu Pierre Laval à Rome[33], le cardinal, devenu aussi (1er avril) camerlingue de la sainte Eglise romaine, est désigné par Pie XI comme son légat pour présider à Lourdes une solennité religieuse clôturant l'Année sainte 1934. Le 24 avril, avant de monter dans le train, le légat déclare, en un français impeccable : « Il s'agit surtout pour moi d'être l'hôte de la France, un pays que j'estime et que j'aime, d'un peuple dont j'apprécie à leur haute valeur les qualités et les mérites, d'une nation dont les titres à l'affection du Saint-Siège n'ont pas besoin d'être redits... »

A Vintimille, gare-frontière, où Louis Marin, ministre d'Etat, reçoit le légat du pape comme un souverain, l'accueil est prodigieux ; à Lourdes, où l'attendent 250 000 pèlerins, c'est du délire Et l'on entend le préfet des Hautes-Pyrénées déclarer : « Nous garderons de votre mission, qui s'inscrit si heureusement dans l'histoire des relations de la papauté et de la France — et même dans l'Histoire tout court — un

---

32. Le cardinal Pacelli a succédé, dans cette charge, au cardinal Pietro Gasparri († 1934), qui avait été professeur de droit canonique à l'Institut catholique de Paris.

33. La visite de Pierre Laval, ministre des Affaires étrangères de P.E. Flandin, à Pie XI et au cardinal Pacelli, le 7 janvier 1935, fut considéré comme un événement majeur, pratiquement sans précédent. Depuis 1932, l'ambassadeur de France auprès du Vatican était François Charles-Roux.

impérissable souvenir, en même temps qu'un invincible espoir : celui qu'elle contribuera à faire régner sur notre malheureuse Europe, tant angoissée, la paix promise aux hommes de bonne volonté, dont nous sommes. »

En juillet 1937, l'inauguration de la basilique élevée à Lisieux et dédiée à sainte Thérèse de l'Enfant-Jésus doit donner lieu à une grande solennité religieuse, pour laquelle l'évêque de Bayeux et Lisieux, Mgr Picaud, demande au pape un légat. Agé de quatre-vingts ans, malade, Pie XI, qui aime redire : « Entre sainte Térésina et moi, il y a un fait personnel », parle d'abord de se rendre personnellement à Lisieux. Ce déplacement étant irréalisable, le pape désigne comme légat le cardinal qui lui tient de plus près : Eugenio Pacelli.

Cette fois, Paris étant sur l'itinéraire de Rome à Lisieux, c'est au gouvernement français lui-même qu'il revient de prendre les mesures nécessaires. Si le voyage du cardinal Pacelli s'accomplit sous un ministère présidé (22 juin 1937-11 janvier 1938) par le radical-socialiste franc-maçon Camille Chautemps, c'est sous le précédent, celui du socialiste israélite Léon Blum (4 juin 1936-21 juin 1937), que les préparatifs en sont faits. Dans l'un et l'autre cas, la volonté de recevoir le représentant du Saint-Siège avec le maximum de faste est manifeste : le 10 février 1937 n'a-t-on pas vu Blum à la nonciature, à l'occasion de la réception donnée pour le 15ᵉ anniversaire du couronnement de Pie XI ?

Avant de quitter Rome, le cardinal Pacelli donne à l'agence *Havas* une déclaration ; reprenant un mot de Barrès, il dit, évoquant la France : « Il est des lieux où souffle l'esprit. » Son arrivée, le 9 juillet 1937, en gare de Lyon, où le reçoit Yvon Delbos, ministre des Affaires étrangères, tient du triomphe. Le lendemain, à Saint-Lazare, mêmes ovations au moment du départ pour Lisieux où, inaugurant et consacrant, le 11 juillet, la basilique dédiée à sainte Thérèse, le cardinal exalte les basiliques françaises, « œuvres fameuses des grands siècles de foi qui vivent dans la France, fille aînée de l'Eglise..., citadelles spirituelles de ce Christ qui aime les Francs, gages d'un amour qui s'obstine sur la France ». A la fin de l'office

— innovation émouvante — la radio transmet à la foule accourue à Lisieux la voix oppressée du vieux pape, appelant la paix sur le monde.

Consacrée à Paris, la journée du 13 juillet est véritablement historique ; car non seulement, fait sans précédent, le légat est reçu solennellement à l'Elysée par le président de la République Albert Lebrun, puis au Quai d'Orsay et à l'Hôtel de Ville de Paris — où le cardinal parle d'abondance de « la Ville-Lumière » ; mais, le matin, à l'issue de la messe pontificale à Notre-Dame, qui regorge de monde, le légat, sur le thème de « la Vocation de la France », prononce une homélie digne de Bossuet, fond et forme. C'est avec une émotion indicible que ce vieux peuple à la fois chrétien et laïc s'entend dire, de la bouche de celui qui, bientôt — chacun le devine —, sera le pontife suprême : « Le passage de la France dans le monde à travers les siècles est une vivante illustration de cette grande loi de l'Histoire, de la mystérieuse corrélation entre l'accomplissement du devoir naturel et celui de la mission surnaturelle d'un peuple... » Et l'*Osservatore Romano*, le 14 juillet, de se faire l'écho de la satisfaction de Pie XI en saluant « le peuple gentilhomme, le peuple français », qui a été « dans cette circonstance, à l'égard de l'Eglise, à la hauteur de ses traditions par la ferveur des masses et par les manières chevaleresques de ses gouvernants ». Ainsi donc « le second ralliement » était-il cautionné par le Saint-Siège lui-même.

Aussi quand, le 10 février 1939, Pie XI meurt, la France officielle tout entière dit sa tristesse. Au Palais-Bourbon le président Herriot, en présence de tous les députés debout, s'incline avec respect « devant le pontife qui a donné tout son sens à l'évangélisme, qui a protégé les titres de l'esprit contre les prétentions de la matière et qui demeure, suivant la tradition des grands papes, un des plus hauts et des plus purs représentants de cette puissance invincible : la conscience ». Jules Jeanneney au Sénat ; le président du Conseil, Edouard Daladier ; tous les corps de l'Etat ; toutes les Académies disent leur regret en termes semblables. La presse, de *L'Humanité* à *l'Action française,* est unanime pour déplorer que

« la plus haute autorité morale de l'univers » se soit éteinte (*Paris-Midi*).

Quant au catholicisme français, Louis Terrenoire, dans *l'Aube* du 14 février, dit très exactement ce qu'il doit à Pie XI : « Si les catholiques français ont multiplié en peu d'années les œuvres de vie, si à force d'amour et de loyauté ils ont fait reculer la haine et transformé le "climat" de leur patrie, c'est parce que le pape les a définitivement instruits, au prix même de certains gestes douloureux, sur le danger qu'il y avait à faire perpétuellement figure d'émigrés de l'intérieur ou, ce qui était pire, de sectateurs fourvoyés hors de la divine loi de charité... L'équivoque une fois brisée, le champ était libre pour l'apostolat. »

## Pie XII, la France et la guerre

L'élection rapide — le second jour du conclave, 2 mars 1939 — du cardinal Pacelli, qui devient le pape Pie XII, comble de joie les Français. Aragon lui-même, dans *Ce soir* (4 mars), écrit : « Ce n'est aucunement forcer les faits que de dire à cet instant que l'élection de Pie XII consacre en France l'union des Français. Et qu'à cet égard elle est un facteur de la paix du monde ». Le fait que Pie XII choisisse comme secrétaire d'Etat le cardinal Luigi Maglione († 1944), ancien nonce à Paris, renforce encore l'espèce d'allégresse qui, en France, accompagne l'avènement du nouveau pape, un pape que René Pinon (*Revue des Deux-Mondes*, 15 mars 1939) salue comme un « homme de haute et profonde culture » et dont « la supériorité est si éclatante et si humble à la fois qu'elle ne suscite pas la jalousie et qu'elle s'impose à tous ceux qui l'approchent ».

Tout de suite Pie XII est affronté au spectre de la guerre, que ce diplomate-né n'arrive pas à conjurer. Le message radiodiffusé du 24 août 1939, par lequel il adjure les gouvernements d'en finir avec leur mutuelle défiance, n'a pas d'effet : quelques jours plus tard, la Pologne étant envahie par les troupes hitlériennes, l'Angleterre et la France se trouvent en état de guerre contre l'Allemagne.

Du moins, Pie XII cherche-t-il à éviter l'entrée en guerre de l'Italie : dans sa première Encyclique, *Summi Pontificatus* (20 octobre 1939), il souhaite que « l'atmosphère de paix imprègne l'âme du peuple italien ». Mal accueillie en Allemagne et en Italie, cette Encyclique soulève beaucoup de faveur en France où le président Lebrun s'y réfère avec éloge dans son message du 11 novembre au Parlement. Il en est de même pour l'allocution prononcée par Pie XII à l'occasion de la Noël 1939 : le président Herriot la cite à la Chambre française, le 11 janvier 1940.

Mais rien n'y fait. Le 10 mai 1940, c'est l'invasion allemande en Belgique et en Hollande, invasion contre laquelle Pie XII proteste ; c'est bientôt la défaite française à laquelle a contribué, en juin, la déclaration de guerre de l'Italie à la France. La France vaincue signe un armistice, le 22 juin avec Hitler, le 24 avec Mussolini.

Depuis le 18 mai, François Charles-Roux, nommé secrétaire général des Affaires étrangères, après avoir reçu l'accolade fraternelle de Pie XII a quitté l'ambassade du Vatican où il sera remplacé, en octobre 1940, par Léon Bérard, ambassadeur du maréchal Pétain, chef de l'Etat français depuis le 10 juillet. Léon Bérard sera, durant toute la guerre, le représentant auprès du Vatican du régime de Vichy, le seul que Rome ait officiellement reconnu. De même Mgr Valerio Valeri, jusqu'à la Libération, sera nonce à Vichy.

Pie XII, durant quatre ans, ne se départira jamais de sa neutralité, multipliant les interventions au profit des personnes déplacées et plus particulièrement des prisonniers de guerre. En ce qui concerne les juifs, on peut certes regretter que le pape — la plus haute autorité morale dans un monde en détresse — n'ait pas pris solennellement position sur le fond. Mais on peut aussi souscrire au jugement, fondé, de Léon Poliakov : « L'aide directe accordée par le pape, en sa qualité d'évêque de Rome, aux juifs persécutés, n'était que l'expression symbolique d'une activité qui s'étendait à l'Europe entière, encourageant et stimulant les efforts déployés par les Eglises catholiques, dans la plupart des pays. Il est certain que des instructions secrètes partaient du Vatican, recommandant aux Eglises nationales d'intervenir en faveur des juifs ». (*Le Monde juif,* décembre 1950.)

En ce qui concerne la législation antisémite spécifique édictée et appliquée par le régime de Vichy, on cite volontiers la lettre adressée à Pétain, le 2 septembre 1941, par l'ambassadeur de France près le Saint-Siège, le chef de l'Etat français ayant demandé à Bérard de s'informer du jugement que, du point de vue catholique romain, le Saint-Siège pouvait porter sur les mesures prévues par le Statut français des juifs. La lettre de Bérard au maréchal est un texte rassurant, basé partiellement sur l'opinion de saint Thomas d'Aquin, et dont la phrase clé est celle-ci : « Comme quelqu'un d'autorisé me l'a dit au Vatican, il ne nous sera intenté nulle querelle pour le Statut des juifs. »

Ce texte a fait l'objet d'une exégèse portant notamment sur l'identité de la personnalité touchée par Léon Bérard : « Avec qui Bérard s'est-il entretenu ? se demande M. Vanino (*De Rethondes à l'île d'Yeu,* 1952). Avec le Saint-Père ? avec le secrétaire d'Etat ? avec des supérieurs de congrégations ? Quelles sont les personnes habilitées à traiter de tels problèmes qu'il a saisies ? ». Le P. Braun, S.J., savait, de source sûre, que Bérard n'a pas vu Pie XII lui-même, mais un fonctionnaire ecclésiastique de la secrétairerie d'Etat. Le P. Duclos, S. J., affirme, lui — Léon Bérard ayant eu l'obligeance de répondre à sa demande d'information — qu'il « s'agit d'une correspondance de caractère purement privé entre un chef d'Etat et son ambassadeur. C'est le maréchal qui crut devoir l'utiliser pour justifier le Statut devant l'opinion. L'enquête menée par L. Bérard n'a, elle-même, aucune portée officielle ; mais on peut admettre qu'il s'est adressé à des membres influents du Vatican, tout en ne croyant pas devoir transmettre leurs noms à Pétain. [...] On peut regretter que l'ambassadeur n'ait pas prévu l'utilisation probable de son rapport par un gouvernement sous le contrôle allemand et qu'il n'ait pas, au cours de son enquête et de son rapport, placé le Statut des juifs dans le " contexte " d'un pays où tout portait à craindre une violente persécution antisémite. »

Autre témoignage : le 16 juillet 1943, le P. Marie-Benoît, des Capucins de Marseille, se fait présenter à Pie XII qui lui promet de lui faciliter le passage en Italie de juifs français et qui se montre surpris et mécontent de l'attitude de la police de Vichy à l'égard des juifs. Le Saint-Père aurait dit : « Nous n'aurions pas cru cela de la France. »

Quoi qu'il en soit, le Pie XII de 1944 semble bien être le même que le Pacelli de 1937. Recevant, le 8 juin 1944, les journalistes arrivés à Rome avec les armées alliées, il s'écrie : « Parce que la douce France est devenue la douloureuse, la meurtrie, Notre amour pour elle s'est fait plus tendre que jamais. Nous parlions alors de sa " vocation providentielle ", Nous la rappelons aujourd'hui avec les mêmes sentiments... » Le 30 juin, Pie XII reçoit avec une solennité particulière le général de Gaulle, le libérateur de la France.

Il est vrai que, le régime de Vichy s'étant effondré, se pose le délicat problème des relations avec le gouvernement issu de la Résistance. En fin diplomate, Pie XII, le 22 décembre 1944, nomme nonce à Paris, à la place de Mgr Valerio Valeri — dont de Gaulle exige le départ — le délégué apostolique à Ankara, Mgr Angelo Roncalli — le futur Jean XXIII —, dont la rondeur et la bonhomie, jointes à la modération éclairée d'André Latreille, expert auprès du gouvernement, permettent de régler en douceur le délicat problème de la démission, exigée par Georges Bidault, d'une trentaine d'évêques compromis, selon lui, dans la collaboration avec Vichy. Finalement, trois évêques seulement sont invités à se retirer et Mgr Roncalli pourra dire : « Au chiffre trente, nous avons réussi à ôter le zéro... » Il faut dire que de Gaulle tient à être reconnu rapidement par le Vatican — que de trop grandes exigences indisposeraient — et à éviter à une France exsangue une nouvelle guerre religieuse. La nomination, le 29 janvier 1945, comme ambassadeur de France auprès du Saint-Siège, du grand philosophe catholique Jacques Maritain constitue, de ce point de vue, une opération parfaite.

*L'apogée du catholicisme sous Pie XI et Pie XII* 285

*Le temps de la suspicion*

Les dernières années du pontificat de Pie XII sont marquées, par rapport à la France, par des événements douloureux qui ne sont pas sans rappeler les années noires du modernisme.

On sait quelle effervescence missionnaire et pastorale, appuyée sur une théologie d'ouverture (Montcheuil, Teilhard, Lebret, Chenu, Congar, de Lubac...), et sur le constat d'une France devenue « pays de mission » (H. Godin), caractérisa l'Eglise de France à la fin de la guerre et au cours de la décennie qui suivit. Il ne semble pas que Pie XII, que les années enfermaient dans un certain isolement, et qui était de plus en plus obsédé par les gains du marxisme en Europe, ait beaucoup apprécié ce vaste mouvement, très français d'allure.

Le 11 mai 1940, le cardinal Suhard est nommé au siège de Paris : Paris qui, avec son énorme banlieue, lui apparaît comme une cité monstrueuse où un « mur » sépare l'Eglise de la masse des quartiers populaires. Pour tenter d'abattre ce « mur », le nouvel archevêque de Paris va demander l'aide de Thérèse de Lisieux. C'est en effet aux Carmélites de Lisieux que, le 7 septembre 1940, jour du cinquantenaire de la profession religieuse de Thérèse, que le cardinal confie son projet « d'un séminaire de la Mission de France dont l'idée le poursuit depuis dix-huit mois ». Le 24 juillet 1941, la fondation de ce séminaire, à Lisieux, est décidée par les cardinaux et archevêques de la zone Nord. Mais, en raison de l'indifférence des évêques et des réticences de l'Action catholique classique, ce n'est que le 5 octobre 1942 que trente-six prêtres ou séminaristes inaugurent le séminaire de Lisieux : ils seront soixante un an plus tard, cent cinquante en 1947.

La Mission de France connaît, jusqu'à la fin de 1946, son « printemps », un printemps dont le cardinal Suhard, par ses directives à la fois précises et charismatiques, entretient la vigueur. Lui-même reçoit une impulsion nouvelle lorsque, le lundi de Pâques, 26 avril 1943, il prend connaissance de *France pays de mission ?* d'Henri Godin et Yvan Daniel, aumôniers fédéraux de la J.O.C. à Paris. Dès le 1ᵉʳ mai 1943, le cardinal reçoit les abbés Godin et Daniel à qui — avec les pères Augros, Lorenzo et Levesque, venus de Lisieux — il confie le soin de fonder la Mission de Paris, officiellement créée le 1ᵉʳ juillet, et dont le premier responsable est l'abbé Hollande.

Cependant, la fin de la guerre, le retour des prisonniers, des déportés, des aumôniers du STO, qui ont été mêlés à une population ouvrière massivement étrangère à l'Eglise, donnent une nouvelle vigueur à la notion de « mission ». Le besoin existentiel de « vivre avec », d'« être ouvrier parmi les ouvriers pour gagner sa vie sans prétendre jouer un jeu quelconque », s'impose à un certain nombre de prêtres, séculiers et réguliers. Le mot « prêtre-ouvrier » sort des limbes. L'archevêque de Paris, ici encore, va de l'avant. Il a d'abord donné à quelques prêtres l'autorisation de travailler pour un mois ; il la renouvelle pour un second mois. Les demandes se multipliant, il a ce mot : « S'ils ont tous demandé cela en même temps, il ne faut point contrarier l'Esprit-Saint. » A la fin de 1947 on compte vingt-cinq prêtres ouvriers, dont quinze religieux. Ils seront une centaine en 1950.

Mais, déjà, ce bouillonnement éveille chez certains évêques, mais plus encore dans les milieux romains, des inquiétudes. Le séminaire de la Mission de France reçoit bien un statut, le 28 mai 1949 — deux jours avant la mort du cardinal Suhard — mais ce n'est qu'un statut provisoire, accordé pour trois ans, la Mission de France étant placée sous l'autorité des évêques français : situation qui va se révéler rapidement ambiguë, voire intenable. Quant à la Mission de Paris, elle fonctionne en vertu d'une autorisation qui n'a jamais pris forme canonique.

Dès février 1947, Rome manifeste son inquiétude à l'égard du mouvement naissant des prêtres-ouvriers par l'envoi de questionnaires dont le libellé laisse deviner que leurs rédacteurs sont hostiles au principe même de cet apostolat. En 1951, le cardinal Ottaviani, secrétaire du Saint-Office, se manifeste : une première lettre adressée en janvier à Mgr Ancel critique durement l'activité des prêtres-ouvriers ; en juin, malgré l'intervention du cardinal Gerlier, le Saint-Office interdit tout recrutement nouveau et exige un rapport annuel sur l'activité de chaque prêtre-ouvrier.

Le 8 mars 1952, le grand public est atteint par le livre de Gilbert Cesbron, *les Saints vont en enfer* : la presse à sensation brode alors sur le thème des prêtres-ouvriers, au grand dam des intéressés. Trois mois plus tard, le statut provisoire du séminaire de la Mission de France expire : devant les contestations que la Mission soulève dans l'Eglise de France, Mgr Picaud, évêque de Bayeux et Lisieux, souhaite que le séminaire soit installé ailleurs que dans son diocèse : Limoges reçoit alors les séminaristes.

Au début de 1953, le Saint-Siège estime que les évêques français sont débordés : la visite apostolique que, en mai, le père Paul Philippe, dominicain, fait au séminaire de Limoges est suivie, le 2 juillet, par une lettre du cardinal Pizzardo, préfet de la congrégation des séminaires, à Mgr de Bazelaire, délégué de la Commission épiscopale auprès du séminaire de la Mission de France : le cardinal s'y étonne que des publications marxistes circulent librement au séminaire. Le 28 juillet, le même prélat, s'adressant à tous les évêques de France, interdit aux séminaristes de la Mission de s'engager comme stagiaires en « des travaux de quelque genre que ce soit ». Le 24 août, le séminaire de Limoges est fermé.

L'année 1953 est véritablement « l'année terrible » : la guerre de Corée se termine, mais les Rosenberg sont exécutés ; en août des grèves, qui durent trois semaines, traduisent le malaise et le mécontentement de millions de travailleurs. C'est d'ailleurs durant ces grèves que le cardinal Piazza, venant de Rome, effectue en France un voyage de trois mois. Le résultat ne s'en fait pas attendre : le 23 septembre, le nouveau nonce, Mgr Marella, convoque à Paris vingt-six évêques et supérieurs d'ordres religieux et leur annonce que la Curie ordonne l'arrêt de l'expérience des prêtres-ouvriers. Quand Pie XII, le 5 novembre, reçoit les cardinaux de Paris, Lyon et Lille, les jeux sont faits : l'institution des prêtres-ouvriers doit disparaître.

On connaît la suite : les colères, les drames de conscience, les souffrances de ces prêtres pour qui être ouvrier n'est pas une mutilation de leur sacerdoce, au contraire. Et puis aussi le tassement scandalisé ou douloureux dans une opinion aux yeux de qui l'Eglise, une fois encore, retourne à ses ornières. Sans oublier les mesures d'éloignement et de réduction au silence prises par Rome en 1954 à l'encontre de quatre Dominicains, les pères Boisselot, Féret, Chenu et Congar, cibles privilégiées de la suspicion romaine.

Cependant, si les prêtres-ouvriers devront attendre l'année 1965 — sous Paul VI — pour retrouver un statut, la mission de France est réorganisée, par décision pontificale, dès le 15 août 1954, la paroisse de Pontigny, où se trouve le séminaire de la Mission, étant érigée en prélature *nullius diocesis* dont le premier titulaire est le cardinal Liénart, évêque de Lille.

On peut tout de même se demander « si le malentendu qu'on croit pouvoir discerner aujourd'hui entre les catholiques de France et le Saint-Siège ne trouve pas son origine dans l'histoire des sept ou huit dernières années du pontificat de Pie XII, qui ont laissé des traces dans la conscience collective » (R. Rémond).

# 19.
# La papauté, la France et le concile

## « *Il Papa buono* » : Jean XXIII

Pie XII meurt le 9 octobre 1958. L'élection, le 28 octobre, après un conclave un peu plus laborieux que les précédents, de l'ancien nonce à Paris Angelo Roncalli, patriarche de Venise, qui devient Jean XXIII, constitue pour les catholiques français une bonne surprise mais une surprise tout de même : le cardinal Roncalli passe en effet pour un brave monsignore, très rond de manières, dont on se répète les bons mots, mais aussi pour un prélat assez rétrograde. Or très vite, ce qui n'a semblé être que bonhomie italienne se révèle finesse et charité profonde ; la ténacité et la malice du paysan bergamasque se doublent, chez le vieux pape, de l'humilité des vrais prêtres et de la lucidité des saints. Avec cet espèce d'empirisme génial qui est le propre des prophètes, Jean XXIII, qui veut « rendre leur splendeur sur le visage de l'Eglise du Christ aux traits les plus simples et les plus purs de ses origines », vise tout de suite très haut. Et c'est le concile Vatican II (1962-1965), événement majeur de l'Eglise contemporaine, qui prit en compte la plus formidable mutation que l'humanité ait connue.

Parmi les pistes tracées par les Pères, il faut retenir, comme particulièrement novatrices : la reconnaissance du pluralisme à l'intérieur comme à l'extérieur de l'Eglise, l'affirmation de la liberté religieuse, « la confiance donnée d'emblée aux personnes et à l'homme » (J.-F. Six), l'entrée officielle dans le grand mouvement de l'œcuménisme, le primat donné à la destination commune des biens sur la propriété privée, l'élargissement de la notion de collégialité à toute la hiérarchie ecclésiastique au détriment du curialisme, l'élaboration d'une nouvelle anthropologie qui redonne à l'univers son sens religieux, l'épuration du concept de tradition qui n'est plus confondu avec le respect aveugle du passé, enfin et surtout la voie largement ouverte à une participation de plus en plus active du laïcat à la vie ecclésiale.

Ce n'est pas trahir les faits d'affirmer que les orientations du concile ont repris les intuitions fondamentales du catholicisme français : un catholicisme qui, après les années de suspicion de la fin du pontificat de Pie XII, retrouve, avec Jean XXIII, toute la confiance d'une Eglise en quête de lumières. Parmi les experts au concile, à côté de Jean Daniélou, Charles Lefebvre, Achille Glorieux, Aimé Martimort, ne trouve-t-on pas Yves Congar et Henri de Lubac, théologiens d'ouverture et cependant solides, hier suspects et dont le rayonnement, comme celui du P. Chenu et du P. Lebret, est universel ? Parmi les observateurs délégués, il n'est pas fortuit de rencontrer le F. Roger Schutz et le F. Max Thurian, réciproquement prieur et sous-prieur de cette communauté protestante de Taizé en Bourgogne où, depuis 1962, est implantée une « Eglise de la réconciliation », symbole et matrice d'un œcuménisme vivant. Quant aux observateurs laïcs Henri Rollet et Jean Guitton, ils sont représentatifs d'un catholicisme français à la fois très romain et très fidèle aux signes des temps.

En ce qui concerne le cardinal Liénart, évêque de Lille, doyen des cardinaux français, on sait qu'il orienta le concile Vatican II vers le large en intervenant deux fois d'une manière nette et décisive : le 13 octobre 1962, lors de la première Congrégation générale, en révoquant et faisant révoquer une procédure jugée par lui inacceptable parce qu'elle ne permettait pas aux Pères de se connaître ; le 14 novembre 1962, en récusant le schéma sur « les sources de la Révélation » tel qu'il avait été préparé par la Commission doctrinale. « Le concile n'a vraiment commencé que ce jour-là... » dira-t-on volontiers par la suite.

Jean XXIII admire beaucoup l'Eglise de France, le pays des tentatives audacieuses en apostolat ; après Mgr Pie, il répète volontiers : « L'Italie, c'est saint Pierre ; la France, c'est saint Paul. » Nonce à Paris durant sept ans, le cardinal Roncalli a appris à aimer « la très noble nation des Francs ». Arrivé à Paris le 30 décembre 1945, il présente le 31 ses lettres de créance : cérémonie froide à laquelle n'assistent que le général de Gaulle, Georges Bidault et le chef du protocole ; le seul qui soit détendu, c'est le nonce qui finit par détendre aussi ses éminents interlocuteurs en commençant son discours, dans un français chantant, par ces mots enchanteurs : « Ce cher pays... » Déjà le miracle Roncalli.

Le nonce, qui ne se pique pas de mondanités et de protocole — il est beaucoup plus à l'aise avec Vincent Auriol et Edouard Herriot qu'avec les leaders du M.R.P. — suit avec sympathie toutes les activités religieuses de la France. Il se passionne pour tout ce qui bouillonne dans l'hexagone : patrologie, ecclésiologie, liturgie, recherches bibliques. Cependant, conscient de ne pas être simplement un diplomate détaché à Paris, il se fait un devoir, comme il l'avoue lui-même, de « ne pas couvrir, par pur compliment ou par crainte de déplaire, la constatation des déficiences de " la fille aînée de l'Eglise " en ce qui touche la pratique religieuse, le malaise créé par la question scolaire non résolue, l'insuffisance du clergé, la diffusion du laïcisme et du communisme ». A des pèlerins français, le 24 avril 1962, Jean XXIII souhaite que « la France garde bonne tête » Qu'en France « on continue à donner la lumière aux autres peuples... Que la France utilise sa langue pour répandre la paix partout... Elle le fera principalement en répandant l'enseignement de l'Eglise ».

Si Pie XI avait imposé le respect, Pie XII l'admiration, Jean XXIII, l'auteur de cette admirable « lettre ouverte à l'univers » qu'est l'Encyclique *Pacem in terris* (11 avril 1963), imposa l'amour. Son agonie, à la Pentecôte de 1963, fut accompagnée par le monde entier et, fait unique dans l'histoire de l'Eglise, sa mort provoqua chez des millions d'hommes, croyants ou non, des larmes véritables.

La mort du « pape bon », le 3 juin 1963, fut particulièrement ressentie en France. En voici, pris presque au hasard, trois témoignages. « Le plus grand des six papes sous lesquels j'ai vécu. Et peut-être le plus saint : l'accélération de l'Histoire est devenue par lui l'accélération de la grâce. » (François Mauriac). « Il était un curé qui, tout à coup, s'aperçoit que sa paroisse est le monde entier, et qui se met humblement en devoir d'en être le pasteur. » (J. M. Domenach). « Ce vieux pape Jean XXIII, juste et pacifique qui, d'une main déjà mourante, écrivit *Pacem in Terris,* je me moque bien que son Eglise en fasse un saint... Mais la main qui relève un malheureux, le cœur qui ne bat pas que pour lui-même, l'esprit qui souhaite le rassemblement des hommes et leur unité dans le respect de leurs différences..., ils témoignent que la terre est vivante, quoi qu'on fasse. » (Morvan Lebesque, *Le Canard enchaîné,* 5 juin 1963).

## Paul VI *ou le malaise*

Jean XXIII mourant dit au cardinal Jean-Baptiste Montini accouru de Milan, ville dont il était l'archevêque depuis 1954 : « Je vous confie l'Eglise, le concile, la paix. » Et nul n'est étonné quand, le 21 juin 1963, après un conclave court, cet héritier d'une grande pensée devient le deux cent soixantième successeur de saint Pierre sous le nom de Paul VI. Avec un tempérament différent, avec moins de sérénité peut-être mais un sens plus aiguisé des réalités et des obstacles, Paul VI approfondit l'œuvre de réformation de son prédécesseur. La collégialité, forme visible de l'échange, du dialogue, monte désormais, lentement mais sûrement, des couches profondes de la chrétienté vers le sommet ; et si l'Eglise maintient la hiérarchie qui lui est propre, il s'agit de plus en plus d'une hiérarchie de serviteurs : au sommet est vraiment « le serviteur des serviteurs de Dieu ».

Mais parce qu'il est serviteur, Paul VI ne se croit pas autorisé à transiger avec l'enseignement de l'Eglise au profit d'engouements qui lui semblent dangereux. C'est ainsi que l'Encyclique *Sacerdotalis celibatus* (23 juin 1967) expose la validité morale et la valeur du célibat ecclésiastique ; quant à l'Encyclique *Humanae vitae* (25 juillet 1968) — dont la publication provoqua d'importantes et contradictoires réactions — elle invite les fidèles et les hommes de bonne volonté à se hisser au niveau d'un de leurs plus graves devoirs : celui de transmettre et de protéger la vie.

Et cependant Paul VI est constamment attentif à faire passer dans le cœur des hommes l'essence du message évangélique et à adapter les données de la foi aux exigences du monde moderne. L'Encyclique *Populorum progressio* (26 mars 1967), relative au développement intégral de l'homme et au développement solidaire de l'humanité au sein de la civilisation technique, s'inspire, par exemple, de l'enseignement du père Lebret, fondateur, en 1942, d'*Economie et Humanisme,* dont le rayonnement est mondial. Quant à la lettre *Octogesimo anno* (1971), elle invite les chrétiens à exercer librement, en politique, leur initiative responsable.

L'application, dans leur lettre comme dans leur esprit, des décisions de Vatican II amène Paul VI, qui clôt le concile (1965), à simplifier le décorum pontifical, mais aussi à mettre en place un nouveau diaconat, à pousser la réforme liturgique (généralisation de la langue véhiculaire, simplification et approfondissement des rites) et celle du calendrier. Parallèlement, le pape amorce et poursuit la réforme de la Curie (*Motu Proprio Pro comperto sane,* 12 août 1967, et Constitution *Regimini Ecclesiae universae,* 15 août), y introduisant un minimum d'architecture organique, limitant les pouvoirs curiaux, mettant fin au carriérisme, internationalisant le recrutement des congrégations comme celui du Sacré-Collège, multipliant les pasteurs à côté des administrateurs. La nomination en 1969 d'un Français, le cardinal Jean Villot († 1979), au poste de secrétaire d'Etat est, de ce point de vue, très symptomatique.

La principale caractéristique de Vatican II est l'importance et l'efficacité de son prolongement. Pour contribuer à la mise en œuvre des décisions et des orientations du concile, plusieurs organismes sont restés en place : le Secrétariat pour l'unité des chrétiens (1963), le Conseil pour l'application de la Constitution sur la liturgie (1964), le Conseil pour les communications sociales (1964), le Secrétariat pour les non-chrétiens (1965). D'autres organismes sont mis en place au cours des années suivantes. Le prolongement le plus important du II<sup>e</sup> concile du Vatican est incontestablement le synode épiscopal : l'expression « Eglise-communion » trouve là son application, au moins au niveau des clercs, car les laïcs n'occupent encore qu'une place insignifiante dans les instances du Vatican.

Sous Paul VI, l'œcuménisme devient un souci primordial de l'Eglise : les rencontres que le pape multiplie avec les non-catholiques, les voyages qu'il accomplit — innovation extraordinaire — à travers le monde, lui permettent de présenter la catholicité comme « universalité, destination à tous les peuples, offrande à toutes les langues, invitation à toutes les civilisations, présence à toute la terre, question posée à toute l'histoire... ».

Pendant tout son pontificat, Paul VI va prêter une attention constante à la France. Ceci tient d'abord à sa conviction que c'est « la France qui cuit le pain de la chrétienté », mais aussi à la connaissance approfondie et à une perception exacte de l'originalité de l'Eglise de France. N'a-t-il pas été — lui qui fut élève à l'Alliance française à Paris — le traducteur en italien de Jacques Maritain ? De Verlaine à Bernanos, de Bossuet à Claudel, rien de ce qui est français ne lui est étranger. Si bien que Jean Guitton pourra dire qu'on « ne verra sans doute jamais un pape romain aussi proche de la France ». Loin de s'effaroucher de l'histoire difficile des rapports entre Rome et la France [34], Paul VI y voit d'abord un signe de la vitalité de l'Eglise de France, de son sens critique, de sa créativité permanente.

---

34. Le cardinal Maglione dit un jour à Jean Guitton : « sur deux Français, il en est toujours un qui boucle sa valise pour aller à Rome faire condamner l'autre ».

Paul VI profite de toutes les occasions pour exalter le rôle privilégié de la France chrétienne. Recevant officiellement le général de Gaulle, président de la République, le 31 mai 1967, le pape salue en sa personne la France, « cette nation qui a tant contribué à enrichir le patrimoine culturel de l'humanité et dont l'incomparable rayonnement religieux et missionnaire est d'un si grand prix aux yeux de l'Eglise ; la France à laquelle Nous sommes personnellement redevable, depuis Nos jeunes années, de tant de précieux éléments de Notre propre formation... ». Et le chef de l'Etat, dans sa réponse, de dire : « Les liens privilégiés entre le Siège apostolique et la France, l'harmonie qui en procède bien souvent, quant aux sentiments, aux pensées, aux actions, combien de signes vivants les attestent aujourd'hui : c'est avec un intérêt passionné que le peuple français a suivi l'immense confrontation, l'examen de conscience sans précédent que vient d'être pour toute la catholicité le 21ᵉ concile œcuménique inauguré par Jean XXIII et conduit à son terme par Votre Sainteté ».

Trois ans auparavant, le 31 mai 1964, lors de la célébration du VIIIᵉ centenaire de Notre-Dame de Paris, dans un message-radio aux Français, après avoir éloquemment évoqué « les grandes heures de Notre-Dame », le pape a salué « l'immense patrimoine religieux de la France » et ajouté : « il y a chez vous, déclare-t-il, comme une effervescence, un aiguillon permanent qui suscite, dans le domaine religieux comme en celui des choses profanes, une réflexion sans cesse approfondie, peut-être parfois sans assez d'égards pour la valeur des institutions chrétiennes qui demandent certes à être adaptées aux exigences de notre temps, mais n'en demeurent pas moins indispensables au rayonnement de l'Evangile... »

La restriction est nette. Et l'on touche ici à l'un des aspects paradoxaux du pontificat de Paul VI, pontificat pendant lequel l'influence française à Rome atteint son apogée mais qui voit les catholiques de France prendre leurs distances avec la papauté. Dans une confidence à Jean Guitton, le 13 septembre 1964, Paul VI — qui est un homme à la fois très sensible et très anxieux — avoue qu'il sent que le cœur des Français ne le comprend pas pleinement : « Ce cœur de la

France, j'espère le reconquérir petit à petit, *per gradus,* et par une convergence de mes paroles et de mes actes. »

Cela tient au fait que ce pontificat coïncide avec ce qu'on a appelé improprement « la crise de l'Eglise » — comme si l'Eglise avait jamais connu le repos ! —, « crise » qui est liée à la difficile adaptation des chrétiens à l'application du concile Vatican II. Or cette adaptation soulève tout spécialement des problèmes aigus dans cette Eglise de France qui depuis toujours, est éprise d'absolu. Les uns, pressés de « libérer la foi des compromissions avec des valeurs trop humaines », inclinent alors à « ranger l'institution pontificale parmi celles qui leur semblent perpétuer des alliances avec les puissances qu'ils tiennent pour incompatibles avec les exigences de l'Evangile » ; d'autres se détournent aussi, qui ne reconnaissent plus « la papauté dans le dépouillement que Paul VI imposait au gouvernement central de l'Eglise » (R. Rémond). Ecartelé entre ceux qui continuent à voir dans l'Eglise une société hiérarchique dont l'immutabilité est le ressort fondamental, et ceux pour qui l'Eglise est une communauté dont la foi vivifiée peut prendre les risques de la vie, Paul VI souffre beaucoup. Il souffre de la désinvolture d'un « progressisme » sauvage et, en somme, orgueilleux, et plus encore — si on en croit les confidences de Jean Guitton — d'un intégrisme myope et buté. On peut dire que, depuis la condamnation de l'Action française, qui déchaîna contre Pie XI des flots d'injures, aucun pape n'a été aussi grossièrement insulté par des chrétiens que Paul VI, coupable, aux yeux de certains, d'avoir suspendu *a divinis* le leader intégriste Marcel Lefebvre.

L'échec relatif de « l'année de la foi » (1967-1968), les réticences, parfois violemment exprimées, lors de la publication de l'Encyclique *Humanae vitae* sur la régulation des naissances (25 juillet 1968) et de la lettre pastorale du 16 juillet 1975 (le fameux « ça suffit » à propos de « l'autodestruction de l'Eglise par les catholiques... ») sont quelques-uns des « temps » les plus douloureux dans l'histoire des relations entre Paul VI et la France chrétienne.

D'aucuns ont voulu voir dans la manière dont Paul VI reçut, de mars à décembre 1977, les évêques des diverses régions de la France, venus à Rome en visite « ad limina », une série de diatribes amères. A relire le texte des allocutions prononcées alors par le pape, on ne s'en convainc pas. Sans doute Paul VI met-il en garde les Français, « qui manifestent », dit-il, une « certaine fatigue spirituelle », contre les excès du « progressisme » et un « certain complexe antiromain ». Mais tout en considérant que, « après le bouillonnement apostolique des dernières décades, l'Eglise de France a besoin d'approfondir et d'équilibrer le rapport action-contemplation », Paul VI répète : « le printemps viendra ; il faut encore supporter l'hiver ».

De ce printemps, il fut donné, à Paul VI, de pressentir les premiers effets : c'est ce qui ressort du bilan que lui-même dressa de ses quinze années de pontificat, le 29 juin 1978, quelques semaines avant sa mort sainte, survenue à Castel-Gondolfo, le 6 août.

## Jean-Paul II en France

Après l'intermède poétique de Jean-Paul I$^{er}$-Albino Luciani (26 août-28 septembre 1978), qui n'aura laissé de lui que l'image fugace de la bonté dissipant la crainte, voici que le monde étonné voit surgir, au balcon de Saint-Pierre de Rome, une silhouette inhabituelle, celle d'un pape jeune (cinquante-huit ans) et polonais, Karol Wojtyla, qui, par fidélité à son prédécesseur, a pris le nom de Jean-Paul II. Premier pape à ne pas être italien, de famille modeste, ouvrier lui-même, et originaire d'un pays socialiste, ce pontife n'a pas fini d'étonner.

On dirait, d'une certaine manière, que ce second Jean-Paul veut reprendre à son compte à la fois le cœur et la bonhomie de Jean XXIII, la lucidité et l'intransigeance de Paul VI. Mais il semble surtout vouloir passer à l'action avec la fougue athlétique qui le caractérise. Le Vatican, qu'il va transformer pour le rendre fonctionnel et pratique, ne sera plus qu'une espèce de port d'attache ou de port de contrôle pour un homme qui respire aux dimensions du monde. Moderne et traditionnel, humoristique et strict, paternel et fringant, Jean-Paul II inaugure une pratique inédite de la papauté.

Sans avoir la formation « française » de Paul VI, le pape Wojtyla n'ignore pas ce que l'Eglise de son pays et l'Eglise tout court doivent à la France. Le 20 décembre 1979, recevant le nouvel ambassadeur de France, Louis Dauge[35], Jean-Paul II, s'adressant à lui en français, rappelle que les « successeurs de Pierre se sont tournés vers la France à de multiples périodes de son histoire » et que ce pays « a tenu, aussi bien dans le monde que dans l'Eglise universelle, et tient toujours, différemment peut-être, une place particulière qui suscite à la fois une grande estime, une confiance solide, des attentes renouvelées et exigeantes ». Et le pape de saluer la liberté — « l'heureuse liberté » — que la patrie des Droits de l'homme a toujours magnifiée.

Mais Jean-Paul II sait aussi que la « fille aînée de l'Eglise » — titre qu'il ne déniera jamais à la France, au contraire — est aussi le plus vieux pays laïc du monde, un pays ouvert depuis trois siècles à toutes les idéologies et préparé ainsi à tous les pluralismes. L'Eglise de France, pionnière, est aussi douloureuse, écorchée, elle qui a vécu, dans une espérance mêlée d'angoisse, dans une intrépidité souvent proche de la témérité, les « années conciliaires » 1960 et 1970.

Jean-Paul II, qui n'est pas homme à blesser mais qui répugne aussi aux faux-fuyants, ne se lassera jamais de dire à la France qu'elle n'a pas le droit de brader sa vocation propre. Le 17 février 1979 — veille de la fête de Notre-Dame de Lourdes —, au cours de la messe en français[36] qu'il célèbre à la chapelle Sixtine, et qui est retransmise par la télévision, le pape s'écrie : « Je voudrais surtout répéter, en me tournant vers la terre de France, vers toute l'Eglise qui est en France :

---

35. Louis Dauge, qui succédait à Rome à Georges Galichon (1976-1979), fut ambassadeur en Pologne de 1973 à 1979. — Parmi les ambassadeurs de France au Vatican au cours des derniers pontificats, c'est René Brouilhet qui fut le plus longtemps en poste : de 1963 à 1974.

36. C'est au cours de cette messe que Jean-Paul II évoqua son désir de se rendre un jour à Lourdes.

heureuse es-tu d'avoir reçu la foi dès l'origine ! Ne laisse pas ta foi s'amoindrir ou se dissoudre ! Fortifie ta foi ! Et rayonne-la... ! »

Ce message, le pape polonais brûle d'aller le porter lui-même au peuple français. Et sans attendre la célébration du centenaire du premier congrès eucharistique à Lourdes, il décide, sous la pression affectueuse du cardinal Marty, archevêque de Paris, de séjourner à Paris et à Lisieux au printemps de l'année 1980.

Tout le monde est d'ailleurs d'accord : cette visite — la première du grand pape voyageur à une nation occidentale — s'impose. Les meilleurs observateurs sentent qu'un certain malaise doit être dissipé : il date de Pie XII, mais l'avènement du robuste Polonais, qui, à la différence de ses prédécesseurs italiens, vient d'une culture aux fortes racines slaves et germaniques, et ne paraît pas disposé à se mettre au diapason des « états d'âmes » chers aux latins, et notamment aux Français, ne semble pas avoir dissipé ce malaise. Pape et France semblent s'observer. René Rémond le déplore lui qui écrit que l'éloignement qui caractérise, au début de 1980, les relations entre la France et Rome, menace de faire perdre à l'Eglise de France « la perception de l'universel » et de la marginaliser, de la provincialiser. Or, comme le souligne l'éminent historien, « ontologiquement et effectivement, l'institution pontificale est, dans le monde contemporain, la forme la plus approchée de l'universalité ».

Donc, durant quatre jours (20 mai-2 juin 1980), des Champs-Elysées à la basilique de Lisieux, en passant par Notre-Dame, l'Hôtel de ville de Paris, l'Elysée, la Chapelle miraculeuse, Saint-Denis, la « Catho », le séminaire d'Issy, Le Bourget, le Parc des princes, l'UNESCO..., dans une atmosphère où l'allégresse le dispute à la ferveur, Jean-Paul II vit à l'heure de la France, premier pape à être venu admirer « la Ville-Lumière » depuis 1804.

Qu'a-t-il donc dit à la France, le pape polonais, à travers tant de paroles, de conversations impromptues où, des travailleurs immigrés au président de la République, des prêtres aux religieuses, des évêques aux jeunes, toute la société française, toute l'Eglise de France, avec toutes ses tendances, ont trouvé leur bien ? Il a dit essentiellement deux choses. D'abord, que Dieu est avec l'homme, afin que l'homme vive dans son intégralité. Ensuite, que la France est toujours la « fille aînée de l'Eglise », mais qu'elle doit constamment avoir présentes, dans sa réflexion et son action, les promesses de son baptême.

Quelles sont les leçons de ce voyage ? Si on interroge le cardinal Etchegaray, porte-parole de l'épiscopat français, c'est à « un voyage intérieur » que l'Eglise est invitée dans le prolongement du séjour du pape en France. Ce voyage intérieur sera peut-être encore long — car Jean-Paul II n'est pas venu armé d'une baguette magique — mais il permettra aux catholiques français de méditer la chance que leur a offerte la présence du Saint-Père pour « faire l'Eglise ensemble » et « tisser à nouveau les liens de solidarité dans la foi que tant de conflits avaient détendus depuis plus de dix ans !... »

Quant au pape, dans une longue interview accordée, le 15 juin, à Radio Vatican et à *l'Osservatore Romano,* il explique la signification de son voyage à Paris : « En raison du rayonnement de la France et de Paris, ce que j'ai fait ou dit à Paris aura une importance mondiale. » Evitant d'épiloguer sur les appréhensions que l'on pouvait avoir avant le voyage et sur les enthousiasmes que l'on peut éprouver après, Jean-Paul II insiste sur « le poids objectif » de ce voyage, de ce pèlerinage. Ce poids, dit-il, correspond « au poids objectif de l'Eglise en France et de la France comme nation, comme pays, comme tradition, comme culture, comme influence dans la vie internationale, comme influence spéciale dans la vie de l'Eglise : ce fut un voyage important, on peut dire un voyage clef ».

Cet éloge, la France le mérite non seulement à cause de son passé, mais aussi, cette enfant exigeante du concile, à cause de l'immense travail qui s'opère en son sein, mais dont les fruits échappent le plus souvent aux média.


Les années ont passé depuis que Jean-Paul II a quitté le sol de la France. Les choses ont-elles substantiellement changé ? Il serait aventureux de l'affirmer : la mue de l'Eglise de France n'est pas terminée. Sensible, plus qu'aucune autre, à la réalité complexe du peuple de Dieu faisant corps avec une société désorientée, il lui faudra encore du temps pour que Rome lui apparaisse de nouveau, et pleinement, comme la matrice vivante d'une Eglise universelle qui est à la fois juridique et rayonnante, humaine et porteuse du mystère ineffable de l'Incarnation.

De ce point de vue un événement a été extrêmement révélateur : la nomination de Jean-Marie Lustiger à l'archevêché de Paris en 1980. Avec lui, les intentions de Jean-Paul II à l'égard de la susceptible, de l'ombrageuse Eglise de France se révèlent bien claires. Il s'agit, tout en adoptant des formes très modernes de gestion extérieure, de reprendre en main une communauté qui s'est trop cherchée, d'instaurer l'« ère des évêques », des pasteurs investis d'une autorité plus assurée, de redonner du « muscle » à la foi, de la détermination à l'action, de chasser désarroi et incertitude, et d'imprimer un nouvel élan salvateur.

Jean-Paul II ne fait pas autre chose sur le plan mondial. Et il n'est pas douteux que le plus « Wojtylien » de ses chefs d'Eglise particulière, Jean-Marie Lustiger, veut en faire tout autant : bâtir une Eglise à la fois davantage ancrée dans la tradition et plus généreusement ouverte aux réalités d'aujourd'hui, plus unie, plus sûre d'elle-même et aussi plus confiante en cette papauté dont l'histoire coïncide, le plus souvent, avec celle de « la fille aînée de l'Eglise ».

# Bibliographie utile [37]

## BIBLIOGRAPHIE GÉNÉRALE

Les vingt-quatre volumes parus de *l'Histoire de l'Eglise*, dite Fliche et Martin (Bloud et Gay, 1935 et ss) ; les dix volumes de *Histoire de l'Eglise du Christ*, de Daniel-Rops (Fayard, 1948-1965) ; les dix volumes de *l'Avenir du christianisme*, d'A. Dufourcq (Plon, 1903-1953) ; les fascicules parus de *Catholicisme hier, aujourd'hui et demain*, sous la direction de G. Jacquemet et coll., puis (1972) du Centre interdisciplinaire des Facultés catholiques de Lille (Letouzey et Ané, 1947 et ss) ; les cinq volumes de *la Nouvelle Histoire de l'Eglise*, sous la direction de L.J. Rogier, R. Aubert, M.D. Knowles (éd. du Seuil, 1963-1975) ; les trois volumes de *l'Histoire du catholicisme en France*, par A. Latreille, J.R. Palanque et R. Rémond (Spes, 1957-1962) ; *l'Histoire de l'Eglise* de C. Bihlmeyer et H. Tuchle (Salvator, 1963 et ss) ; les dix volumes de *Deux mille ans de Christianisme* (Société d'histoire chrétienne, 1975-1977) ; les dix volumes de *l'Histoire de France* et les neuf volumes de *l'Histoire contemporaine de la France*, d'E. Lavisse (Hachette, 1900-1922).

## PRINCIPALES REVUES

*Documentation catholique (la)*, 1919 et ss.
*Questions actuelles (les)*, 1887-1914.
*Revue d'Histoire de l'Eglise de France*, 1910 et ss.
*Revue d'Histoire ecclésiastique*, 1900 et ss.
*Revue des Questions historiques*, 1866-1906.

---

37. Il s'agit des ouvrages que l'auteur a réellement consultés.

## BIBLIOGRAPHIE SPÉCIALE

*Acta Nuntiaturae Gallicae,* De Boccard, 1961 et ss.
ALPHANDERY (P.) et DUPRONT (A.), *la Chrétienté et l'idée de croisade,* A. Michel, 2 vol., 1954-1959.
BERTIER de SAUVIGNY (G. de), *la Restauration,* Flammarion, 1955 ; nouv. éd. 1976.
BLET (P.), *le Clergé de France et la monarchie. Etude sur les Assemblées du clergé, 1615-1666,* Lethielleux, 4 vol., 1959-1960.
BRESSOLETTE (C.), *l'Abbé Maret,* Beauchesne, 1977.
CAILLET (L.), *la Papauté d'Avignon et l'Eglise de France,* P.U.F., 1975.
CAPÉRAN (L.), *Histoire contemporaine de la laïcité française,* M. Rivière et N.E.L., 3 vol., 1957-1961.
CHARLES-ROUX (F.), *Huit ans au Vatican : 1932-1940,* Flammarion, 1947.
CHÉLINI (J.), *Histoire religieuse de l'Occident médiéval,* A. Colin, 1968 ; *les Nouveaux Papes, de Jean XXIII à Jean-Paul II,* J. Goujon, 1979.
COGNET (L.), *le Jansénisme,* P.U.F., 1961.
COMBET (J.), *Louis XI et le Saint-Siège,* Hachette, 1903.
COVILLE (H.), *Etudes sur Mazarin et ses démêlés avec Innocent X (1644-1648),* Champion, 1914.
DANIÉLOU (J.), *Autorité et contestation dans l'Eglise,* Genève, 1970.
DANSETTE (A.), *Destin du catholicisme français, 1926-1956,* Flammarion, 1957 ; *Histoire religieuse de la France contemporaine,* Flammarion, nouv. éd., 1965.
DEBIDOUR (A.), *Histoire des rapports de l'Eglise et de l'Etat de 1789 à 1870,* Alcan, 1898.
DIGARD (G.), *Philippe le Bel et le Saint-Siège,* Sirey, 2 vol., 1936.
DUCHESNE (L.), *les Premiers temps de l'Etat pontifical,* Fontempoing, 1912.
DUCLOS (PH.), *le Vatican et la Deuxième Guerre mondiale,* Pedone, 1955.
DUFOURCQ (A.), *Saint Irénée,* Lecoffre, 1904.
DUDON (P.), *l'Action de Benoît XV pendant la guerre,* Beauchesne, 1918.
DUPRONT (A.), *le Concile et les conciles,* Chevetogne, 1960.
FAVIER (J.), *Philippe le Bel,* Fayard, 1978 ; *la Guerre de cent ans,* Fayard, 1980.
FÉRET (P.), *la France et le Saint-Siège sous le Premier Empire, la Restauration et Monarchie de juillet,* A. Savaète, 1911.
FLICHE (A.), *la Réforme grégorienne,* Bloud et Gay, 3 vol., 1924-1937.
GADILLE (J.), *la Pensée et l'action politique des évêques français au début de la IIIᵉ république,* Hachette, 2 vol., 1967.
GÉRIN (CH.), *Louis XIV et le Saint-Siège,* Lecoffre, 3 vol., 1893-1894.
GUITTON (J.), *Dialogues avec Paul VI,* Fayard, 1967 ; *Paul VI secret,* Desclée de Brouwer, 1980.
HAUSSONVILLE (J.O.B. d'), *l'Eglise romaine et le Premier Empire,* Lévy, 5 vol., 1868-1870.
JEDIN (H.), *Brève histoire des conciles,* Desclée, 1960.

# Bibliographie utile

LAGARDE (G. DE), *la Naissance de l'esprit laïque au déclin du Moyen-Age*, Nauwelaerts, 1956 et ss.
LATREILLE (A.), *Napoléon et le Saint-Siège, 1801-1808 : l'ambassade du cardinal Fesch à Rome*, Alcan, 1936 ; *l'Eglise catholique et la Révolution française*, Hachette, 1950, Cerf, 1970 ; *de Gaulle, la Libération et l'Eglise catholique*, Cerf, 1978.
LECANUET (E.), *l'Eglise de France sous la III$^e$ République*, de Gigord-Alcan, 4 vol., 1907-1930.
LEDRÉ (CH.), *Pie X*, Spes, 1952.
LEFLON (J.), *Etienne-Alexandre Bernier*, Plon, 2 vol., 1938 ; *Monsieur Emery*, Bonne Presse, 2 vol., 1945.
LE GUILLOU (L.), *l'Evolution de la pensée religieuse de F. de Lamennais*, Vrin, 1960.
LE ROY (A.), *le Gallicanisme au XVIII$^e$ siècle : la France et Rome de 1700 à 1715*, Perrin, 1892.
LEVILLAIN (L.), *l'Avènement de la dynastie carolingienne et les origines de l'Etat pontifical*, Champion, 1933.
LIZERAND (G.), *Clément V et Philippe le Bel*, Hachette, 1910.
MARCHASSON (Y.), *la Diplomatie romaine et la République française. A la recherche d'une conciliation 1879-1880*, Beauchesne, 1974.
MARTIMORT (A.G.), *le Gallicanisme de Bossuet*, Cerf, 1954.
MARTIN (V.), *les Origines du gallicanisme*, Bloud et Gay, 2 vol., 1929.
MASSON (F.), *le Cardinal de Bernis*, Plon, 1884.
MATHIEU (F.D. cardinal), *le Concordat de 1801*, Perrin, 1903.
MAURAIN (J.), *la Politique ecclésiastique du second Empire, 1852-1869*, Alcan, 1930.
MAYEUR (J.M.), *la Séparation de l'Eglise et de l'Etat*, Julliard, 1966.
MELCHIOR-BONNET (B.), *Napoléon et le Pape*, le Livre contemporain, 1958.
MESLIN (M.), *le Christianisme dans l'Empire romain*, P.U.F., 1970.
MIQUEL (P.), *les Guerres de religion*, Fayard, 1979.
MOLLAT (G.), *les Papes d'Avignon*, Letouzey, nouv. éd., 1966.
MONTCLOS (X. DE), *Lavigerie, le Saint-Siège et l'Eglise*, De Boccard, 1965.
ORCIBAL (J.), *Louis XIV contre Innocent XI*, Vrin, 1949-1950.
PACAUT (M.), *Histoire de la Papauté. De l'origine au Concile de Trente*, Fayard, 1977.
PALANQUE (J.R.), *Catholiques libéraux et gallicans en France, face au Concile du Vatican, 1865-1870*, Aix, 1962.
PASTOR (L. von), *Histoire des Papes*, d'Argences, 22 vol., 1888-1962.
PLONGERON (B.), *Conscience religieuse et Révolution*, Picard, 1969.
POULAT (E.), *la Crise moderniste*, Casterman, 1962.
POUPARD (P.), *le Pape*, P.U.F., 1980 ; *un Pape, pour quoi faire ?* Mazarine, 1980.
RAPHAEL (P.), *la République et l'Eglise romaine*, les Temps futurs, 1948.
RÉMOND (R.), *les Catholiques dans la France des années 30*, A. Colin, 1960, Cana, 1979.

RENOUARD (Y.), *la Papauté d'Avignon,* P.U.F., nouv. éd., 1969.
RICHARD (P.), *la Papauté et la Ligue française,* Plon, 1909.
RIVIÈRE (J.), *le Problème de l'Eglise et de l'Etat au temps de Philippe le Bel,* Vrin, 1925.
SALEMBIER (L.), *le Grand Schisme d'Occident,* Vrin, 1922.
SEVESTRE (E.), *les Idées gallicanes et régalistes du haut clergé à la fin de l'Ancien Régime,* Picard, 1917.
SORLIN (P.), *Pierre Waldeck-Rousseau,* A. Colin, 1967.
TESTAS (G. et J.), *l'Inquisition,* P.U.F., 1966.
THOMAS (J.), *le Concordat de 1516,* Picard, 3 vol., 1910.
VALOIS (N.), *la France et le Grand Schisme d'Occident,* Picard, 4 vol., 1896-1902 ; *Histoire de la Pragmatique Sanction,* Picard, 1906.
WEBER (E.), *l'Action française,* Stock, 1964.
WEILL (G.), *Histoire de l'idée laïque au XIX<sup>e</sup> siècle,* Alcan, 1925.

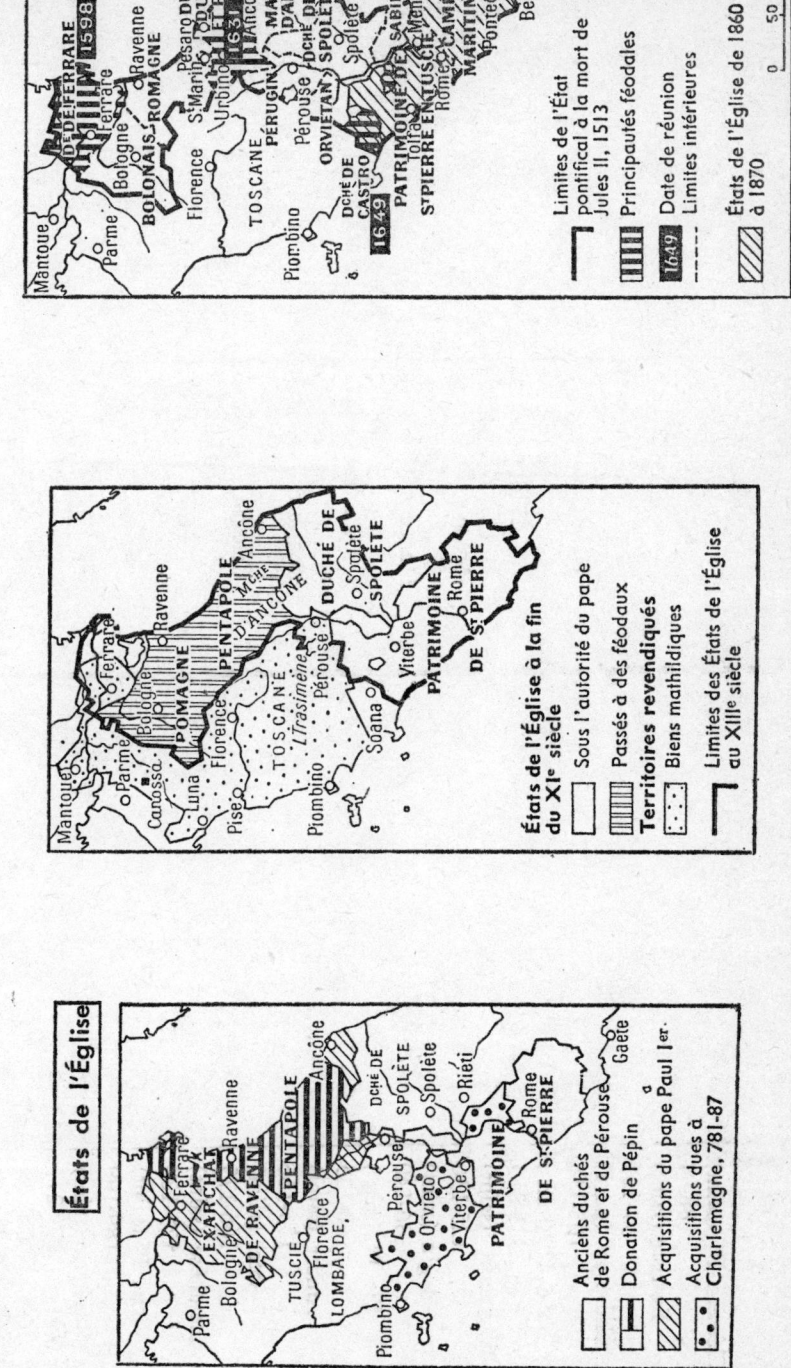

(Cartes publiées avec l'aimable autorisation de la Librairie Larousse)

| PAPES[1] | SOUVERAINS et CHEFS D'ÉTAT | PAPES | SOUVERAINS et CHEFS D'ÉTAT |
|---|---|---|---|
| Pierre (saint) | La Gaule est romaine depuis 51 av. J.-C. | Miltiade (saint) 311-314 | |
| Lin (saint) 67-76 | | Sylvestre Ier (saint) 314-335 | |
| Anaclet ou Clet (saint) 76-88 | | Marc (saint) 336 | |
| Clément Ier (saint) 88-97 | | Jules Ier (saint) 337-352 | |
| Evariste (saint) 97-105 | | Libère 352-366 | |
| Alexandre Ier (saint) 105-115 | | Damase Ier (saint) 366-384 | |
| Sixte Ier (saint) 115-125 | | Sirice (saint) 384-399 | |
| Télesphore (saint) 125-136 | | Anastase Ier (saint) 399-401 | |
| Hygin (saint) 136-140 | | Innocent Ier (saint) 401-417 | |
| Pie Ier (saint) 140-155 | | Zosime (saint) 417-418 | |
| Anicet (saint) 155-166 | | Boniface Ier (saint) 418-422 | |
| Soter (saint) 166-175 | | Célestin Ier (saint) 422-432 | |
| Eleuthère (saint) 175-189 | | Sixte III (saint) 432-440 | |
| Victor Ier (saint) 189-199 | | Léon Ier (saint) 440-461 | |
| Zéphyrin (saint) 199-217 | | Hilaire (saint) 461-468 | |
| Calixte ou Calliste Ier (saint) 217-222 | | Simplicius ou Simplice (saint) 468-483 | Fin de l'Empire romain d'Occident : 476 |

| | |
|---|---|
| Urbain Ier (saint) 222-230 | Félix III (saint) 483-492 |
| Pontien (saint) 230-235 | Gélase Ier (saint) 492-496 |
| Antère (saint) 235-236 | Anastase II 496-498 |
| Fabien (saint) 236-250 | Symmaque (saint) 498-514 |
| Corneille (saint) 251-253 | Hormisdas (saint) 514-523 |
| Lucius Ier (saint) 253-254 | Jean Ier (saint) 523-526 |
| Etienne Ier (saint) 254-257 | Félix IV (saint) 526-530 |
| Sixte II (saint) 257-258 | Boniface II 530-532 |
| Denys (saint) 259-268 | Jean II (Mercurius) 533-535 |
| Félix Ier (saint) 269-274 | Agapet Ier (saint) 535-536 |
| Eutychien (saint) 275-283 | Silvère (saint) 536-537 |
| Caïus (saint) 283-296 | Vigile 537-555 |
| Marcellin (saint) 296-304 | Pélage Ier 556-561 |
| [Vacance du Saint-Siège] | Jean III (Catelinus) 561-574 |
| Marcel Ier (saint) 308-309 | Benoît Ier 575-579 |
| Eusèbe (saint) 309-310 | Pélage II 579-590 |
| | Grégoire Ier (saint) 590-604 |
| | Sabinien 604-606 |

Clovis Ier roi des Francs : 481-511

Clotaire Ier : 558-561

---

1. Les dates indiquées ici sont tirées de l'*Annuario pontificio*.

| PAPES | SOUVERAINS et CHEFS D'ETAT | PAPES | SOUVERAINS et CHEFS D'ETAT |
|---|---|---|---|
| Boniface III 607 | | Etienne IV 816-817 | |
| Boniface IV (saint) 608-615 | Clotaire II : 613-629 | Pascal Ier (saint) 817-824 | |
| Dieudonné Ier ou Adéodat (saint) 615-618 | | Eugène II 824-827 | |
| Boniface V 619-625 | | Valentin 827 | |
| Honorius Ier 625-638 | | Grégoire IV 827-844 | 840-877 : Charles II le Chauve, roi de France |
| [Vacance du Saint-Siège] | Dagobert Ier : 629-639 | Serge ou Sergius II 844-847 | |
| Séverin 640 | | Léon IV (saint) 847-855 | |
| Jean IV 640-642 | | Benoît III 855-858 | |
| Théodore Ier 642-649 | | Nicolas Ier (saint) 858-867 | |
| Martin Ier (saint) 649-655 | | Adrien II 867-872 | |
| Eugène Ier (saint) 654-657 | | Jean VIII 872-882 | |
| Vitalien (saint) 657-672 | | Marin Ier ou Martin II 882-884 | 877-879 : Louis II le Bègue 879-882 : Louis III et Carloman |
| Dieudonné II ou Adéodat 672-676 | | Adrien III (saint) 884-885 | 882-884 : Carloman |
| Domnus ou Donus 676-678 | | Etienne V 885-891 | 884-887 : Charles le Gros, régent |
| Agathon (saint) 678-681 | | Formose 891-896 | 888-898 : Eudes, roi |

| | | |
|---|---|---|
| Léon II (saint) 682-683 | | Boniface VI 896 |
| Benoît II (saint) 684-685 | | Etienne VI 896-897 |
| Jean V 685-686 | | Romain 897 |
| Conon 686-687 | | Théodore II 897 |
| Serge ou Sergius Iᵉʳ (saint) 687-701 | | Jean IX 898-900 |
| | 898-922 : Charles III le Simple | Benoît IV 900-903 |
| Jean VI 701-705 | | Léon V 903 |
| Jean VII 705-707 | | Serge ou Sergius III 904-911 |
| Sisinnius 708 | | Anastase III 911-913 |
| Constantin Iᵉʳ 708-715 | | Landon 913-914 |
| Grégoire II (saint) 715-731 | | Jean X 914-928 |
| Grégoire III (saint) 731-741 | | Léon VI 928 |
| Zacharie (saint) 741-752 | 751-768 : Pépin Iᵉʳ le Bref, roi des Francs | Etienne VII 928-931 |
| Etienne II 752-757 | | Jean XI 931-935 |
| Paul Iᵉʳ (saint) 757-767 | | Léon VII 936-939 |
| Etienne III 768-772 | 768-814 : Charles Iᵉʳ (Charlemagne) | Etienne VIII 939-942 |
| Adrien Iᵉʳ 772-795 | | Marin II ou Martin III 942-946 |
| Léon III (saint) 795-816 | 814-840 : Louis Iᵉʳ le Pieux | Agapet II 946-955 |
| | 922-923 : Robert Iᵉʳ | |
| | 923-936 : Raoul de Bourgogne | |
| | 936-954 : Louis II d'outre-mer | |
| | 954-986 : Lothaire | |

| PAPES | SOUVERAINS et CHEFS D'ETAT | PAPES | SOUVERAINS et CHEFS D'ETAT |
|---|---|---|---|
| Jean XII 955-964 | | Innocent II 1130-1143 | 1137-1180 : Louis VII le Jeune |
| Léon VIII 963-965 | | Célestin II 1143-1144 | |
| ou Benoît V 964-966 | | Lucius II 1144-1145 | |
| Jean XIII 965-972 | | Eugène III (bienheureux) 1145-1153 | |
| Benoît VI 973-974 | | Anastase IV 1153-1154 | |
| Benoît VII 974-983 | | Adrien IV 1154-1159 | |
| Jean XIV 983-984 | | Alexandre III 1159-1181 | |
| Jean XV 985-996 | 986-987 : Louis V | Lucius II 1181-1185 | 1180-1223 : Philippe II Auguste |
| Grégoire V 996-999 | 987-996 : Hugues Capet | Urbain III 1185-1187 | |
| Sylvestre II 999-1003 | 996-1031 : Robert II le Pieux | Grégoire VIII 1187 | |
| Jean XVII 1003 | | Clément III 1187-1191 | |
| Jean XVIII 1004-1009 | | Célestin III 1191-1198 | |
| Serge ou Sergius IV 1009-1012 | | Innocent III 1198-1216 | |
| Benoît VIII 1012-1024 | | Honorius III 1216-1227 | |
| Jean XIX 1024-1032 | | Grégoire IX 1227-1241 | 1223-1226 : Louis VIII le Lion |
| Benoît IX 1032-1044 | 1031-1060 : Henri I$^{er}$ | Célestin IV 1241 | 1226-1270 : Louis IX (saint Louis) |

Sylvestre III
1045
Benoît IX
1045
Grégoire VI
1045-1046
Clément II
1046-1047
Benoît IX
1047-1048
Damase II
1048
Léon IX (saint)
1049-1054
Victor II
1055-1057
Etienne IX
1057-1058
Nicolas II
1059-1061
Alexandre II
1061-1073
Grégoire VII (saint)
1073-1085
Victor III (bienheureux)
1086-1087
Urbain II (bienheureux)
1088-1099
Pascal II
1099-1118
Gélase II
1118-1119
Calixte II
1119-1124
Honorius II
1124-1130

1060-1108 : Philippe Ier

1108-1137 : Louis VI le Gros

[Vacance du Saint-Siège]
Innocent IV
1243-1254
Alexandre IV
1254-1261
Urbain IV
1261-1264
Clément IV
1265-1268
[Vacance du Saint-Siège]
Grégoire X (bienheureux)
1271-1276
Innocent V (bienheureux)
1276
Adrien V
1276
Jean XXI
1276-1277
Nicolas III
1277-1280
Martin IV
1281-1285
Honorius IV
1285-1287
Nicolas IV
1288-1292
Célestin V (saint)
1294
Boniface VIII
1294-1303
Benoît XI (bienheureux)
1303-1304
Clément V
1305-1314

1270-1285 : Philippe III le Hardi

1285-1314 : Philippe IV le Bel

| PAPES | SOUVERAINS et CHEFS D'ETAT | PAPES | SOUVERAINS et CHEFS D'ETAT |
|---|---|---|---|
| [Vacance du Saint-Siège] | 1314-1316 : Louis X le Hutin | Alexandre VI 1482-1503 | 1498-1515 : Louis XII |
| Jean XXII 1316-1334 | 1316 : Jean Ier 1316-1322 : Philippe V le Long 1322-1328 : Charles IV le Bel 1328-1350 : Philippe VI de Valois | Pie III 1503 Jules II 1503-1513 Léon X 1513-1521 | 1515-1547 : François Ier |
| Benoît XII 1334-1342 Clément VI 1342-1352 Innocent VI 1352-1362 | 1350-1364 : Jean II le Bon | Adrien VI 1522-1523 Clément VII 1523-1534 Paul III 1534-1549 | 1547-1559 : Henri II |
| Urbain V (bienheureux) 1362-1370 Grégoire XI 1370-1378 | 1364-1380 : Charles V le Sage | Jules III 1550-1555 Marcel II 1555 Paul IV 1555-1559 Pie IV 1559-1565 Pie V (saint) 1566-1572 | 1559-1560 : François II 1560-1574 : Charles IX |
| GRAND SCHISME D'OCCIDENT PAPES DE ROME [1] Urbain VI 1378-1389 Boniface IX 1389-1404 Innocent VII 1404-1406 Grégoire XII 1406-1415 | 1380-1422 : Charles VI | Grégoire XIII 1572-1585 Sixte V 1585-1590 Urbain VII 1590 Grégoire XIV 1590-1591 | 1574-1589 : Henri III 1589-1610 : Henri IV |

PAPES D'AVIGNON

Clément VII 1378-1394
Benoît XIII 1394-1423

PAPES DE PISE

Alexandre V 1409-1410
Jean XXIII 1410-1415

FIN DU SCHISME

Martin V 1417-1431
Eugène IV 1431-1447
Nicolas V 1447-1455
Calixte ou Calliste III 1455-1458
Pie II 1458-1464
Paul II 1464-1471
Sixte IV 1471-1484
Innocent VIII 1484-1492

1422-1461 : Charles VII

1461-1483 : Louis XI

1483-1498 : Charles VIII

Innocent IX 1591
Clément VIII 1592-1605
Léon XI 1605
Paul V 1605-1621
Grégoire XV 1621-1623
Urbain VIII 1623-1644
Innocent X 1644-1655
Alexandre VII 1655-1667
Clément IX 1667-1669
Clément X 1670-1676
Innocent XI (bienheureux) 1676-1689
Alexandre VIII 1689-1691
Innocent XII 1691-1700
Clément XI 1700-1721
Innocent XIII 1721-1724
Benoît XIII 1724-1730
Clément XII 1730-1740
Benoît XIV 1740-1758

1610-1643 : Louis XIII

1643-1715 : Louis XIV

1715-1774 : Louis XV

---

1. Seuls les papes de Rome sont considérés comme légitimes par le *Liber pontificalis* et l'*Annuario pontificio*.

| PAPES | SOUVERAINS et CHEFS D'ETAT |
|---|---|
| Clément XIII 1758-1769 | |
| Clément XIV 1769-1774 | 1774-1792 : Louis XVI |
| Pie VI 1775-1799 | 1792-1799 : I$^{re}$ République |
| Pie VII 1800-1823 | 1800-1804 : Napoléon Bonaparte, consul<br>1804-1814/15 : Napoléon I$^{er}$, empereur |
| Léon XII 1823-1829 | 1814/15-1824 : Louis XVIII, roi<br>1824-1830 : Charles X |
| Pie VIII 1829-1830 | 1830-1848 : Louis-Philippe I$^{er}$ |
| Grégoire XVI 1831-1846 | |
| Pie IX 1846-1878 | 1848-1852 : L.N. Bonaparte, président de la II$^{e}$ République<br>1852-1870 : Napoléon III, empereur<br>1871-1873 : A. Thiers, président de la III$^{e}$ République |
| Léon XIII 1878-1903 | 1873-1879 : E. de Mac Mahon<br>1879-1887 : J. Grévy<br>1887-1894 : Sadi-Carnot<br>1894-1895 : J. Casimir-Perier<br>1895-1899 : F. Faure<br>1899-1906 : E. Loubet |

| PAPES | SOUVERAINS et CHEFS D'ETAT |
|---|---|
| Pie X (saint) 1903-1914 | 1906-1913 : A. Fallières<br>1913-1920 : R. Poincaré |
| Benoît XV 1914-1922 | 1920 : P. Deschanel<br>1920-1924 : A. Millerand |
| Pie XI 1922-1939 | 1924-1931 : G. Doumergue<br>1931-1932 : P. Doumer<br>1932-1940 : A. Lebrun |
| Pie XII 1939-1958 | 1940-1944 : Ph. Pétain, chef de l'Etat français<br>1945-1946 : Ch. de Gaulle, chef du gouvernement provisoire<br>1947-1954 : V. Auriol, président de la IV$^{e}$ République<br>1954-1959 : R. Coty |
| Jean XXIII 1958-1963 | 1959-1969 : Ch. de Gaulle, président de la V$^{e}$ République |
| Paul VI 1963-1978 | 1969-1974 : G. Pompidou<br>1974-1981 : V. Giscard d'Estaing |
| Jean-Paul I$^{er}$ 1978 | |
| Jean-Paul II 1978- | 1981- : F. Mitterrand |

# Table des matières

Avant-propos .................................. 7

### PREMIÈRE PARTIE
#### Des origines à la canonisation de Saint Louis (1297)

1. La papauté et l'enracinement du christianisme en Gaule .................................. 11
2. Les Francs à l'origine de l'état pontifical (VIII$^e$-X$^e$ siècle) .................................. 19
3. Gesta Dei per Francos (XI$^e$-XIII$^e$ siècle) .......... 31

### DEUXIÈME PARTIE
#### La montée du gallicanisme (XIV$^e$-XVI$^e$ siècle)

4. Philippe le Bel. L'Etat Français face à la monarchie pontificale .................................. 49
5. Avignon, capitale de la Chrétienté ........... 59
6. Le temps du désordre et de la peur. Le grand schisme d'Occident .................................. 73
7. La papauté, le concile et Charles VII (XV$^e$ siècle) .. 85
8. La papauté, la réforme protestante et les Valois (XVI$^e$ siècle) .................................. 95
9. Les premiers Bourbons et la maturation du gallicanisme (1589-1661) .................................. 109

### TROISIÈME PARTIE
### *L'apogée du gallicanisme (1661-1814)*

10. Louis XIV, chef incontesté de l'Eglise de France — 123
11. Le XVIIIe siècle. La papauté prise à partie — 137
12. L'exaspération du gallicanisme. La révolution française (1789-1799) — 153
13. L'exaspération du gallicanisme : Napoléon Ier (1800-1814) — 169

### QUATRIÈME PARTIE
### *L'ultramontanisme. La papauté rayonne sur la France (1814-1905)*

14. L'essor de l'ultramontanisme (1814-1846) — 191
15. Pie IX pontife et roi. L'agonie du gallicanisme (1846-1878) — 207
16. Léon XIII et la jeune République française (1878-1903) — 231

### CINQUIÈME PARTIE
### *Les papes et la France depuis la séparation*

17. Pie X, Benoît XV et la France laïque (1903-1922) — 251
18. L'apogée du catholicisme français sous Pie XI et Pie XII (1922-1958) — 269
19. La papauté, la France et le concile — 289

Bibliographie utile — 303

— ACHEVÉ D'IMPRIMER —
LE 21 MAI 1981
SUR LES PRESSES DE
L'IMPRIMERIE
CARLO DESCAMPS
A CONDÉ-SUR-L'ESCAUT
POUR LE COMPTE
DE LA LIBRAIRIE
ARTHÈME FAYARD
75, RUE DES SAINTS-PÈRES
PARIS VI<sup>e</sup>

N° d'impression : 2364
N° d'édition : 6219
ISBN : 2-213-01020-X

H/35-6788-0